Collie und Sheltie

Eva-Maria Krämer
Martina Feldhoff

KOSMOS

Geschichte 4

Ursprung der Rassen 5
Zuchtgeschichte des Collies 8
Entstehung des Langhaar-Collies 8
Entstehung des Kurzhaar-Collies 20
Zuchtgeschichte des Shelties 21
Eigenschaften und Bedürfnisse des Collies 32
Eigenschaften und Bedürfnisse des Shelties 36

Haltung und Pflege 40

Überlegungen vor der Anschaffung 41
Rüde oder Hündin? 42
Auswahl und Kauf 44
Ein Welpe kommt ins Haus 51
Kind und Hund 56
Hund und Auto 57
Der Hund auf Reisen 58
Ein Hund ist kein Hund? –
Das Halten mehrerer Hunde 60
Ernährung des Hundes 62
Pflege und Hygiene 69

Ausbildung und Freizeit 74

Vertrauensbildung und Erziehung 75
Gehorsamsübungen 80
Herankommen 82
Gewöhnung an die Leine 84
Setzen 86
Legen 86
Stehen 87
Allein bleiben 88
Freizeit mit dem Hund 91
Sportliche Ausbildung 98

Gesundheit 102

Besuch beim Tierarzt 103
Schutzimpfungen 104
Magen- und Darmerkrankungen 106
Scheinträchtigkeit 108
Innere Parasiten 108
Äußere Parasiten 109
Hautunreinheiten 111
Stress 112
Veränderungen und Krankheiten des Auges 112
Gelenkserkrankungen 115
Kryptorchismus 116
Cushing-Syndrom 117
Epileptiforme Anfälle 117
Drüsenerkrankungen 118
Dermatomyositis 118
Collies und Shelties im Alter 119

Zucht 122

Rassestandard 123
Vererbung 130
Richtige Ohrenstellung 135
Zuchtschauen 136
Der Ausstellungshund 136
Von der Wurfplanung bis zur Welpenabgabe 141

Service

Zum Weiterlesen 154
Nützliche Adressen 154
Register 155
Impressum 156

Geschichte

Ursprung der Rassen

Um eine Hunderasse zu verstehen, muss man wissen, zu welchem Zweck sie gezüchtet wurde. Auch wenn die Hunde ihre ursprüngliche Aufgabe seit vielen Generationen nicht mehr erfüllen, so sind doch die über Jahrhunderte züchterisch gefestigten Wesensmerkmale mehr oder weniger ausgeprägt vorhanden. Heute noch arbeiten Border Collies im schottischen Hochland oder Welsh Sheepdogs in Wales so wie vor 200 Jahren. Ende des 19. Jh. wurde unser langhaariger Collie zum Begleithund, der Border Collie zum Hütespezialisten auf Hütewettbewerben, der Welsh Sheepdog und verwandte Typen in Cumberland und auf den Höhenzügen der Fells Nordenglands blieben Farmhunde. Ihre Arbeit entspricht im Wesentlichen der des schottischen Hütehundes.

Britische Hütehunde im ersten farbigen Hundebuch der Welt, aus SYDENHAM EDWARDS, 1800.

Der Alltag eines schottischen Schäferhundes

Im schottischen Hochland leben die Schafe halbwild. Es gibt selten eingezäunte Weiden, meist bilden Flüsse oder Seen (Lochs) die Grenzen. Die Weideflächen umfassen mehrere Hektar. Das muss auch so sein, denn das Gras ist mager und ein Schaf braucht viel mehr Weidefläche, um sich zu ernähren, als im Tiefland mit seinen fetten Wiesen.

Es gibt Großgrundbesitzer, deren Tiere von einem Berufsschäfer betreut werden und so genannte Crofter (Pachtbauern), die ein wenig Schafzucht nebenberuflich betreiben. Ihre Schafe leben gemeinsam auf den weitläufigen Weiden. Die Hauptarbeit für Schäfer und Hunde steht an, wenn die Tiere einige Male im Jahr zusammengetrieben werden, z. B. zum Desinfektionsbad, zum Scheren, zum Aussortieren der Lämmer und zum Transport auf die nahrhaften Winterweiden im Tal. Jetzt tun sich Crofter und Schäfer mit ihren Hunden zusammen, und hier beginnt die eigentliche Arbeit des Hütehundes.

Alltag eines Hütehundes im Schottischen Hochland.

Die kurzhaarige sable-merle Welsh Sheepdog-hündin treibt die Gänse aus dem Wasser.

Die weit verstreut in kleinen Familiengruppen weidenden Schafe müssen mühsam zusammengesucht und in die Gatter getrieben werden. Ohne Hunde wäre diese Aufgabe nicht zu bewältigen. Man sagt, ein guter Hund ersetze 20 Mann – und wer einmal ein „gathering" gesehen hat, mag das gerne glauben! Die Schäfer schicken die Hunde von einem erhöhten Aussichtspunkt aus los. Von dort haben sie einen viel besseren Überblick als die kleinen Hunde und dirigieren sie mit Pfiffen (voran, langsamer, schneller, rechts oder links), bis sie die Schafe erspäht haben und die Arbeit übernehmen können. In weitem Bogen rennen sie zu den Schafen, kurz davor schleichen sie sich vorsichtig in geduckter Haltung an, um die Schafe nicht zu erschrecken, denn sie dürfen nicht in Panik davonrennen, sondern sollen sich nach Schafsart zusammenrotten und im Pulk langsam vor dem Feind weichend treiben lassen.

Wichtig

Der Schäfer macht sich meist nicht viel Mühe mit der Ausbildung der Hütehunde. Die wesentlichen Eigenschaften, der instinktive Umgang mit den Schafen, Unterordnungsbereitschaft, Lern- und Arbeitseifer müssen angeboren sein und brauchen nur noch gefördert zu werden. Der Collie muss aufs Wort, auf Pfiff und Fingerzeig unmittelbar gehorchen. Tut er das nicht, ist er für den Schäfer wertlos.

Anforderungen an den schottischen Hütehund

Die Collies brauchen für diese Arbeit außerordentlich scharfe Sinne: ein hervorragendes Sehvermögen, um weit entfernte Schafe erkennen zu können, einen feinen Geruchssinn, um nicht an versteckten Tieren vorüberzulaufen, und ein erstklassiges Gehör, um auf weite Entfernung im Wind die Pfiffe zu hören. Beweglichkeit und Trittsicherheit sind Voraussetzung für die Arbeit in solch einem Gelände: Die Hunde erklettern steile Abhänge und rennen über Moore, durchdringen Gestrüpp und meterhohes Farnkraut, durchschwimmen Bäche und Flüsse. Auch im Winter muss der Hund mit seinem Herrn hinaus, um eventuell Schafe aus Schneeverwehungen zu retten. Jedes vermisste Schaf bedeutet wirtschaftlichen Verlust.

Trotz der Unterordnungsbereitschaft muss ein Collie Eigeninitiative entwickeln, wenn er weit von seinem Herrn entfernt arbeitet. Er braucht Geschick, sich widerspenstigen Schafen gegenüber durchzusetzen, ohne sie durch Biss ernsthaft zu verletzen. Er darf sie aber auch nicht in Panik versetzen. Sie könnten davonrennen und abstürzen. Er muss sie zügig vorantreiben, denn die Zeit ist knapp. Diese schwierige Aufgabe kann nur ein außerordentlich intelligenter und kooperativer, auf seinen Herrn geprägter Hund ausführen.

Die Macht der Instinkte

Die angeborenen Hüteeigenschaften beruhen auf dem ursprünglichen Jagdverhalten des Wolfes. Der Mensch hat in jahrhundertelanger Zuchtauslese erwünschte Eigenschaften (das Herantreiben der Tiere) gefördert und unerwünschte (Hetzen und Töten) unterdrückt. Wie sein Urahn Wolf verfolgt der Hütehund die „Beute", schleicht sich an, treibt sie auf sein „Rudel" (Schäfer) zu und stellt sie. Seine Aufgabe ist beendet, wenn der Rudelführer die Beute in seine Obhut genommen hat.

Allerdings bricht der Urinstinkt hin und wieder durch, und deshalb stellen gerade diese Hütehunde die gefährlichste Bedrohung für die Schafe dar. Unbeaufsichtigt und auf sich allein gestellt, bilden sie kleine Rudel und gehen auf die „Jagd". Hat ein Hütehund einmal ein Schaf gerissen, wird er sofort erschossen, da er für die weitere Arbeit mit den Schafen wertlos geworden ist und in unkundiger Hand noch mehr Schaden anrichten könnte.

Verantwortungsvolle Schafhalter lassen Herde und Hunde nie unbeaufsichtigt. Doch leider kommt es durch nachlässige Hundehalter immer wieder vor, dass Schafkiller ihr Unwesen treiben.

Während der Ruhezeiten macht sich der Collie auf dem Hof nützlich: Er hilft beim Eintreiben des Milchviehs und des Geflügels, hütet die verwaisten Lämmer, vertilgt Ratten und Mäuse und bewacht Hab und Gut, wobei ein scharfer Schutzhund nicht gefragt ist. Die Hunde in der Einsamkeit dort oben zeigen sich Fremden gegenüber eher misstrauisch zurückhaltend.

Ein hübscher, langhaariger sable farbener Welsh Sheepdog Rüde.

Auf dem Rücken der Schafe gelangt der Welsh Sheepdog auf die andere Seite der Herde, um sie vom Zaun wegzutreiben.

Island Hund, aus BUFFON 1755, die erste Darstellung eines collieähnlichen Hundes.

Shepherd's Dog, aus BEWICK 1790.

Ein typischer Collie noch vor den ersten Hundeausstellungen, aus JARDINE 1843.

Ein früherer Show-Champion, SCOTILLA 1887.

Zuchtgeschichte des Collies

Entstehung des Langhaar-Collies

Die erste englische Hundeausstellung im Jahre 1859 in Birmingham war den Pointern und Settern vorbehalten, aber schon ein Jahr später wurde eine Klasse für Schäferhunde eingerichtet. Diese ersten Ausstellungen bildeten den Ausgangspunkt für die moderne Rassehundezucht, wie wir sie heute kennen. Da Birmingham der Haupt-, Vieh- und Farmermarkt in England war, stand hier die Wiege der Colliezucht.

Die Vorfahren des Collies waren nicht nur ausgesprochen intelligent, menschenbezogen und leichtführig, sondern auch hübsch anzusehen. Sicherlich wurde so mancher attraktive Hütehund auf den Märkten an städtische Hundeliebhaber verkauft, oder der Schäfer schenkte einen besonders niedlichen, für ihn wegen des zu üppigen Fells vielleicht wertlosen Welpen den Kindern des Großgrundbesitzers. Tatsächlich waren es in der Hauptsache diese Hunde, die den Weg zu Ausstellungen fanden und den Grundstock für die Zucht des modernen Collies legten.

Ein regelrechter Boom setzte ein, als Queen Victoria auf ihrem geliebten schottischen Schloss Balmoral den königlichen Schäfer mit seinen Collies bei der Arbeit beobachtete. Sie war so gerührt von den Fähigkeiten dieser Hunde, dass sie fortan selbst Collies hielt. Engagierte, professionelle Hundezüchter nahmen sich der Zucht an, kauften den Farmern attraktive Hunde ab und entwickelten eine Rasse, die ihren Siegeszug um die ganze Welt antrat und heute noch der Inbegriff für Klugheit und Schönheit ist.

Interessant ist in diesem Zusammenhang, dass der Gründer des englischen Kennel Club (Zuchtverband), ein Mr. Shirley aus Irland, damals in der Colliezucht federführend war und viele der berühmten Zuchthunde von seinem Gut in Irland kamen.

Beginn der Rassezucht

Der Gedanke, alte, bodenständige Rassen in ihrem Urzustand zu erhalten, war damals vollkommen abwegig. Dem Zeitgeist entsprechend, experimentierte man mit allen zur Verfügung stehenden Mitteln – allerdings ohne Kenntnis der Vererbungslehre, die wissenschaftlich noch nicht fundiert war. Man setzte sich ein Ziel, eine Vorstellung vom Idealbild einer Rasse, und züchte-

Aus „The Judgement of Paris", 1897. Drei für ihre Zeit sehr schöne Collies.

te, um es zu erreichen. Man scheute sich nicht vor Einkreuzung anderer Rassen oder Hunden unbekannter Herkunft.

Der ursprüngliche Collie war farblich nicht sehr attraktiv. Die meisten waren schwarz-markenfarbig, mit oder ohne weiße Abzeichen oder wolfsgrau. Erstmals in Birmingham 1871 ausgestellt, war „*Old Cockie*" mit seinem mahagonifarbenen Fell eine sensationelle Erscheinung. Seine Herkunft blieb bis heute das Geheimnis seines Züchters, aber der Einfluss dieses Hundes auf die Rasse war enorm. Rot-weiß oder zobel-weiß ist eine übliche Farbe der irischen und walisischen Schäferhunde. Da alles „Schottische" im Trend lag und fast wie ein Markenzeichen gewertet wurde, hielten es die geschäftstüchtigen Züchter mit der Herkunft ihrer Hunde sicher nicht so genau, und so mancher irische oder walisische Hund wird als „urschottisch" durchgegangen sein. Dass es diese Farbe schon vor *Old Cockie* bei diesen Schäferhunden gab, zeigen Darstellungen aus der Zeit vor den ersten Ausstellungen. Heute noch ist der Welsh Sheepdog lebender Beweis für die Existenz dieser wunderschönen Fellfarbe bei Arbeitshunden, die nach keinem Schönheitsstandard gezüchtet werden.

Es ist nicht auszuschließen, dass man zu diesem frühen Stadium beim Collie mit der Einkreuzung fremder Rassen nachhalf, auch wenn es keine Aufzeichnungen gibt. Die Züchter ließen sich nur ungern in die Karten schauen. Immerhin war schon im ersten Standard „setterrot" verpönt, und da fremde Rassen nicht nur ihre Fellstruktur und Farbe vererbten, kämpfte man gegen schwere, stark belefzte Köpfe mit Hängeohren an. Für die Barsoiverwandtschaft gibt es

Old Cockie, geboren 1868, angeblich der erste zobelweiße Collie, gilt als der Stammvater aller Ausstellungscollies. Auf dem Foto ist er 14 Jahre alt.

Highland Todd, Fox Hunter von Richard Ansdell (1859). Links ein zobelweißer Collie aus einer Zeit vor den ersten Hundeausstellungen. Abdruck mit freundlicher Genehmigung des American Kennel Club.

handfeste, inzwischen durch Genstudien untermauerte, Hinweise. Auf Schloss Sandringham, Wohnsitz der späteren Queen Alexandra, Schwiegertochter von Victoria, lebten u.a. Collies und Barsois. Die Collies bevorzugte sie als Begleiter ihrer Kinder. Der russische Zar pflegte enge Beziehungen zum englischen Königshaus und liebte Collies, die ihn stets begleiteten. Die Collieeinkreuzung sollte die russische Barsoizucht verbessern. Die barsoitypischen Hunde gingen nach Russland, die collietypischen blieben im Lande und dürften ob ihrer Eleganz, Schönheit und edlen Ausstrahlung großen Eindruck gemacht haben. Die Rasse entwickelte sich vom kleinen, bescheidenen Hütehund zum langbeinigen, eleganten Geschöpf mit edlem Kopf und vornehm zurückhaltendem Wesen bei gelassener Würde. (Noch heute sind in England die so genannten Lurcher, gezüchtete Mischlinge zwischen Arbeitscollie und Windhund, beliebte Begleithunde!)

Liebling der High Society

Der Aufstieg des Langhaar-Collies war sensationell. Seine Schönheit und Intelligenz, sein umgängliches Wesen und die Gunst der Könige erhoben ihn zum erklärten Liebling der High Society Großbritanniens. Bedeutende Champions erzielten Preise, die bis dato noch nie für einen Hund bezahlt worden waren. Der 1894 geborene *Ch. Ormskirk Emerald* z. B. wechselte seinen Besitzer für 1300 Pfund, was um die Jahrhundertwende etwa dem Wert von 26 000 Goldmark entsprochen haben dürfte.

Da auch in den USA alles „British Royal" hoch in Mode stand, erfreuten sich dort die Collies bald großer Beliebtheit. Die wohlhabendsten Amerikaner gaben Unsummen für britische Collies aus. Renommierte Züchter widmeten sich ausschließlich dem amerikanischen Markt, und man kann sagen, dass die Entwicklung der Rasse diesem großen Interesse finanzstarker Amerikaner zu verdanken ist.

Leistungsfähigkeit bei der Herde war seit Beginn des Ausstellungswesens für die Langhaar-Colliezüchter in den Hintergrund getreten. Nur das Schönheitsideal zählte. Die Siegertiere waren zu groß und schwer, zu lang und fein behaart, um dem Farmer noch von Nutzen zu sein. Der moderne Langhaar-Collie wurde allein zum Zweck des Ausstellungssports und als Familienbegleiter geschaffen. Damit müssen wir uns abfinden und die Mythen um den Collie als „König der Herden" als unrealistisch ablegen.

Langhaar-Collies in Deutschland

Dank der engen Verbundenheit des deutschen und britischen Adels in viktorianischer Zeit war alles Britische in Deutschland hochmodern. Kurze Zeit nach dem Aufkommen von Hundeausstellungen in England fanden sie auch in Deutschland regelmäßig statt. Englische Züchter stellten hier ihre besten Hunde aus. Der Langhaar-Collie war sowohl in seiner Heimat als auch bei uns ein begehrter Modehund, der um die Jahrhundertwende seine Blütezeit erlebte. 1885 wurden die ersten Collies von Herrn Gebürsch aus Mainz importiert.

Wichtig

Das äußere Erscheinungsbild hat sich beim Langhaar-Collie in den letzten 100 Jahren nachhaltig verändert, doch die Wesensmerkmale, die züchterisch nicht beachtet wurden, blieben erhalten. So erstaunt heute noch bei vielen Collies die Fähigkeit zu hüten. Die Genügsamkeit des alten Hütehundes, seine robuste Gesundheit, die Problemlosigkeit in der Zucht und die enge Verbundenheit mit seinen Menschen sind tief in seinem Erbgut verankert.

Queen Alexandra, ihre Enkel und Hunde auf einem Gemälde von Fred Morgan und Thomas Blinks, 1902. Queen Alexandra, Schwiegertochter von Queen Victoria, mit Prince Edward, Prince Albert, Princess Victoria und im Hintergrund der Zwingermeister. Die Hunde v.l.: Collie Lochiel, Barsoi Champion Alex, Deerhound Callac, Basset Sandringham Flo, Collie Sandringham Nicety, Schipperke Chira, ein weiterer Basset und im Hintergrund Collie Flo.

1

2

1 **Zwei von Lieut. Col. Richardson zu Sanitätshunden ausgebildete Collies, 1905 beim Einsatz im Russisch-Japanischen Krieg.**

2 **Master Patrick um 1902, ein Collie aus deutscher Zucht.**

Einsatz bei Militär und Polizei

Der Langhaar-Collie war nicht nur als Haus- und Familienhund sowie als Dekorationsstück populär, sondern genoss einen großartigen Ruf als Sanitäts- und Meldehund des Militärs. Er eignete sich hervorragend zum Einsatz in vorderster Front. Collies spürten Verletzte auf, meldeten sie den Suchtrupps und trugen Kabelrollen durch Schlachtfelder. Die Briten setzten weltweit Collies auf Kriegsschauplätzen ein. Selbst das deutsche Militär rekrutierte zahlreiche Collies direkt bei den Schäfern in Schottland.

Das uralte und immer neue Thema, nämlich der Wesensverfall, sobald Hunde rein nach Schönheit gezüchtet werden, machte auch vor dem Langhaar-Collie nicht Halt. Hinzu kam das Nationalbewusstsein der Deutschen, so dass das Bestreben von Rittmeister von Stephanitz, einen deutschen Schäferhund bei Militär und Polizei einzusetzen, den Collie aus dem Diensthundebereich völlig verdrängte.

Dazu schrieb Gottfried Jansen, Züchter der berühmten *„Field-Post“*-Collies, der seine Zucht 1890 begann, in einem Artikel im Bayerischen Hundefreund von 1935: „Der Collie hatte jetzt (1901) seinen Triumphzug erreicht und stand auf Ausstellungen an der Spitze aller Hunderassen, welche heute der Deutsche Schäferhund einnimmt. Hätten der Collie Club und der Verein der Collie-Freunde damals die Ausbildung desselben für Kriegs-, Sanitäts- und Polizeihundzwecke vorgenommen, wie es der Verband für Deutsche Schäferhunde getan hat, würden wir heute noch auf der Höhe sein. Es ist wohl wenigen unserer Collie-Freunde bekannt, dass unser Schottischer Schäferhund der erste Kriegs- und Sanitätshund war.“ Gottfried Jansen selbst hatte vor und im 1. Weltkrieg Langhaar-Collies aus seiner Zucht für Militär und Polizei ausgebildet.

Entstehung der Zuchtvereine

1889 wurde das erste Hundestammbuch veröffentlicht, das Ausstellungsergebnisse enthielt. In Frankfurt wurde 1888 z. B. der berühmte englische *Ch. Eclipse* aus der Zucht von Mr. Bissell und im Besitz von Mr. Krehl, London, ausgestellt und teilte sich den ersten Preis mit *Achmet* im Besitz von Herrn Max Feer. Zwei Preise gewannen Hündinnen von Mrs. Fielding-Kane, London. Der Schweizer Max Feer, Zwinger „*Thur*", war einer der führenden Colliezüchter auf dem Kontinent und züchtete mit den besten englischen Blutlinien, z. B. *Ali Baba*, Sohn von *Ch. Metchley Wonder*. Max Feer war Mitbegründer des Schweizer Collie Clubs, der im Jahr 2002 hundertjähriges Bestehen feierte.

1889 wurde der „Mainzer Collie Club" unter dem Vorsitz von Herrn Gebürsch, Mainz, gegründet, doch zwei Jahre später in den allgemeinen „Collie Club" umgewandelt. Allerdings spaltete er sich 1903 in den „Continentalen Collie Club" und „Verein der Collie-Freunde" auf.

Die Colliezucht blühte und die Züchter investierten Tausende in englische Zuchthunde. 1895 veranstaltete der Collie Club in Wiesbaden eine erste internationale Ausstellung, wo der berühmte Züchter Mr. Ainscough aus England 57 Collies richtete. Auch die folgenden Ausstellungen wurden von führenden englischen Züchtern gerichtet, und auf der 7. Collieschau 1901 in Ohligs erzielte Mr. Stretch, Ormskirk, England, 153 Meldungen. Eine Zahl, von der wir heute in Deutschland nur noch träumen können. Bedenkt man die damalige Verkehrssituation, wird diese Zahl noch erstaunlicher.

Hundezucht während der Weltkriege

Die Beliebtheit des Langhaar-Collies dauerte bis zum 1. Weltkrieg. Der Krieg unterbrach alle „Hundeaktivitäten". Nur eine Hand voll Züchter rettete ihre Hunde über die schweren Zeiten bis 1931 der Collie Club wieder ins Leben gerufen wurde. Bald folgten die ersten Importe aus englischen Zwingern wie *Laund, Eden, Ashtead* und *Southport*. Mit Beginn des 2. Weltkrieges war der Collie wieder eine respektierte Rasse – nicht gerade in Mode, aber ein gesunder Zuchtstamm war vorhanden –, der in dem damals beliebten Schutzhundsport neben Deutschen Schäferhunden, Boxern usw. erfolgreich bestehen konnte. Viele der erstklassigen Zuchthunde hatten auch Schutzhundprüfungen.

Aber auch diesmal beendete der Krieg alles. Tausende von Hunden wurden für das Militär eingezogen und kamen nie zu ihren Besitzern zurück. Millionen von Menschen wurde die Existenzgrundlage entzogen, für Hundezucht war kein Platz. Nur wenige konnten ihre Tiere über die schlechten Zeiten hinweg retten. 1948 rief Paul Tischler aus Hamburg die Collie-Freunde zusammen und gründete den „Club der Collie-, Sheltie- und Bobtail-Freunde", der später in „Club für Britische Hütehunde" umbenannt wurde. In den 50er Jahren war die Zucht schon recht aktiv. Noch immer gab es viele Collies mit Schutzhundprüfung.

Tochter des Züchters Gottfried Jansen mit Field Post Astor.

Zwei erfolgreiche Collies aus DDR-Zeiten:
Fee von Schloß Ramstedt (links), Nachwuchssiegerin 1977, Junghundsiegerin Jena u. Magdeburg 1978, Bezirksjunghundsiegerin Berlin 1978, DDR- Junghundsiegerin 1978
und Greif von Schloß Ramstedt (rechts), Junghundsieger d. Stadt Magdeburg 1978, DDR- Junghundsieger 1978.

Colliezucht in West- und Ostdeutschland

Als sich die Rasse in ihrer Heimat vom Krieg allmählich erholte, wurde der Qualitätsunterschied zwischen englischen und deutschen Langhaar-Collies im äußeren Erscheinungsbild immer deutlicher. Fast jeder Collie, der aus England herüberkam, wurde auf Schauen besser bewertet als der beste in Deutschland gezüchtete Hund. Mit wachsendem Wohlstand und Interesse an der Rasse versuchte man durch Importe aus England, namentlich aus dem berühmten *Ladypark*-Zwinger von Miss Grey und dem *Shiel*-Zwinger von Margaret Osborne, ebenso wie aus der Schweiz *(Birkenwald)*, wo man schon auf englischen Importen aufbaute, den Standard zu verbessern.

Zur anfänglich großen Freude der Züchter garantierte der Lassie-Boom den Welpenabsatz. Mehr Hunde wurden ausgestellt und britische Richter eingeladen.

Anders in der ehemaligen DDR, wo man sehr wohl auf dem vorhandenen Zuchtmaterial weiter aufbaute, weil man nicht die Möglichkeit zu importieren hatte. Bis in die 70er Jahre konnte man mit Hilfe westdeutscher Züchter an englisches Blut herankommen, doch dann wurde der Kontakt mit den westlichen Ländern generell verboten. Dafür suchte man jetzt den Anschluss an die damalige Tschechoslowakei, wo es immer wieder gutes englisches Zuchtmaterial gab.

Erschwerend kam für die ostdeutsche Colliezucht hinzu, dass man den Collie in den 80ern in die Sektion der Dienst- und Gebrauchshunde einreihte und als Zuchtvoraussetzung die Mannarbeit verlangte.

Miss Grey, die die Colliezucht nach dem Kriege maßgeblich prägte v.l.: Int. Ch. Lochinvar of Ladypark, seine Tochter Ch. Maid of Ladypark, seine Mutter Ch. Beulahs Golden Flora, sein Sohn Int. Ch. Loyal of Ladypark und Ch. Liberty of Ladypark.

Wichtig

Verfolgt man die Abstammung der heute erfolgreichen Zucht- und Ausstellungshunde, so gehen sie unmittelbar auf englische Importe zurück. Eine Verbindung zu den deutschen Nachkriegshunden besteht nicht mehr.

Großen Einfluss auf die deutsche Zucht nach dem 2. Weltkrieg nahm der 1942 geborene Sieger Fridolin vom Haus Marwei, SchH II.

Die ersten wichtigen Importe der 50er Jahre kamen aus der Schweiz: vorne Siegerin Deliane vom Birkenwald und Cherry vom Birkenwald.

Ch. My Big Ghost vom Old Tom verbindet erfolgreich ost-und westdeutsche Linien.

Int. Ch. Weltsieger 1985 Cookie vom Hause Reinhard – einer der bedeutendsten Vererber in Deutschland.

Die Zuchtauslese erfolgte nach der Eignung des Hundes zum Schutzdienst, was für viele Collies kein Problem, aber naturgemäß nicht jedem Collie gegeben ist. Es gehört einfach nicht zum ursprünglichen Rassebild, da das Angreifen von Menschen beim schottischen Schäferhund nie eine erwünschte oder geförderte Eigenschaft war. Die ostdeutschen Collies folgten nicht den Modetrends der Rasseentwicklung nach englischem Vorbild. Das änderte sich schlagartig nach der Wende, wo die meisten Züchter die alten DDR-Blutlinien aufgaben, so dass heute nur noch wenige Hunde darauf zurückgehen. Leider blieb der Genpool um des raschen Anschlusses an die Ausstellungserfolge im Westen ungenutzt, was viele inzwischen bedauern. Jedoch gelang es Züchtern, schon nach wenigen Generationen auf den alten Hunden aufbauend, Champions zu züchten.

Dazzler of Dunsinane, geb. 1962, war der bedeutendste Vererber nach dem Krieg.

Audrey Chatfield mit von links: Ch. Dorgano Demander of Dunsinane, Ch. Emric Epithet of Dunsinane, Int. Ch. Rifflesee Regality of Dunsinane, Int. Ch. Deborah of Dunsinane, Ch. Defender of Dunsinane.

Zuchtverbesserung durch Importe

In den 60er Jahren kamen einige Importe, die die Rasse im Westen prägten, so z. B. Bdsgr. *Dasher of Dunsinane* und Bdsgr. *Dean of Dunsinane*, Bruder des berühmten englischen Vererbers *Dazzler of Dunsinane*. In den 70er Jahren wurden einige Collies aus dem führenden englischen *Rokeby*-Zwinger eingeführt. Damals importierten einige Züchter die ersten amerikanischen Collies zur Blutauffrischung und um gravierende Wesensmängel wie übertriebene Ängstlichkeit, die mit viel zur Zucht benutzten englischen Importen kam, auszugleichen. In den 80er Jahren verbesserte sich die Wesenssituation generell auch auf Grund der positiven Entwicklung in Großbritannien.

Eine neue Generation Colliezüchter war in Deutschland herangewachsen. Die meisten hatten Englisch gelernt, Reisen wurde leichter und die unabhängige deutsche Fachzeitschrift „Collie Revue“ brachte den deutschen Züchtern die englische Szene näher und ermöglichte ihnen, mehr über ihre Rasse zu lernen. Die deutsche Colliezucht konnte mit den besten Collies Europas erfolgreich konkurrieren.

Der Hund mit dem größten Einfluss in den 80er Jahren war zweifellos der Britische Champion *Aberthorne Arrester*. Auf Grund seiner Popularität in England waren seine Nachkommen im Ausland sehr begehrt. In Deutschland prägte sein Sohn *Chancellorville Aquitane* maßgeblich die Rasse.

Ch. Bririch Gold Edition, Großvater von Ch. Aberthorne Arrester.

Die Zukunft des Langhaar-Collies

In den späten 90er Jahren verzeichnete die britische und folglich auch europäische Colliezucht einen starken Trend hin zu immer kleineren, quadratischen, untypisch spitzartig behaarten, sehr viel pflegeintensiveren Hunden, deren Kopf im Plüsch versinkt, mit hütehunduntypischen Bewegungsabläufen und spitztypischen Ringelruten – allesamt schwere Standardfehler, die leider manche Richter selbst bei Siegerhunden tolerierten. Hinzu kam eine bei vielen Hunden zu beobachtende geringere nervliche Belastbarkeit. Diese Entwicklung drohte die Collieszene in die Lager „Showcollie" und „sportlicher Collie" zu spalten, was der Zukunft der Rasse nur schaden kann. Eine Rückbesinnung, insbesondere im Ausstellungswesen auf den Rassestandard hat inzwischen eingesetzt, zu Gunsten eines pflegeleichten, aktiven, bewegungsfreudigen und nervlich robusten Collie, dessen Schönheit gemessen am Standard der Öffentlichkeit das Bild vom Collie vermittelt, das den Betrachter bewundernd verharren lässt mit dem Wunsch, auch solch einen wunderbaren Hund zu besitzen.

Ch. Ramsey of Rokeby und Ch. Aberthorne Arrester.

Ch. Brilyn Supertramp (12 Jahre alt) – diese Rüden gehören zu den bedeutendsten Vererbern ihrer Zeit.

Ch. Lanteague Harvest Moon of Silvermoor (links) und sein Enkel Ch. Brilyn Rum'n Black (rechts), einer der bedeutendsten Vererber der 90er Jahre.

Int. Ch. Knightmatchmaker of Rokeby (links), geboren 1969, ein Ramsey-Sohn und Chancellorville Aquitane(rechts), ein Arrester-Sohn, geboren 1977, Importe aus England, die die deutsche Zucht prägten.

Ch. Highcroft Lode-Ark's Legend, erfolgreichster US-Collie 2004.

Der Collie in den USA

Neben dem Mutterland Großbritannien hat sich Amerika zu einer Hochburg der Colliezucht entwickelt. Schon zu Beginn der Colliegeschichte kauften reiche Amerikaner das beste Zuchtmaterial in England auf. Große Colliezwinger mit an die 100 Tieren entstanden, die von Angestellten betreut und zu höchsten Ausstellungserfolgen geführt wurden.

Anfangs beherrschten die Importe die Szene, doch noch vor dem Zweiten Weltkrieg hatte sich die Rasse auf hohem Qualitätsniveau etabliert und britische Importe spielten von da an keine Rolle mehr.

Auf Grund des abweichenden Ausstellungssystems bevorzugt man in den Staaten einen imposanten Ausstellungshund mit aufgeschlossener, stolzer Persönlichkeit, der neben anderen Rassen bestehen kann, um das begehrte Prädikat „Bester der Hütehundgruppe“ oder „Bester der Ausstellung“ zu gewinnen.

Standardunterschiede

Der amerikanische Standard (für alle FCI-angeschlossenen Länder gilt der Standard des Mutterlandes England) ist etwas ausführlicher in seiner Beschreibung. Er erlaubt außerdem den weißen Collie mit farbigem Kopf sowie den Sable Merle und unterscheidet sich in den Größenangaben: Schulterhöhe beim Rüden 61 bis 66 cm (engl. 56 bis 61 cm) und Hündinnen 55 bis 60 cm (engl. 51 bis 56 cm). Abgesehen von Größe und Knochenstärke weichen die amerikanischen Collies auch im Kopftyp etwas ab.

Amerikanische Collies werden seit den 70er Jahren von einem kleinen Liebhaberkreis nach Deutschland importiert und vereinzelt in die Zucht integriert. Allerdings werben findige Händler und Produzenten mit „amerikanisch", obwohl sie selten wirklich mit Collies amerikanischer Zucht zu tun haben. Deshalb ist Vorsicht beim Kauf angeraten. Collies aus den USA (den Begriff Amerikanischer Collie gibt es nicht) sollten Papiere (Pedigree) des American Kennel Club (AKC) vorweisen, die ins deutsche Zuchtbuch (VDH) übernommen wurden.

Lang- und Kurzhaar sind in den USA eine Rasse mit zwei Haararten und werden häufig mit einander verpaart. Die Fellstruktur des Kurzhaars ist drüben offener und weicher, als wir es hier kennen. Der Kurzhaar-Collie ist im Verhältnis zum Langhaar weiter verbreitet als in Europa.

Ch. Shoreham Triumph Timeless, eine der erfolgreichsten US-Hündinnen.

Ch. Bethany's Preacher Man – einer der erfolgreichsten Kurzhaar-Collies in den USA.

Black Luzifer von den Salzwiesen, gew. 1986 – ein bedeutender Vererber mit amerikanischen Blutlinien.

Ch. Fantasy Bronze Talisman – der erfolgreichste Zuchtrüde aller Zeiten in den USA.

Ban Dog (oben) und Cur Dog, aus Bewick 1790.

Entstehung des Kurzhaar-Collies

Er hat sich in den letzten Jahren aus seinem Aschenbrödeldasein in der Colliewelt hinauskatapultiert, und er hat eine ebenso lange Geschichte wie der langhaarige Collie. Schon Bewick zeigt den Cur-Dog und den Ban-Dog, die beide dem Kurzhaar-Collie ähnlich sind. Zu bestimmten Zwecken bevorzugte man früher nämlich kurzhaarige Hunde, so z. B. als Hofhunde und beim Treiben des Viehs.

Kurzhaar-Collies wurden zwar seit Beginn des Ausstellungswesens immer mit ausgestellt, die Züchter widmeten sich jedoch weit intensiver der „Verschönerung" des langhaarigen Vetters. Der Kurzhaar-Collie blieb bei seiner Arbeit als Hof- und Treibhund und kam nur gelegentlich in den Ausstellungsring. Er wurde in England weitgehend separat vom Langhaar gezüchtet, wenn auch die geringe Zahl der Zuchttiere in Notzeiten zur Einkreuzung von Langhaar zwangen. So dürfte der Kurzhaar-Collie nur einen verschwindend geringen Anteil an Barsoiblut mitbekommen haben, wohl aber einen Schuss Greyhoundblut führen, denn das Kreuzen von Wind- und Schäferhunden hat in England jahrhundertealte Tradition. Kurzhaar-Collies in vollem Lauf beobachtet, verraten dieses Erbe.

Ein Hund, der keinem Modetrend unterlag!

Im Gegensatz zum Langhaar-Collie hat sich der Kurzhaar-Collie in den letzten 100 Jahren nur wenig verändert. Fotos der um die Jahrhundertwende erfolgreichen Hunde zeigen zum Teil schöne Exemplare, die auch heute noch in den Wettbewerb treten könnten.

Die drahtige Gestalt, der robuste Charakter, den der Kurzhaar-Collie zum Treiben des Viehs brauchte, sein Selbstbewusstsein und eine gute Portion Mut, um es auch mal mit einem Stier aufzunehmen, unterschieden ihn vom reinen Hütehund. Heute noch spürt man dies. Es ist z. B. mühsamer, mehrere Kurzhaar-Collies zusammen zu halten, als die gleiche Anzahl Langhaar, die sich im Allgemeinen

1 Ch. Babette of Moreton (geb. 1900) und Ch. Irthlingborough Village Lass gehörten zu den besten ihrer Zeit.

2 Smooth Collies aus: Rawdon Lee, The Collie von 1894, eine Illustration von Arthur Wardle.

1

2

1

2

1 Donna Anona of Dunsinane, die erste Kurzhaar-Zuchthündin nach dem Krieg, geb. 1959.

2 Int. Ch. Hassan vom Ihlpol – der bedeutendste deutsche Kurzhaar-Vererber, geb. 1990.

auch in größeren Gruppen gut vertragen. Kurzhaarige reizt es eher, die Rangordnung in ihrer Meute auszufechten.

Die Gefahr, dass dieser urige, anspruchslose, elegante Hund mit viel Temperament, großer Intelligenz und ausgeprägtem Arbeitseifer in Vergessenheit gerät, dürfte heutzutage nicht mehr bestehen.

Der Wunsch nach Ausgefallenheit verlangt bei diesem Hund keine Opfer oder Kompromisse. Im Gegenteil, der Kurzhaar-Collie ist pflegeleicht (allerdings sind die beim Haarwechsel überall fliegenden und haftenden Haare sehr unangenehm) und bei allem Temperament und Selbstbewusstsein leicht erziehbar und seiner Familie ein treuer Kamerad.

Immer mehr Menschen, die mit ihrem Hund arbeiten wollen und sollen, stoßen auf den Kurzhaar. Der robuste und ausdauernde Hund eignet sich hervorragend als Rettungshund und für jegliche Art von Hundesport.

Wichtig

In allen FCI-Mitgliedsländern werden Kurz- und Langhaar-Collies nach getrennten Standards bewertet und dürfen so ohne weiteres nicht mehr verpaart werden.
Bei der Verpaarung von Lang- und Kurzhaar erweist sich Kurzhaar als dominant und folgt den Mendelschen Gesetzen. Es kommt gelegentlich vor, dass aus zwei Kurzhaar-Eltern langhaarige Welpen geboren werden. Die, die ich kenne, sind eher schlicht behaart.

Zuchtgeschichte des Shelties

Es gibt nur wenige Dokumente darüber, wie der Shetland Sheepdog entstanden ist. Wir können aber mit Sicherheit sagen, dass einige Rassen an der Entstehung des Shetland Sheepdogs beteiligt waren. Mrs. Beryl Thynne („*Kilravock*“ Shelties), die Verfasserin des ersten, 1916 veröffentlichten Sheltie-Buches, und spätere Autoren beschrieben die „Shetland Collies“ als kleine, auf Leistung gezüchtete Mischlinge – ca. 20 bis 26 cm „groß“. Die wenigen auf alten Stichen und Gemälden der Shetland-Inseln abgebildeten Hunde variieren im Aussehen und lassen keine allgemeingültigen Schlüsse zu.

„Lerwick vom Stonehill", aus John Frome RSA, 1840.

Die älteste uns bekannte Darstellung eines typischen Shelties „Chien écossais", in Le chien von Gayot, 1867.

Wichtig

Die Inselbewohner, für die es bei den frühen Kreuzungen hauptsächlich auf die Nützlichkeit ankam, nannten ihre kleinen Helfer Toonie Dogs („toon" ist der lokale Ausdruck für Farm), Peerie Dogs (norwegischer Ursprung, „piri" bedeutet klein) und später Shetland Collies. Der liebevoll abgekürzte Rassename „Sheltie" ist eine Erfindung der Neuzeit.

Ursprung – die Shetland-Inseln

Die Shetland-Inseln bestehen aus ca. 100 vom Wind zerfegten, kargen, felsigen Inselchen, etwa 200 km nördlich vom schottischen Festland gelegen. Sie gaben unserer Rasse den Namen, aber entsprechende Hunde lebten auch auf den Äußeren Hebriden, auf Orkney und der Insel Hoy. Es lässt sich daher nur spekulieren, woher die ersten Hunde der Inseln stammten.

Da Shetland bis Mitte des 15. Jahrhunderts zu Norwegen gehörte ist anzunehmen, dass skandinavische Hunde, ähnlich im Typ des Buhunds oder des Elchhunds, Yakkis (spitzähnliche Hunde, benannt nach den Bewohnern Grönlands), evtl. auch kurzläufigere Hunde, z. B. Vorfahren von Vallhund, Spitze und isländische Hütehunde zu den Ahnen zählen. Spuren dieser Kreuzungen findet man noch immer in den manchmal auftretenden rußfarbigen Schnauzenpartien, Stehohren, Ringelruten, der allzu hellen Zobelfarbe etc.

1469 wurden die Shetland-Inseln als Mitgift an Schottland übergeben. Am täglichen, kärglichen Leben der Bewohner Shetlands änderte sich wenig. Die Inseln blieben eine beliebte Anlegestelle von Handels- und Walfangschiffen sowie Fischerbooten vieler Länder. Diese Schiffe führten sicherlich Hunde als Begleiter mit, die ihre Nachkommen auf den Inseln hinterließen. Im späten 16. Jahrhundert übernahm der Bischof von Holyrood die Kontrolle und führte schottische Gesetze und Bräuche ein. Handelsverbindungen nach Skandinavien und seinen Kolonien brachen ab. Das raue Klima, die harten Lebensbedingungen und Inzucht könnten mit dazu beigetragen haben, die Qualität und die Größe des heimischen Viehs weiter zu reduzieren.

Aufgaben des Shelties

Aus dem Namen Toonie Dog (siehe Kasten) kann man die Hauptaufgabe der kleinen Hunde ableiten, nämlich lautstark die nicht eingezäunten Pachtgrundstücke der Kleinbauern vor dem hungrigen Vieh zu schützen. Aber die Inselbewohner schätzten ihre kleinen vierbeinigen Hausgenossen auch als ständige, verständige Begleiter, die einfach zum Hof und zur Familie gehörten.

Für die vielfältigen Aufgaben genügte ein kleiner, flinker, zäher Hund mit wetterbeständigem, eher kurzem, hartem Haarkleid, der im Unterhalt kaum etwas kostete und in den winzigen Bauernkaten wenig Platz beanspruchte, um die Shetland-Ponys (eine Miniaturausgabe des Shire-Pferdes), Zwergrinder und die kleinen, wendigen Schafe mit den schwarzen Gesichtern und der langen, seidigen Wolle unter Kontrolle zu halten.

Erst ab Mitte des 19. Jahrhunderts entwickelten sich einige der Crofts (Pachtgrundstücke) zu größeren Schaffarmen, so dass die heimischen Hunde durch die größeren Working Collies ersetzt oder mit ihnen gepaart wurden.

Shetland Sheepdogs, 1935. Hutchinson's Dog Encyclopaedia.

Inselbesucher, wie Offiziere der Königlichen Marine und Ponyhändler, fanden Gefallen an den kleinen, attraktiven, gelehrigen „Kerlchen“ und nahmen sie ab und zu als Geschenk mit nach Hause. Das Interesse an den Shetland Collies wuchs, schnell witterten die Crofter eine neue Einnahmequelle und kreuzten unterschiedliche Kleinhundrassen ein. Alte Fotos zeigen deutlich den Einfluss des King Charles Spaniels (große, schwere Ohren, seidiges, lockiges Haar) und von anderen Schoßhunden, wie z. B. dem Zwergspitz und Papillon (runde Augen und Oberschädel, Ringelruten).

Beginn der kontrollierten Zucht

Ab Anfang des 20. Jahrhunderts sah man Shelties gelegentlich auf Ausstellungen des britischen Festlandes, wo sie zunächst mehr als Kuriosum und nicht als ernst zu nehmende Rasse betrachtet wurden. Aussehen und Größe variierten beträchtlich; Shetland Collies entsprachen ganz und gar nicht einem „Show Collie en miniature“. Dennoch war der Aufschwung nicht mehr aufzuhalten, aber gleichzeitig bestand die Gefahr, die Rassecharakteristika aus Profitgier zu verlieren. So gründeten einige Sheltieenthusiasten und Pionierzüchter 1908 den „Shetland Collie Club“ in Lerwick, eröffneten die ersten Zuchtbücher (die Registrierungen erfolgten getrennt nach Größe: a) 25,5 bis 30 cm und b) 30 bis 38 cm) und formulierten einen Standard für den Sheltie.

Kilravock Laddie u. Eureka, 1914–1916. Typische Shelties ihrer Zeit.

1

2

1 Wallace, ein Sohn von Butcher Boy, dem Begründer der BB-Linie.

2 Chestnur Rainbow, einer der Stammrüden der CHE-Linie.

Im Januar 1909 wurde der erste Sheltieclub des Festlands, der „Scottish Shetland Sheepdog Club", gegründet. Zu diesem Zeitpunkt erfolgten bereits die ersten Eintragungen unter dem Namen „Shetland Sheepdog" in der „Kennel Gazette" (Zeitschrift des „Kennel Clubs", der Dachorganisation des Britischen Hundewesens). Einige schwere und bewegte Jahre schlossen sich an, bis der Sheltie als Rasse offizielle Beachtung fand, denn vor allem die Colliezüchter weigerten sich entschieden, einen Shetland „Collie" zu akzeptieren. 1914 wurde der „English Shetland Sheepdog Club" in Birmingham gegründet (zur Zeit der größte und einflussreichste Sheltieclub Großbritanniens) und es erfolgte die Kennel-Club-Anerkennung. Der Standardwortlaut veränderte sich von einem „Hütehund in miniatur" zu einem „modernen Show-Collie in miniatur".

1915 wurde das erste CC (Challenge Certificate = Anwartschaft auf den Britischen Championtitel) für unsere Rasse in Birmingham an Mrs. Hubands selbst gezüchtete schwarz-weiße Hündin *Frea* (eine Tochter des schwarz-weißen *Lerwick Jarl,* dem ersten einflussreichen Sheltie-Deckrüden) vergeben.

1916, während des 1. Weltkrieges, kurz bevor der Kennel Club alle Ausstellungen verbot und das Züchten nur noch mit Sondergenehmigung erlaubte, wurden die ersten Britischen Sheltie Champions, beides tricolour Rüden, gekrönt: *Ch. Clifford Pat* (* 22.4.1914) und *Ch. Woodvold* (* 21.6.1913; seine Mutter war die kleine Colliehündin *Gesta*).

Zucht nach dem 1. Weltkrieg

Nach dem 1. Weltkrieg konnten nur sehr wenige Züchter Zuchttiere halten. Um die neue Rasse aus der Misere zu retten, fanden gezielte Show-Collie-Einkreuzungen statt, die einen nachhaltigen Effekt auf die weitere Rasseentwicklung hatten.

Unter anderem wollte Miss Humphrey die bei den Shetland Collies bis dato nicht bekannte blue merle Farbe in die Rasse einführen und paarte ihre kleine sable Colliehündin *Teena* (aus einer sable Hündin nach einem blue merle Rüden) mit *Wallace* (ein *Butcher-Boy*-Sohn). Der eigentliche Plan scheiterte. (Der erste blue merle Ausstellungssheltie war Mrs. Baker's Hündin *Blue Ray of Houghton Hill*, die auf der Crufts 1926 gezeigt wurde. Ihr Vater war der tricolour *Chestnut Rainbow* und ihre Mutter *Blue Floss of Houghton Hill*, deren Eltern nur als *Rover* und *Gypsy* angegeben wurden.) Als einziger Überlebender aus *Teena* wurde aber der zobel-weiße Rüde *War Baby of Mountford*, auf den alle heutigen Nachfahren der BB-Linie (*Butcher Boy*-Linie), eine von zwei heute noch direkten, aktiven Rüdenlinien, zurückgehen, geboren.

Mr. Caird aus Aberdeen hatte großes Glück mit seiner Verbindung *Chestnut Rainbow* (Begründer der CHE-Linie = *Chestnut*-Linie) mit *Chestnut Sweet Lady* (nicht registriert; wahrscheinlich eine kleine tricolour Colliehündin), deren qualitätsvolle Nachkommen (* 1924) von unschätzbarem Einfluss waren.

Bedingt durch die bekannten und andere, weniger offiziell durchgeführten Colliekreuzungen herrschte Mitte der 20er Jahre große Uneinigkeit unter den Sheltieliebhabern: Die eine Seite befürwortete den originalen Sheltietyp, d. h. die direkten Importe und Nachfahren der Inselhunde, die andere Gruppe strebte trotz der Größen- und Kopfprobleme in Anlehnung an den Standard und die schon früher durchgeführten Collieverbindungen nach einem kleinen Collie. Hervorragende, im Typ den Hunden ihrer Zeit überlegene Rassevertreter, wie z. B. der tricolour Rüde *Ch. Helensdale Laddie* (* 1925), *Ch. Gawaine of Cameliard*, ein zobel-weißer Rüde (* 1926) und später der bekannte Zuchtrüde *Ch. Uam Var of Houghton Hill*, tricolour, (* 1927), die beide Typen und Harmonie in sich vereinigten, konnten diese Streitereien etwas abflauen.

COLLIEEIN-KREUZUNGEN

Collieeinkreuzungen wurden im Verschwiegenen aber noch einige Zeit zur Qualitätsverbesserung durchgeführt. Alles in allem ist nicht zu leugnen, dass der Shetland Sheepdog sein heutiges Aussehen den Collieeinkreuzungen verdankt. Bis heute haben wir betreffs Übergrößen und extremen Köpfen aber auch im negativen Sinne mit diesem Erbe zu kämpfen.

1 Ch. Woodvold, tricolour Rüde, einer der ersten Britischen Sheltie-Champions.

2 Ch. Uam Var of Houghton Hill, ein für seine Zeit sehr typischer tricolour Rüde.

1

2

Ch. Helensdale Ace, geb. 1949.

Zucht während und nach dem 2. Weltkrieg

Obwohl während des 2. Weltkrieges keine Championshipshows (Ausstellungen mit Titelanwartschaften) stattfanden, überstand der Sheltie in Großbritannien diese schwere Zeit besser als den 1. Weltkrieg. In der Zeit zwischen den beiden Weltkriegen und nach dem 2. Weltkrieg wurden viele neue Zwinger gegründet. Unter anderem entstanden 1932 die weltbekannten „*Riverhill*"-Shelties der Damen F. M. und P. M. Rogers (sie züchteten über einen Zeitraum von 50 Jahren). Der *Helensdale*-Zwinger von Mr. Jim Saunders aus Aberdeen bewegte ebenfalls sehr viel. Dass beim Züchten nicht nur züchterisches Können, sondern auch der Zufall eine Rolle spielt, beweist sein *Ch. Helensdale Bhan*, der es fertig brachte, über die Abzäunung zu springen und seine Mutter *Helensdale Gentle Lady* zu decken. Der goldsable Rüde *Ch. Helensdale Ace* war das mehr als herausragende Resultat. *Ace* wurde der erste Sheltie, der Bester Sheltie Rüde auf einer Allgemeinen Championshipshow erreichte (1951 in Birmingham) und der erste wirklich überragende Nachkriegszuchtrüde (10 Champion-Kinder und 10 weitere mit CCs). *Aces* Einfluss wäre wahrscheinlich noch größer gewesen, wenn er nicht bei einem seiner „Ausflüge" vergiftet worden wäre.

Der Sheltie, wie wir ihn heute kennen, ist noch eine recht junge Rasse. Seine Herkunft ist zwar auf den Shetland-Inseln zu finden, züchterisch maßgeblich geformt wurde er aber in Schottland und in England. Shelties haben sich im Laufe der Jahre im Aussehen sehr verändert, denn aus dem kleinen „Mischling" ist ein ansprechender,

Züchterinnen, die die Sheltiezucht weltweit prägten: Miss F.M. Rogers mit Riverhill Ringleader, Miss J.M. Herbert mit Ch. Shelert's Sindbad The Sailor und Miss Mary Davis auf der ESSC Championshipshow 1981.

auf Schönheit gezüchteter Rassehund mit reichem Haarkleid geworden (der allerdings nichts von seiner Intelligenz und Vielseitigkeit sowie seinem Charme verloren hat). Früher gab es einige große Zwinger, die um die 50 Hunde und mehr besaßen. Betrachtet man die Spitzenvertreter der 50er und 60er Jahre, könnten diese auch heute noch erfolgreich auf Ausstellungen bestehen. In Großbritannien gehört der Sheltie zu den beliebtesten Rassen. Bisher ist er jedoch kein Modehund geworden und übertriebenen Trends konnten die Rasseliebhaber glücklicherweise immer schnell entgegensteuern (Problem erkannt – Problem gebannt).

Sally von Pomona im Alter von acht Monaten, geb. 1935.

Der Sheltie in Deutschland

Unter der Rassebezeichnung „Shetland Zwergschäferhund“ wurden 1935 die ersten Shelties in das Zuchtbuch des „Reichsverbandes für das Deutsche Hundewesen“ (RDH) eingetragen. Baronin von Richthofen-Schweidnitz (Schlesien) züchtete mit den beiden ersten englischen Importen, *Medgelake Magnetic* und *Margy*, unter dem Zwingernamen *„von Pomona“* einige Würfe.

Züchter der ersten Stunde waren Frau I. Bader-Keller (*„von der Alpspitze“* Shelties und Collies) und Frau U. von Antropoff (*„vom Rehof“*). Der blue-merle GB Import-Rüde Sgr. *Blue Star of Houghton Hill*, im Besitz von Frau Bader-Keller, (ein Sohn des berühmten *Ch. Uam Var of Houghton Hill*) und seine Nachkommen waren zur damaligen Zeit geschätzte Zuchttiere in Deutschland. Insgesamt wurden von 1935 bis 1941 aber nur 36 Shelties in das Reichszuchtbuch aufgenommen.

Sgr. Blue Star of Houghton Hill, geb. 1936. Ein englischer blm-Importrüde.

Von 1942 bis 1945 findet man im „Deutschen Sammelzuchtbuch für Rassehunde“ 134 Shelties, u.a. einige schwedische Hunde, die im Austausch zu deutschen Rassevertretern kamen; 1945 bis 1949 waren es dann 187 Eintragungen in das „Allgemeine Sammelzuchtbuch“. Vor blue-merle x zobel-weißen Paarungen sowie vor Inzestzucht und dem Einsatz von Weißschecken wurde in der damaligen Zeit nicht zurückgeschreckt. Auch sind die Farbgebungen hinter den frühen deutschen Shelties verwirrend und man fragt sich z. B. wie aus einer goldgelbweißen x schwarzbraunweißen Verbindung ein schwarzweißblauer Welpe fallen konnte?

Int. Ch., Weltsieger 1976 & 1977 Ambassador vom Zitadellengraben, geb. 1970. Er war der erste Sheltierüde, der den Titel Deutscher Champion des Clubs für Britische Hütehunde e. V. errang. Auf dem Foto 10,5 Jahre alt.

Welt-, Bundes- und Clubsieger Jefsfire Allensway Captain Scarlet, geb. 1969 – einer der populärsten Sheltiedeckrüden der deutschen Rassegeschichte.

Der 2. Weltkrieg und die schweren Nachkriegsjahre sind an der deutschen Sheltiezucht natürlich nicht spurlos vorübergegangen. Unser Land wurde gespalten und damit auch die Kynologie getrennt, und wer hatte schon Zeit und Geld in die Hundezucht zu investieren? Ende der 50er bis Ende der 60er Jahre gelang es dann erfahrenen westdeutschen Colliezüchtern, die bei ihren Besuchen in Großbritannien den Sheltie lieben gelernt hatten, hervorragende Rassevertreter zu importieren. Diese Importe und deren Nachkommen verhalfen dem Sheltie in Deutschland zu neuen Freunden. Sie gewannen viele Auszeichnungen im In- und Ausland und brachten die deutsche Zuchtbasis auf ein hohes Qualitätsniveau.

Ab 1978 hatte der Sheltie das große Glück, dass die unabhängige Fachzeitschrift „Collie Revue“ einen Sheltieteil angliederte, der es den interessierten Züchtern ermöglichte, über die Rasse Informationen aus aller Welt zu lesen und Erfahrungen auszutauschen. Ab 1994 musste der Sheltiepart dann auf eigenen Füßen stehen und es entstand die rassespezifische „Sheltie News“.

Einfluss englischer Importe

Von den Anfängen der deutschen Sheltiezucht bis heute sind es vor allem die immer wieder aus Großbritannien, in geringem Maße aus den skandinavischen Ländern, den USA (siehe S. 30) und in den letzten Jahren aus den Ostblockländern importierten Deckrüden, die die Rasseentwicklung, den Typ und die Qualität bestimmen sowie für Blutauffrischung sorgen. Bis 1980/81 beeinflusste der *GB Ch. Jefsfire Freelancer* (Züchter und Besitzer: Jeffries, GB) die westdeutsche Sheltiezucht entscheidend. In zehn Jahren wurden vier *Freelancer*-Kinder und neun seiner Enkel eingeführt und zur Zucht verwendet. In den 80er Jahren waren es dann seine Urenkel, die den westdeutschen Sheltietyp prägten.

Int., Dt., VDH, Österr., Lux. Ch., Bundessieger Sandwick Boomerang, geb. 1985. „Sam“ war von 1990 bis 1995 „erfolgreichstes Vatertier“ und hatte 20 Championkinder insgesamt.

V.l.n.r.: Ch. Abuela Happy as Larry (Top Zuchtrüde 1997), Ch. Black Porter O’the Highlands (Top Zuchtrüde 2001, Sohn von „Larry“) und Ch. Black Xandro O’the Highlands (Sohn von „Porter“. BiS auf der 3. Dt. Sheltie Spezialzuchtschau 2000).

Blue Chack vom Birkenwappen, geb. 1986. In der ehemaligen DDR gezogener blm Rüde, der Rassebester auf einer der ersten gesamtdeutschen Spezialzuchtschauen im CfBrH wurde.

Ab Mitte der 80er Jahre bis Ende des 20. Jh. erkennt man die deutliche Einflussnahme der aus Großbritannien importierten tricolour Rüden (und deren Söhne) auf die deutschen Shelties. Diese Rüden waren nicht nur im Schauring sehr erfolgreich, sie wurden auch oft zur Zucht eingesetzt.

Das Ereignis der 90er war die 1. Deutsche Sheltie Spezialzuchtschau (im Club für Britische Hütehunde) am 6.8.1995 in Krunkel-Epgert. 186 Shelties aus neun Ländern kamen zusammen. Dieses Großereignis wurde schon mehrmals erfolgreich wiederholt.

Zucht in West- und Ostdeutschland

Betrachtet man die Ahnentafeln der heutigen deutschen Shelties, stellt man fest, dass die Ausgangslinien noch immer hinter einigen Shelties stehen.

Durch die „Mauer“ und die jahrelangen Importverbote aus dem Westen mussten die ostdeutschen Züchter auf das vorhandene Material (die Linien der „ersten Stunde“ und einige wenige Importe aus führenden westdeutschen Zwingern, die Ende der 50er und in den 60er Jahren stattfanden) aufbauen und sich mit gelegentlichen Deckakten durch Shelties aus benachbarten Ostblockländern begnügen. Sicherlich keine leichte Aufgabe, die die ostdeutschen Züchter im Falle des Shelties aber mit Bravour lösten, wie ihre Erfolge auf Ausstellungen im vereinten Deutschland beweisen. (Besondere Verdienste stehen dabei dem Einsatz von Margot Berger, *„vom Haus Marwei“*, zu.) Inzwischen haben sich ost- und westdeutsche Shelties zu einer guten Einheit vermischt und eine solide Basis gebildet.

Pinch vom Aueneck (re.), geb. 1993 und sein Sohn Benji vom Aueneck, geb. 1996, gehen hauptsächlich auf alte DDR-Linien zurück.

BSgrn., Int., Dt. Club & VDH, GB Ch. Blue Hopes and Dreams of Silver-Shadow, geb. 1999. Rassebeste auf der Crufts 2004. In der 5. Generation in Deutschland gezüchtete Hündin, die in Großbritannien sogar Gruppensiege auf Allrassen Championshipshows erlangte.

Bisher hat der Sheltie in Deutschland noch keine zu große Verbreitung erlangt. Sheltiezuchtstätten mit mehr als fünf Zuchthündinnen gehören zu den Ausnahmen. Die meisten Shelties sind geliebte Familienmitglieder. Um die 20 bis 40 Meldungen auf den Internationalen Rassehunde- und Clubschauen und ca. 650 bis 700 Eintragungen aus ca. 160 Würfen in 100 Zuchtstätten pro Jahr im VDH sind inzwischen üblich.

Vor internationaler Konkurrenz braucht sich der deutsche Sheltie nicht zu fürchten. Zahlreiche Erfolge auch auf ausländischen Schauen unter renommierten Richtern beweisen seine Qualität.

Der Sheltie in den USA

Obwohl Shelties weltweit den gleichen Ursprung haben und frühe englische Importe (die ersten Shelties kamen bereits 1910 direkt von den Shetland-Inseln in die USA) den Grundstock für die amerikanische Sheltiezucht bildeten (hauptsächlich aus der CHE-Linie), gibt es typmäßige Abweichungen, die vor allem im unterschiedlichen Standardwortlaut (in Amerika gilt für Shelties nicht der FCI-Standard) und der anderen Einstellung zur Kynologie begründet sind.

Wichtig

In den Vereinigten Staaten gehört der Sheltie zu den beliebtesten Rassen. Große, professionelle Sheltiezuchtstätten bestimmen die Rasseentwicklung maßgeblich.

Der amerikanische Standard

Schon im Vorwort des US-Standardtextes wird auf die frühen Collieeinkreuzungen und die Ähnlichkeit des Shelties zu seinem größeren Verwandten hingewiesen. Berühmte amerikanische Züchter der ersten Stunde bestätigen Collieeinkreuzungen noch um 1930, wobei die Welpen jedoch als reinrassige Shelties eingetragen und später zur Zucht verwendet wurden.Typunterschiede beruhen u.a. auf den Augen, die nicht ganz so schräg stehen wie beim britischen Sheltie (siehe auch S. 129).

Auch die Keilform des Kopfes wird anders ausgelegt, die Amerikaner bevorzugen einen weniger spitz zulaufenden Fang. Während in Großbritannien eine elegante Gesamterscheinung geschätzt wird, erwarten die Amerikaner Substanz. Pionierzüchter beider Länder haben aus ihren unterschiedlichen Vorstellungen von einem idealen Sheltie (auf jeden Fall was Kopftyp und Knochenstärke betrifft) und durch Selektion den Typunterschied erreicht und gefestigt. Nicht immer geht dies ohne kontroverse Diskussionen ab.

Dass US-Shelties generell größer sein sollen als europäische, stimmt nicht. Der amerikanische Standard schreibt 16 Inches (40,64 cm) als oberstes Limit vor; ein größerer Hund wird konsequent disqualifiziert. Nach FCI-Standard ist Übergröße (ein Sheltierüde darf bis zu 15,5 Inches = 39,37 cm sein) zwar höchst unerwünscht, ein zu großer Sheltie kann aber noch ausgestellt werden, und, je nach Konkurrenz, sogar auf den vordersten Plätzen stehen.

Bedingt durch das Traumziel, auch mit einer kleinen Rasse wie dem Sheltie im Wettstreit um den Gruppen- und Besten-Hund-der-Schau-Sieg erfolgreich zu sein, wurden die amerikanischen Shelties immer eindrucksvoller, und sie zeigen sich ununterbrochen freudig. Dadurch verloren sie die im Standard geforderte Reserviertheit gegenüber Fremden. In Europa ist sie weitgehend erhalten geblieben, und der Sheltie ist keine „Ausstellungsstatue“, die, mit Kreide und Schere gestylt, von professionellen Vorführern zum Titel gebracht wird. Im Gruppenwettbewerb ist er dadurch in Europa meist nicht so erfolgreich. Bis Mitte der 70er Jahre spielten die US-Shelties in der deutschen Zucht keine Rolle. Doch danach kamen hervorragende US-Importe vor, die auch hier Beachtung fanden.

Valdawn's Check It Out, geb. 1992. US-Import Rüde. Man nimmt an, dass er genetisch CEA-frei war, denn keiner seiner auf Augen untersuchten Nachkommen war CEA positiv.

Ch. Jewel Justin vom Birgittenkloster (links) mit seinem Sohn DJCh. Larry von der Rauhen Hecke. Beide kombinieren erfolgreich amerikanische, englische und deutsche Linien.

Trotz der Unterschiede können gute amerikanische Shelties auch in Deutschland durchaus konkurrieren. Es setzen ca. 15 % der deutschen Züchter amerikanische Shelties in ihrem Zuchtprogramm ein, und man sieht erfreulicherweise qualitätsvolle Shelties aus Verbindungen englischer, amerikanischer und deutscher Linien, die die Vorzüge aller in sich vereinen.

Such- und Apportierspiele machen dem Mensch-Hund-Team Spaß – Caddie hat den gut versteckten Futterbeutel gefunden und gibt ihn in die Hand ab.

Eigenschaften und Bedürfnisse des Collies

Nicht umsonst gilt der Collie als einer der schönsten, intelligentesten und treuesten Rassehunde der Welt.

Doch auch ein Collie kann, wie jeder Hund, seine Intelligenz nur entwickeln, wenn er in ständigem Kontakt mit seinem Menschen gefordert wird. Er lernt erstaunlich viele Worte zu verstehen und handelt oft in verblüffender Weise selbstständig. Natürlich bedarf dies einiger Zeit, bis sich der Hund auf seine Familie eingestellt hat. Doch je mehr man sich mit dem Collie befasst, je intensiver man ihn erzieht, desto schneller geht das gemeinsame einander Verstehen.

Wichtig

Kaufen Sie niemals bei einem Züchter, der nervöse, ängstliche, hysterische oder gar aggressive Collies hat, und benutzen Sie solche Tiere niemals zur Zucht, auch wenn sie noch so schön sind. Die Gefahr, dass sich die geringe nervliche Belastbarkeit und das Unvermögen mit Stress umzugehen vererbt, ist zu groß. Mit Hunden, die unserer Umwelt nicht gewachsen sind, möchte niemand gerne zusammen leben. Und Hunde, die ständig unter Angstzuständen leiden, können sich nicht wohl fühlen.

Charaktereigenschaften des Collies

Colliebesitzer, die mit ihrem Hund laut plaudernd spazieren gehen, werden oft für ein wenig verrückt gehalten. Der Collie seinerseits neigt aber genauso dazu, all seine Gemütsregungen mit Lauten zu unterstreichen, er „spricht" mit seinen Menschen. Collies sind sehr mitteilsam und ihre Bellfreudigkeit wird manchmal als Nachteil empfunden. Oft ist hysterisches Bellen ein Zeichen von Unterforderung oder unstimmiger Kommunikation zwischen Hund und Mensch.

Der Collie ist ein sensibler, von seinem Menschen abhängiger Hund von großer Unterordnungsbereitschaft. Eine gewisse Unterwürfigkeit ist normal, sie darf aber nicht mit Ängstlichkeit und Nervosität verwechselt werden, die leider auch bei der Rasse vorkommen. Dies kann auf falscher Prägung, isolierter Zwingerhaltung, oft aber auch auf Zuchtfehlern beruhen.

Normalerweise neigt der Collie nicht dazu, sich seinen Menschen gegenüber durchzusetzen (starke Rüden, seltener Hündinnen, mögen die Ausnahme bilden). Vielmehr braucht er einen Anführer, dem er vertrauen kann. Kann er sich aber keinem Rudelführer anschließen, wird er unsicher und nervös. Da er sich mühelos in das Familienleben einfügt, fehlt oft die Einsicht zur Notwendigkeit, sich mit Hundeverhalten zu befassen und die Problematik im Zusammenleben, die den Hund belastet, wird meist nicht erkannt. Man mutet dem Collie, der ein sehr feines Beobachtungsvermögen besitzt und sogar auf „gedachte Worte“ reagiert, eine Rolle im Rudel zu, die er gar nicht innehaben will. Das bedeutet für ihn Stress, der sich in Verhaltens- und oft sogar Gesundheitsstörungen ausdrückt.

Nachdem er sich gesetzt hat, öffnet Anne den Beutel und lässt ihn an der Beute teilhaben (Natural Dogmanship). So wird aus einem langweiligen Spaziergang ein spannendes gemeinsames Jagdvergnügen.

Viel Lob in der Erziehung

Die Erziehung beim Collie ist einfach, so dass auch der Anfänger mit ihm Freude hat. Von sich aus ist der Collie lernbegierig und versucht, von seinem Menschen vor allem Lob zu erheischen. Ein Leckerbissen zur Belohnung kann Wunder wirken. Collies sind richtige Clowns und machen mit Begeisterung mit, solange auf beiden Seiten Spaß an der Sache herrscht. Drill und Zwang machen den Collie unsicher und stur.

Immer das Gleiche zu üben langweilt ihn, was manchen Hundesportler, der intensiv auf eine Prüfung hinarbeitet, zur Verzweiflung bringen kann. Kommt psychischer Stress seines Menschen mit ins Spiel, spürt das der Collie sofort anhand von Körperhaltung und Stimme und blockiert. Wer es allerdings versteht, seinen Collie im Spiel zu motivieren und selbst locker zu bleiben, der wird auch bei den schwierigsten Gehorsamsprüfungen stets einen zuverlässigen Sportkameraden in ihm finden. Und glauben Sie mir, keiner freut sich mehr über eine gelungene Übung und über seinen zufriedenen Menschen als Ihr Collie. Vormachen können Sie Ihrem sensiblen Gefährten allerdings nichts, auf unterschwelligen Ärger oder Ungeduld reagiert er sofort.

Bewegung und Beschäftigung

Anatomisch korrekt gebaute, gesunde und nervenfeste Collies sind temperamentvoll und spielfreudig, ein Leben lang. Sie wollen täglich laufen, Neues erleben, Abwechslung und geistige Beschäftigung haben. In einem noch so großen Garten bewegt sich der Collie, auf sich gestellt, kaum und rennt höchstens kläffend ein paar Krähen nach.

Keinesfalls ist der Collie mit dem ständig auf Action drängenden Workoholic Border Collie zu vergleichen. Im Hause ist er ruhig und wartet geduldig darauf, dass „seine“ Stunde schlägt. Der Colliebesitzer sollte das nicht als Faulheit auslegen und die stille Bitte „Tu was mit mir!“ nicht übersehen.

Was mögen sie sich zu sagen haben? Die frei laufenden Ferkelchen finden die große Colliehündin genau so spannend wie Laika die Kleinen.

Als ursprünglicher Hütehund braucht er viel Bewegung, er will seine Muskeln strecken, sich austoben. Ausgedehnte Spaziergänge in Wald und Flur sind mit dem Collie eine reine Freude, denn er hat normalerweise nicht die Neigung, sich weit von seinen Menschen zu entfernen und eigenständig zu wildern. Er macht auf vieles am Wegesrand aufmerksam, was wir übersehen könnten, bestaunt interessiert einen Igel oder eine Kröte. Auch wenn er einmal einem Häschen nachrennt, lässt er sich sofort zurückrufen.

Allerdings ist in puncto Wildern bei mehreren Hunden schon eher Vorsicht geboten, da das Meuteverhalten ganz andere Voraussetzungen schafft als das Verhalten eines einzelnen Hundes.

Noch eine weitere schöne Eigenschaft des Collies ist, dass er nicht streunt. Abgesehen von liebeskranken Rüden, die auf Freiersfüßen wandeln oder einer heißen Hündin, die auf Partnersuche ist, verlässt in der Regel kein Collie freiwillig sein Grundstück, auch wenn es ihm ein Leichtes wäre, durch Löcher in der Hecke zu kriechen oder über niedrige Jägerzäune zu springen.

Barsoi-Einfluss

Beim Langhaar-Collie macht sich der Einfluss des russischen Windhundes heute noch im Wesen bemerkbar. Die gelassene Würde, die im Standard verankert ist, ist nicht hütehundtypisch, sondern ein Erbe des edlen Windhundes, der niemals unnötige Energie vergeudet, sie aber blitzschnell einsetzen kann, wenn erforderlich. Das ermöglichte es dem Collie erst, zum angenehmen Damenbegleit- und Modehund zu avancieren. Auch das edle Erscheinungsbild mit fließenden Gängen und angemessener Zurückhaltung gegenüber Fremden gehen auf den Windhund zurück. Das Jagdverhalten konnte weitgehend unterdrückt werden, insbesondere durch die enge Bindung und gute Unterordnungsbereitschaft, eine gelungene Mischung zwischen Hüte- und Windhund.

Umgang mit fremden Menschen

Collies wollen in der Regel nichts mit Fremden zu tun haben. Haben sie von klein auf viel Umgang mit Fremden, sind sie unbekannten Besuchern gegenüber meist freudig aufgeschlossen. Spürt der Collie eine ablehnende Haltung gegenüber Besuchern, zeigt er sie meist viel deutlicher als sein höflicher Mensch! Werden ihm Fremde nicht ausdrücklich als Freunde vorgestellt, duldet er im Allgemeinen nicht, dass diese das Haus oder das Grundstück betreten, denn Collies besitzen – wie jeder Hütehund – einen natürlichen Schutzinstinkt, auf den Verlass ist. Eine Ausbildung zum Schutzhund braucht er dazu nicht.

Verträglichkeit mit anderen Tieren

Im Umgang mit anderen Tieren beweisen Collies große Geduld und Sorgfalt in der Hausgemeinschaft. Sie schließen meist rasch Freundschaft mit Katzen, Vögeln, anderen Hunden und allem möglichen Kleinvieh und hüten liebevoll Küken, Enten, Hühner und Gänse. Bei den vielen Collietreffs in ganz Deutschland habe ich im Laufe der Jahre noch keine einzige ernsthafte Beißerei erlebt, und die Hunde laufen fröhlich miteinander frei in ständig wechselnden Gruppen.

Vorsicht

Collies, die nicht mit Kindern aufgewachsen sind, müssen nicht von Natur aus kinderfreundlich sein, und nicht jeder erwachsene Collie lässt sich auf der Straße gerne von fremden Kindern anfassen. Leider hat das „Lassie"-Image zur Folge, dass alle Collies Kinderfreunde sein „müssen". Dass es sich um Hunde handelt, deren Persönlichkeit man respektieren muss, vergessen die meisten Menschen und lasten die Folgen ihres eigenen Unverstands dem Collie an.

Collies sind sehr verträglich und gut zu mehreren zu halten. Val Geddes mit einem Teil ihrer Meute.

Collies lieben es, mit ihren Menschen gemeinsam etwas zu tun.

Die richtigen Menschen für den Collie

Der Collie ist ein unkomplizierter Hund, der an seine Familie eigentlich nur zwei Ansprüche stellt: Er will in der Familie leben und viel laufen. Er eignet sich für allein stehende Menschen, die genügend Zeit aufbringen, täglich zwei Stunden mit ihm zu wandern, genauso wie für lebhafte Familien mit Kindern. Ist genug Auslauf gewährleistet, kann er auch in einer Etagenwohnung gehalten werden. Er ist ein ausgesprochen reinlicher Hund. Dass er Haare verliert, muss man hinnehmen. Dabei braucht der Langhaar weniger Pflege, als man auf den ersten Blick meinen möchte, vorausgesetzt, dass er ein standardgerechtes Haarkleid besitzt.

Der Collie ist ein sensibler Hund, der sich den verschiedensten Menschentypen anzupassen vermag. Er braucht viel Liebe und Verständnis, er verträgt keine unangebrachte Härte, und ein launischer Charakter verunsichert ihn. Der Collie ist unglücklich, wenn er viele Stunden am Tag allein gelassen wird und verkümmert seelisch, wenn er ein Zwingerleben fristen muss. Das heißt nicht, dass man ihn nicht stundenweise allein lassen könnte, aber er darf nicht nur zum Spazierengehen „hervorgeholt“ werden.

Der Collie ist ideal für Menschen, die bereit sind, einem Hund viel Zärtlichkeit zu schenken, die einen anhänglichen, aber niemals aufdringlichen Hund schätzen, die das Schöne lieben, die Freude am farbenprächtigen Langhaar haben, die einen im Hause angenehm ruhigen, im Freien lebhaften Hund suchen, der ohne aufwändige Erziehungsmaßnahmen ein angenehmer Begleithund ist, den man sorglos überallhin mitnehmen kann. Der Kurzhaar ist etwas selbstständiger und fordert mehr Beschäftigung.

In den USA wird jährlich ein „Hundeheld“ geehrt, und die Liste der Collies unter diesen ist lang. Sie retteten Kinder aus brennenden Häusern, vor dem Ertrinken und vor vorbeirasenden Autos. Ihre Geduld gegenüber kleinen Kindern geht oft so weit, dass sie sich von ihnen quälen lassen. Deshalb sollten Eltern darauf achten, dass der Collie stets ausweichen kann.

Wer kann da schon widerstehen? Dunkelzobel-weißer Sheltie-Welpe.

Eigenschaften und Bedürfnisse des Shelties

Die kennzeichnenden und liebenswertesten Qualitäten des Shelties sind sein Charakter und seine Persönlichkeit. Er ist ein fröhlicher kleiner Schelm, immer zu Spiel und Spaß aufgelegt. Er besitzt Charme, Intelligenz und Selbstbewusstsein. Bedingt durch seine Vergangenheit als robuster Gebrauchs-, Hüte- und Familienhund, eignet er sich heute noch für die unterschiedlichsten Lebensstile und Gegebenheiten.

Nichts ist ihm für uns zu viel; er ist stets begeisterungsfähig und leicht zu motivieren.

„Jean" hat schon einige Tricks gelernt. Ob „Rolle" oder „Pfötchen geben" – sie tut alles für ihr Frauchen.

Der Sheltie begreift rasch, lernt im Handumdrehen auch die ausgefallensten Tricks und vergisst nie. Dies macht ihn zu einer der ausbildungsfähigsten und arbeitswilligsten Rassen. Shelties sind deshalb vor allem in den angelsächsischen Ländern und in den Vereinigten Staaten, wo Hunde wettbewerbsmäßig für Gehorsamsprüfungen ausgebildet werden, sehr beliebt. Auch hierzulande werden immer mehr hervorragende Resultate mit Shelties bei Agility-Turnieren und im Obedience gemeldet.

Da der Sheltie stets bemüht ist, seinem Menschen in allem zu genügen, ihm jeden Wunsch von den Augen abzulesen, und nur glücklich ist, wenn er seine Sache gut gemacht hat und gelobt wird, ist seine Erziehung nicht schwierig. Meist genügt schon ein strafendes Wort in entsprechendem Tonfall, um ihn zu korrigieren oder von Unerwünschtem abzuhalten. Seine Öhrchen richten sich erst wieder auf, wenn man ihm verziehen hat. Auf harte, laute und sehr strenge Erziehung reagiert der Sheltie negativ. Jedoch kann ihn auch inkonsequente Erziehung sehr verwirren. Entweder er übernimmt dann selbst die Rudelführung oder wird unsicher und ängstlich.

Einen wunderschönen Sheltieausdruck zeigt dieser tricolour Rüde.

Charaktereigenschaften des Shelties

Ein gut sozialisierter und erzogener Sheltie ist ein ruhiger, kleiner Arbeitshund, der das tägliche Leben freudig mit uns teilt. Manchmal ist seine Fähigkeit zu verstehen und zu reagieren geradezu erstaunlich. Er ist ausgelassen und fröhlich, wenn Sie gute Laune haben, zurückhaltend, wenn Sie beschäftigt sind und besorgt und traurig, falls es Ihnen schlecht geht. Zwei Worte drücken die Beziehung zu seinem Menschen aus: Einfühlsamkeit und Verständnis.

Typisch – so liegen Shelties gerne!

Wichtig

Rauflust kennt der Sheltie nicht. Mit seinesgleichen versteht er sich sehr gut, und es ist eine Freude, mehrere Shelties um sich zu haben, obwohl jeder Sheltie eifersüchtig darauf bedacht ist, ausreichend Aufmerksamkeit von seiner Bezugsperson zu erhaschen. In großer Zahl oder im Zwinger sollte man Shelties deshalb nicht halten. Sie brauchen individuelle Beschäftigung; ihre Persönlichkeit würde sonst verkümmern.

Ein Sheltie versteht es, die Aufmerksamkeit auf sich zu ziehen. Einige entwickeln sogar besondere Eigenarten: Sie können lächeln, kreuzen die Vorderläufe, wenn sie sich hinlegen, oder waschen sich das Gesicht wie eine Katze.

Der Sheltie lässt sich zwar gern von der ganzen Familie verwöhnen und ist allen freundlich zugetan, doch seine wahre Liebe gilt meist nur einer bestimmten Person, welche nicht unbedingt die sein muss, die ihn füttert oder pflegt. Er lässt seinen Besitzer keine Sekunde aus den Augen. Nur selten ist er mehr als einen halben Meter entfernt, immer sprungbereit, damit auch nichts seiner Aufmerksamkeit entgeht.

Reserviertheit und Wachsamkeit

Fremden gegenüber ist der Sheltie in der Regel zurückhaltend. Er verschwendet seine Zuneigung nicht an Personen, die er nicht kennt. Freundschaft schließt er von sich aus (und sie ist dann unzerbrechlich), einschmeicheln kann man sich bei ihm nicht. Die natürliche Reserviertheit Fremden gegenüber sollte nicht in Ängstlichkeit ausarten, und umgekehrt besitzt auch ein aufdringlicher Sheltie nicht die im Standard geforderten Charaktereigenschaften.

Wer Wachsamkeit schätzt, aber auf einen wehrhaften Hund keinen Wert legt, hat mit dem Sheltie eine gute Wahl getroffen. Er schlägt Alarm, und es fehlt ihm auch nicht an Mut zu zwicken, wenn es die Situation erfordert, doch leuchtet ein, dass er wegen seiner Größe gegen Menschen machtlos ist. Seine angeborene Wachsamkeit kann allerdings rasch in Kläffen umschlagen, vor allem, wenn man mehrere Shelties sein eigen nennt. Wer sich daran stört, sollte von klein auf die Erziehung darauf ausrichten und diese Eigenschaft in akzeptable Bahnen lenken (z. B. Bellen auf Kommando üben).

Wildern und Streunen sind dem Sheltie fremd (keine Ausnahme von der Regel, denn hinter flüchtendem Wild herzurennen, ist für jeden Hütehund verführerisch!), dafür kann das „Ballspielen" zu einer wahren Leidenschaft werden.

Die richtigen Menschen für den Sheltie

Der Sheltie ist glücklich und zufrieden, wenn er bei seinem Menschen ist. Er schließt sich ihm mit ganzem Herzen an. Er ist ideal für Alleinstehende sowie für ältere, noch fitte Menschen, die viel Zeit für ihn haben und einen hingebungsvollen Kameraden suchen. Behinderte, die auf einen sensiblen, feinfühlenden und verständigen Begleiter angewiesen sind, können getrost einen Sheltie wählen.

Auch in einer lebhaften Familie fühlt sich der Sheltie wohl, wenn er von klein auf hineinwachsen konnte. Er ist quirlig, voll Energie und ein ausdauernder Spielkamerad für Kinder jeden Alters. Er liebt „seine" Kinder und ist ihnen gegenüber erstaunlich geduldig. Eltern müssen aber darauf achten, dass unverständige Kinder ihn nicht quälen und dem Hund ein Fluchtweg offen steht. Ist ein Sheltie keine Kinder gewöhnt, meidet er sie meist.

Für Shelties gilt das Motto: „Platz ist in der kleinsten Hütte!" Da ihm nur das Zusammensein mit seinem Menschen wichtig ist, spielt die Größe der Wohnung keine Rolle. Wenn er den zur Gesunderhaltung nötigen regelmäßigen, abwechslungsreichen Auslauf bekommt und zur geistigen Anregung genügend Beschäftigung durch Spiel und Spaß mit seinem Besitzer erhält, brauchen auch diejenigen, die in einer kleinen Etagenwohnung leben, auf den geliebten Vierbeiner nicht zu verzichten.

Junge, sportliche Menschen begleitet der Sheltie freudig, schnell und ausdauernd. Gerade bei ausgiebigen Wanderungen und Waldläufen kommt er auf seine Kosten. Durch seine Intelligenz, Lernbereitschaft, Sprungkraft und den natürlichen Gehorsam eignet er sich für alle möglichen Arten von Hundesportaktivitäten und kann dabei zu Höchstleistungen auflaufen.

Der Sheltie ist dank seiner geringen Größe, erstaunlichen Anpassungsfähigkeit und vielfältigen anderen Qualitäten ein Hund für all diejenigen, die einen lebhaften, fröhlichen, attraktiven, kleinen Vierbeiner suchen, der im Grunde nur eine Bedingung an seinen Menschen stellt: die meiste Zeit des Tages mit ihm zusammenleben zu dürfen.

Eine attraktive Gruppe niederländischer Shelties in den Farben zobelweiß, tricolour und blue merle.

Haltung und Pflege

Überlegungen vor der Anschaffung

Die Anschaffung eines Collies oder Shelties ist der Beginn einer langjährigen Freundschaft, die nicht nur Annehmlichkeiten, sondern auch Verpflichtungen mit sich bringt. Hundehaltung hat nicht nur Sonnenseiten, wie bei schönem Wetter mit einem gehorsamen, von Passanten bewunderten Hund spazieren zu gehen, einen verständnisvollen Kameraden um sich zu haben, wann immer man dies wünscht.

Zur Hundehaltung gehören eine gute Erziehung, die Sorge für die richtige Ernährung und Unterbringung. Ein Hund kann einmal krank werden und der Pflege bedürfen. Umgekehrt kann es Gelegenheiten im Leben geben, in denen man sich vorübergehend von seinem Hund trennen muss – z. B. bei einem Krankenhausaufenthalt.

- Haben Sie vom Vermieter die schriftliche Erlaubnis und das Wohlwollen der Mitbewohner für die Hundehaltung?
- Wohin mit dem Hund, wenn man ihn nicht mitnehmen kann? Möchten Sie auf Reisen in ferne Länder verzichten und Ihre Ferien dort verbringen, wo sich auch Ihr Hund wohl fühlen kann?
- Ist Ihr Grundstück fest eingezäunt?
- Sind Sie bereit, die Kosten für eine hundegerechte Ernährung, Tierarzthonorare, Steuer, Versicherung, Zubehör wie Näpfe, Leinen, Hundebett, Bürsten etc. zu tragen?
- Möchten Sie wirklich tagaus, tagein, Jahr für Jahr mit Ihrem Hund morgens, mittags und abends Gassi gehen und zusätzlich ausgedehnte Spaziergänge unternehmen?
- Macht es Ihnen nichts aus, düstere Wintermonate lang täglich in Matsch, Kälte und Regen mit Ihrem Hund zu wandern?
- Sehen Sie auch die Schattenseiten des Haarkleides? Ein standardtypisches Haarkleid ist beim Langhaar-Collie und Sheltie zwar pflegeleicht und verfilzt nicht so schnell, sollte auch nicht täglich gebürstet werden. Doch jeder langhaarige Hund bringt Schmutz in die Wohnung und verliert, wenigstens während der Zeit des Haarwechsels, büschelweise Fell. Hundehaare auf Kleidern, Möbeln und Teppichen sind nicht jedermanns Sache. Langhaar-Collie- und Sheltiehaare sind leicht mit einem feuchten Schwamm oder Leder von Stoffen und mit dem Staubsauger von Teppichen zu entfernen. Die Haare des Kurzhaar-Collies – es gibt Unterschiede in Länge und Dichte –, die sich in Textilien hineinbohren, müssen einzeln mit den Fingern abgeklaubt werden. Kurzhaar-Collies mit dichter Unterwolle verlieren während des Haarwechsels Unmengen herumfliegender Haare. Das Haaren ist unangenehmer als beim Langhaar; nur das Sauberhalten ist einfacher. Für eine Hausfrau, der Ordnung und Sauberkeit ihrer Wohnung über alles geht, bedeutet ein Hund eine ungeheure Mehrbelastung.

Wichtig

Hundehaltung bedeutet, sich auf die Bedürfnisse des Vierbeiners einzustellen, um ihm ein möglichst hundegerechtes Leben zu bieten, denn nur dann wird er gesund und glücklich sein – und nur an einem gesunden und glücklichen Hund werden Sie Freude haben!

Einigkeit in der Familie

In vielen Fällen wünschen sich die Kinder einen Hund. Doch gerade sie verlieren rasch das Interesse, und die Obhut des Hundes obliegt zwangsläufig der Hausfrau, die ihn den ganzen Tag um sich hat. Deshalb ist es unerlässlich, dass ein „Familienrat" einberufen wird und alle Für und Wider der Hundehaltung und der Rassen in die Waagschale geworfen werden. Wenn sich alle Familienmitglieder bewusst sind, dass der Hund das gewohnte Familienleben ordentlich umkrempeln wird und jeder bereit ist, sein Scherflein dazu beizutragen, dass der neue Hausgenosse nicht zur Last wird, dann können Sie sich auf die Suche nach Ihrem Hund machen. Klären Sie vorher unbedingt ab, dass Vermieter und Mitbewohner des Hauses gegen das neue Mitglied der Hausgemeinschaft nichts einzuwenden haben.

Grenzenloses Vertrauen zwischen Jessica und ihrer Sheltiehündin Tanja.

Rüde oder Hündin?

Läufigkeit der Hündin

Eine Hündin wird zweimal im Jahr läufig oder heiß, das erste Mal meist zwischen dem 6. und 12. Lebensmonat. Die Hitze dauert ca. drei Wochen. Aus der Scheide tritt blutiger Ausfluss und die Hündin leckt sich häufig in der Schamgegend. Etwa um den 11. bis 14. Tag der Läufigkeit ist sie deckbereit. In den gesamten drei Wochen müssen Sie die Hündin von Rüden fern halten, um eine unerwünschte Paarung zu vermeiden, da man nie sicher ist, wann die Hündin nun tatsächlich einen Rüden heranlässt.

In Zoofachgeschäften gibt es Höschen in allen Größen, die ein Verschmutzen der Wohnung verhindern, doch sind Collie- und Sheltiehündinnen meist so sauber, dass man Mühe hat, den Beginn der

Hitze überhaupt zu erkennen. Mit Sprays und Chlorophylltabletten kann man den für uns nicht wahrnehmbaren, jedoch für Rüden sehr verlockenden Duft in der Umgebung unterdrücken – nicht immer mit Erfolg. Hormonspritzen können die Hitze unterbinden oder einen ungewollten Deckakt ungeschehen machen. Solch schwerwiegende Eingriffe in den Hormonhaushalt sollte man der Hündin aber nur im absoluten Notfall zumuten, da Gebärmuttererkrankungen die Folge sein können. Wir möchten diese Möglichkeit daher nicht empfehlen.

Die Kastration einer Hündin (Entfernung von Eierstöcken und Gebärmutter) ist laut Gesetz nur aus medizinischen Gründen gestattet. Der beste Zeitpunkt ist genau zwischen den Hitzen, wenn sie hormonell am wenigsten aktiv ist. Allerdings beobachtet man bei manchen kastrierten Langhaar-Collie- und Sheltiehündinnen eine Veränderung im Fell; es wird weicher, üppiger und sehr viel pflegeintensiver. Hündinnen über 30 kg neigen zu Inkontinenz, die jedoch behandelt werden kann.

Ein stattlicher Rüde mit seiner zierlicheren Mutter.

Hormonelle Schwankungen

Hündinnen wechseln hormonbedingt vier Monate nach jeder Hitze ihr Fell. Nach einem Wurf werfen sie Deckhaar und Unterwolle ab, das nach einigen Monaten um so schöner nachwächst. Die hormonellen Schwankungen machen sich Wochen vor der Hitze und unter Umständen nach der Hitze (Scheinträchtigkeit) auch psychisch bemerkbar, was insbesondere für aktive Hundesportler ein Nachteil ist. Hündinnen können im Wesen selbstständiger sein als Rüden, so dass wir dem Anfänger eher zu einem Rüden raten, denn sie sind in der Regel sehr anhänglich, verschmust und sozialverträglich gegenüber Artgenossen. Kurzhaar-Collierüden sind oft draufgängerischer als Langhaarrüden.

Wie der Vater so die Tochter!

Charaktereigenschaften des Rüden

Rüden sind von Natur aus kräftiger und beim Langhaar-Collie und Sheltie im Brustbereich üppiger behaart (Hündinnen haben dafür mehr „Hosen"). Sie verlieren ihr Fell nach etwa einem Jahr und erreichen im 3. und 4. Lebensjahr ihre volle Haarpracht, die sie danach nur noch geringfügig gelegentlich wechseln. Rüden interessieren sich leidenschaftlich für alle Hündinnen, obwohl Collie- und Sheltierüden allgemein weniger triebhaft sind als Rüden anderer Rassen. Wird die Versuchung zu groß, kann es auch mal passieren, dass sie Anhänglichkeit und Gehorsam vergessen, denn Rüden sind das ganze Jahr über deckbereit.

Viele mögen keine Rüden wegen des lästigen Beinhebens. Es entspricht durchaus dem normalen Hundeverhalten als anerkannter Chef das Markieren an der Leine, dort wo man es nicht wünscht, zu verbieten.

Rüden sollte man nur aus medizinisch notwendigen Gründen oder bei Hypersexualität kastrieren. Das Geschlechtsleben gehört zum Leben! Wer damit nicht zurechtkommt, darf sich kein Tier anschaffen.

Beide Geschlechter haben Vor- und Nachteile, und letztlich sollte der persönliche Geschmack, vielleicht auch die Liebe auf den ersten Blick, das Problem „Rüde oder Hündin" lösen.

Auswahl und Kauf

Das passende Alter

Die meiste Arbeit, aber auch die meiste Freude haben Sie mit einem acht bis zwölf Wochen alten Welpen. Er wächst problemlos, Ihren Wünschen entsprechend, in Ihr Familienleben hinein. Sie können ihn von Anfang an erziehen, füttern und unterbringen, um ihm einen guten Start für das weitere Zusammenleben zu geben. Die ersten Wochen kosten Nerven und Geduld, bis der kleine Kerl stubenrein ist. Bis über den abgeschlossenen Zahnwechsel kann es vorkommen, dass alles zerkaut wird, was ihm vor die Zähne kommt. Es ist selbstverständlich, dass der Welpe in dieser Zeit ganz besonders sorgfältig beaufsichtigt werden muss.

Ein Hund aus Zwingerhaltung

Möchten Sie einen älteren Hund kaufen, so gewöhnen sich Hunde, die bisher im Zwinger gelebt haben, relativ schnell an ein kontaktnahes Familienleben und ziehen dies dem Zwingerleben oft vor. Wurde der Hund allerdings in einem Zwinger mit nur wenig menschlichem Kontakt gehalten und ohne Möglichkeit, die Umwelt mit all den für ihn fremden Geräuschen und Gegenständen kennen zu lernen und sich damit vertraut zu machen, und hat er sich ganz einer Hundefamilie angeschlossen, dürfte eine Umgewöhnung schwierig sein.

Wir haben viele Hunde erlebt, die aus Zwingern kamen und sich wunderbar umgewöhnt haben, aber auch solche, die nie den richtigen Kontakt zu ihrer neuen Umgebung fanden. Man muss sehr genau beobachten, welche Beziehung der Hund zum Menschen hat. Idealerweise besucht man ihn mehrmals und geht mit ihm an der Leine spazieren. Treffen Sie in jedem Fall eine schriftliche Vereinbarung mit dem Vorbesitzer, dass Sie den Hund zurückgeben können, wenn er sich nicht eingewöhnen sollte.

Die meiste Freude, aber auch Arbeit hat man mit einem Welpen, den man von Anfang an nach seinen Vorstellungen in die Familie hineinwachsen lassen kann.

Was ist ein Rassehund?

Ein Rassehund muss nachweislich seit Generationen reinrassig gezüchtet worden sein, d. h. beide Eltern, Großeltern, Urgroßeltern etc. gehören derselben Rasse an. Die Ahnentafel – im Volksmund

Welpen lieben einen erhöhten Liegeplatz, von dem aus sie die Welt beobachten können.

Stammbaum genannt – ist der Abstammungsnachweis und Garantieschein für die Reinrassigkeit. Sie ist ein Auszug aus dem Zuchtbuch und ermöglicht, die Vorfahren eines Hundes über viele Generationen hinweg zurückzuverfolgen, was für eine sorgfältig geplante Hundezucht unerlässlich ist.

Jeder Züchter bekommt für seine Welpen unter Einhaltung der Zuchtbestimmungen diese Ahnentafeln vom zuchtbuchführenden Verein. In Deutschland sind dies der Club für Britische Hütehunde e.V. und der Deutsche Collie Club e.V. (DCC), Mitglieder des Verbandes für das Deutsche Hundewesen e. V. (VDH), angeschlossen an den internationalen Dachverband FCI – Fédération Cynologique Internationale.

Wo kauft man einen Collie oder Sheltie?

Die Zuchtbestimmungen der Rassezuchtvereine dienen dem Schutz der Reinrassigkeit und der Zuchttiere gegen Ausbeutung durch gewinnausgerichtete Züchter. Gewerbliche Züchter und Händler dürfen nicht Mitglieder der erwähnten Zuchtvereine werden und bekommen für ihre Welpen dort keine Ahnentafeln. Umgekehrt ist es den Züchtern von VDH-Mitgliedsvereinen nicht gestattet, ihre Welpen über den Handel abzusetzen.

Ernsthafte Züchter verwenden sehr viel Sorgfalt darauf, die Elterntiere auszuwählen, fahren oft viele hundert Kilometer zu einem erstklassigen Deckrüden, damit möglichst typische, gesunde und charakterlich gute Welpen geboren werden, und ziehen die Welpen mit sehr viel Liebe in ihrem Wohnbereich auf.

Tipp

Clubadressen, auch für Österreich und die Schweiz, finden Sie im Serviceteil auf S. 154. Die Verbände der FCI sind dafür verantwortlich, dass die erwünschten Eigenschaften einer Rasse auf internationaler Ebene züchterisch einheitlich erhalten und vervollkommnet werden.

Erst einmal vom sicheren Arm die Welt betrachten.

Was mag die Welpen in ihrer neuen Familie erwarten?

Kommerzieller Hundehandel

Hundehändler, nicht selten als „Züchter" getarnt, kaufen Welpen bei Vermehrern, oft im Ausland, die sie in großen Mengen möglichst billig produzieren. Wenn ein solcher Welpe im Alter von acht Wochen von einem Händler angeboten wird, hat er bereits Mutter und Geschwister verlassen, womöglich einen langen Transport in einer Kiste, zusammengepfercht mit anderen Welpen, hinter sich. Seine Widerstandskraft ist geschwächt. Der verstörte Welpe ist für Krankheitserreger geradezu empfänglich. Da oft nicht einmal die Impfangaben stimmen, muss man mit erheblichen Tierarztkosten rechnen, bis der Welpe, wenn überhaupt, ein gesunder und fröhlicher Hund sein kann.

Vorsicht auch vor „Züchtern", die mehrere Rassen oder viele Würfe rund ums Jahr aufziehen.

Erste Kontakte zu Züchtern

Angesichts der Tatsache, dass Ihr neuer Hausgenosse – hoffentlich – für die nächsten 10 bis 15 Jahre Ihr Begleiter sein wird, lohnt sich die Mühe, sich vor dem Kauf mit der Rasse vertraut zu machen. Wir finden dazu den Besuch einer Hundeausstellung gut geeignet. Ort und Zeit solcher Schauen erfahren Sie beim Rassezuchtverein (Adressen siehe S. *154*). Auf einer Hundeausstellung lernen Sie Züchter mit ihren Hunden kennen, können sich ein Bild von den unterschiedlichen Zuchtzielen sowie Hundetypen machen und erste Kontakte knüpfen.

Es ist hilfreich dort seinen Welpen zu kaufen, wo die Aufzuchtverhältnisse den eigenen Wünschen am nächsten kommen. Wer Kinder hat, sollte bei einem Züchter kaufen, wo ebenfalls Kinder sind, wer Sport mit seinem Hund betreiben möchte, einen Züchter mit ebensolchen Ambitionen suchen, wer ausstellen will, einen erfolgreichen Showzüchter wählen. Die Qualität der Hunde wird wesentlich durch die persönlichen Vorlieben des Züchters geprägt, der die entsprechende Partnerwahl trifft, denn jedes Zuchtziel bedarf sorgfältiger Auslese der Zuchthunde. Beim Langhaar-Collie gibt es derzeit große Unterschiede alleine vom Körperbau her, so dass man fast schon in sportliche- und Ausstellungstypen unterscheiden kann.

Im Tiermarkt der Tageszeitungen oder im Internet kann man Züchteradressen finden. Hier ist allerdings die Gefahr groß, einem Massenzüchter oder Händler (Vorsicht bei „Züchter"-Anzeigen, die mehrere Rassen anbieten, es lohnt sich die ganze Rubrik nach gleichen Telefonnummern durchzuforsten!) aufzusitzen. Fragen Sie deshalb unbedingt, ob die Welpen in dem für Ihr Land zuständigen Zuchtverein eingetragen sind, denn fast jeder Händler hat heutzutage „Billig-Collies und -Shelties" anzubieten. Am besten halten Sie sich an Adressen, die Ihnen die Welpenvermittlungsstellen der Zuchtvereine geben (dort werden auch ältere Tiere vermittelt).

Bei der Gelegenheit möchten wir dringend davor warnen, sich auf all die so schön aufgemachten Websites zu verlassen. Ein persönlicher Besuch vor dem Kauf ist und bleibt unerlässlich.

Ältere Tiere bekommt man gelegentlich bei den Notvermittlungsstellen der Rassezuchtvereine.

Welpen brauchen viel Platz, frische Luft und Sonne, um zu gedeihen.

Der Besuch beim Züchter

Vereinbaren Sie frühzeitig einen Besuchstermin mit dem Züchter, damit er für Sie Zeit hat. Lassen Sie sich die erwachsenen Hunde zeigen, die alle gut gepflegt sein sollten, auch die alten! Achten Sie auf saubere Augen und zahnsteinfreie Zähne! Kein Tier darf scheu oder aggressiv sein. Dem Sheltie gesteht man eine gewisse Reserviertheit zu, aber auch er darf nicht ängstlich sein.

Die Hunde sollten sich in Gegenwart ihres Besitzers Fremden gegenüber neugierig und unbefangen verhalten und ein offensichtlich gutes Verhältnis zum Züchter haben, ihren Namen kennen und

Neugierig schauen die kleinen Kurzhaar-Collie-Welpen in die Welt.

gehorchen. Hat ein Züchter keine Kontrolle über seine Hunde, lässt das darauf schließen, dass er ihnen nicht die notwendige Aufmerksamkeit widmet. Schauen Sie sich die Mutter der Welpen an und wundern Sie sich nicht, wenn sie etwas zerrupft aussieht; Welpen zehren sehr an ihren Kräften, besonders das Fell hat zu leiden. Manchmal zeigt sich die Mutterhündin Fremden gegenüber misstrauisch und stellt sich vor ihre Welpen. Das ist ein durchaus instinktsicheres Verhalten. Vorsicht ist angebracht, wenn man Ihnen die Mutter oder andere Hunde nicht zeigen will. In den seltensten Fällen besitzt der Züchter auch den Vater. Ihn kann man meist auf Fotos bewundern.

Die Unterkünfte der Hunde sollten luftig, geräumig und sauber sein, die Tiere dürfen nicht in irgendwelchen dunklen Ställen, Kellern oder Zimmern im Haus weggesperrt sein. Ungereinigte Futterschüsseln, Kot und Urin zeugen von mangelnder Sorgfalt. Die Möglichkeit zu viel freiem Auslauf mit unterschiedlichen Bodenverhältnissen, Spiel- und Klettermöglichkeiten muss gegeben sein. Besuchen Sie ruhig auch mehrere Züchter und kaufen Sie letztlich dort, wo Ihnen die Verhältnisse, Menschen und Hunde am sympathischsten sind. Kaufen Sie nicht mit ungutem Gefühl bei einem Züchter, nur weil er gerade Welpen hat oder sie billiger sind. Sie werden es bereuen. Denken Sie immer daran, dass der Anschaffungspreis der geringste Kostenfaktor der Hundehaltung ist. Mit 800 bis 900 Euro müssen Sie schon rechnen.

Betreuung durch den Züchter

Fragen Sie den Züchter alles, was Sie wissen möchten. Ein nicht zu unterschätzender Vorteil des Kaufes bei einem Züchter, im Gegensatz zum Händler oder Massenvermehrer, ist, dass Sie mit allen Problemen und Sorgen, die im Laufe eines Hundelebens auf Sie zukommen können, auf seine Erfahrungen und Kenntnisse zurückgreifen dürfen, ja er dies sogar von Ihnen erwartet. Ein „guter Züchter“, dem das Wohl seines vierbeinigen Nachwuchses am Herzen liegt, wird kaum ein werbendes Verkaufsgespräch führen, um Ihnen den Hund schmackhaft zu machen. Hingegen wird er Ihnen ehrlich und offen – allein das Wohl des Welpen im Sinn – auch etwas über die Schattenseiten und zu überwindenden Hürden im Leben mit dem Hund erzählen. Solch ein Züchter möchte auch weiterhin in Kontakt mit Ihnen bleiben. So kann er sehen, was aus dem Zögling geworden ist, ob die gesteckten züchterischen Ziele erreicht wurden, und notfalls kann er Ihnen Hilfestellungen geben.

Wenn Sie besondere Wünsche haben, etwa beabsichtigen auszustellen, gezielt Hundesport zu betreiben oder zu züchten, sagen Sie das. Der Züchter wird Ihnen nach bestem Wissen und Gewissen den für Sie geeigneten Welpen aussuchen helfen. Natürlich kann er nicht sagen, wie der Welpe als erwachsener Hund einmal genau aussehen wird, doch anhand seiner Erfahrung kann er unter den anderen Welpen Vergleiche ziehen. Die weitere positive Entwicklung hängt aber maßgeblich von Ihrer Betreuung und Aufzucht ab. Lesen Sie ruhig jetzt schon das Kapitel über die Zucht durch (siehe S. 122); Sie verstehen die Aufgaben des Züchters besser, was Ihnen wiederum bei der Auswahl hilft.

Die Qual der Wahl

Stehen Sie vor einer kleinen Meute putziger Hundekinder, so zügeln Sie Ihr Entzücken, bewahren einen kühlen Kopf und prüfen die Welpen sorgfältig. Nehmen Sie sich Zeit, die Welpen zu beobachten, um Unterschiede festzustellen. Wenn Sie zur Schlafenszeit der Welpen kommen, warten Sie, bis alle wieder munter sind, um keinen falschen Eindruck vom Verhalten der Tiere zu bekommen.

Achten Sie darauf, dass die Tierchen keine tränenden Augen, triefende Nasen oder Durchfall haben, dass Zahnfleisch und Schleimhäute rosig sind und sie sich nicht kratzen oder husten. Die Beinchen sind gerade, der Körper fest-fleischig anzufassen.

Welpen dürfen keinesfalls zu fett sein, was sich auf die Entwicklung des Skeletts und der Sehnen negativ auswirkt. Sind die Welpen mager oder haben aufgeblähte Bäuche, deutet dies auf mangelhafte Ernährung oder Wurmbefall hin. Das Fell muss wollig, beim Kurzhaar-Collie natürlich weniger, und sauber sein, besonders an Genitalien und After, die Haut frei von Schuppen, Schorfen und kahlen Stellen. Gesunde Welpen sind rundum ansprechend und stinken nicht. Denken Sie daran, dass Sie Mängel in der Aufzucht bis zur 8. Woche oft nicht mehr gutmachen können. Kaufen Sie daher von vornherein einen bestens aufgezogenen und gesunden Welpen.

Bei diesem entzückenden Sheltiewurf kann man wirklich sagen: „Qual der Wahl"!

Tipp

Welpen dürfen sich erschrecken oder zunächst in fremder Umgebung Zurückhaltung zeigen. Gut auf Menschen und Umwelt geprägte Welpen mit einem festen, belastbaren Nervenkostüm werden sich rasch erholen und Kontakt aufnehmen wollen. Bleiben sie schreckhaft und ängstlich, ist Vorsicht geboten.

Der passende Welpe

Neugierig und fröhlich sollen die Welpen auf Sie zu tapsen und sich nicht scheu in eine Ecke verdrücken oder vor Ihnen ausweichen. Solche Außenseiter bleiben meist zeitlebens scheu und Sie werden damit sehr viel Mühe haben. Selbst wenn der Züchter eine scheinbar plausible Erklärung für scheues Verhalten seiner Hunde hat, bewahren Sie Vorsicht.

Bitten Sie, den Welpen aus der Meute herauszunehmen, um ihn fern von Mutter und Geschwistern zu beobachten:

- Bleibt er so aufgeschlossen und neugierig?
- Freut er sich, dass Sie da sind?
- Versteckt er sich und wird beim auf den Arm nehmen steif?
- Erschrickt er sich vor Geräuschen und bleibt ängstlich?

Wählen Sie lieber von vorneherein einen unerschrockenen, der Welt aufgeschlossen gegenüberstehenden Hund, wenn Sie auf einen selbstbewussten, lebensfrohen Collie oder Sheltie Wert legen.

Ältere Leute oder Familien mit Kleinkindern sollten einen ruhigen, ausgeglichenen Hund wählen, Familien mit größeren Kindern dagegen einen lebhaften Welpen aussuchen, der sofort auf sie zukommt und Kontakt knüpfen möchte.

Kaufvertrag und Gewährleistungspflicht

Haben Sie sich für einen Welpen entschieden, müssen Sie beim Züchter meist einen Kaufvertrag unterschreiben. Dieser sollte bestätigen, dass der Welpe zum Zeitpunkt des Verkaufs entwurmt, frei von Ungeziefer, sichtbaren Krankheiten und Mängeln ist (oder die Mängel sollten deutlich aufgeführt sein) sowie die seinem Alter entsprechenden Impfungen und Untersuchungen erhalten hat. Auch für den Hundekauf sind die Bestimmungen zum Kaufrecht (ab dem 1.1.2002) bedeutsam. Ein einem Rassehundezuchtverband angeschlossener seriöser Züchter kann und wird eine Gewährleistung nicht ausschließen. Natürlich ist das Lebewesen Hund keine „perfekte Sache" und der Züchter kein göttliches Schöpferwesen. Selbst bei der besten Anpaarung und der gewissenhaftesten Aufzucht können sich nach der Abgabe z. B. Krankheiten entwickeln, für die der Züchter nichts kann. Vorrangig kommt es darauf an, ob der Kaufgegenstand die „vereinbarte Beschaffenheit" hat. Darunter fallen im Wesentlichen die zugesicherten Eigenschaften. Dabei sind die eines reinen Familienhundes natürlich andere als die eines Schau-, Sport- oder Zuchttieres.

Lassen Sie sich den Kaufpreis quittieren und die Ahnentafel, Futterplan und Impfpass aushändigen. Bitten Sie darum, den Wurfbesichtigungsschein sehen zu dürfen. Er bestätigt die Begutachtung des Wurfes durch einen Zuchtwart und die Meldung zur Eintragung ins Zuchtbuch. Aufgeschlossene Züchter zeigen diesen Beweis für ihre gute Aufzucht gerne.

Wichtig

Sprechen Sie den Züchter beim Kauf eines Rüdenwelpen auf die Hoden an. Im Falle eines Hodenfehlers bei Rüden wäre evtl. mit einer späteren Operation zu rechnen. Vereinbaren Sie mit dem Züchter einen entsprechenden Preisnachlass oder eine Kostenbeteiligung an der Operation und halten die vereinbarte Regelung im Kaufvertrag schriftlich fest!

Ein Welpe kommt ins Haus

Im Regelfall holt man den Welpen mit dem Auto ab. Wenn er es vom Züchter kennt, reist er am einfachsten in einer Transportbox. Wenn nicht, fahren Sie mit einem Begleiter, um dem Welpen auf dem Heimweg Ihre volle Aufmerksamkeit schenken zu können. Bitten Sie den Züchter, den Welpen einige Stunden vor dem Abholen nicht zu füttern, und legen Sie den Platz im Wagen, auf dem der Welpe liegen soll, vorsichtshalber mit Zeitungspapier oder Handtüchern aus. Falls der Welpe sich erbricht, haben Sie für alle Fälle eine Rolle Papierhandtücher parat.

Holen Sie Ihren Welpen per Bahn ab, erkundigen Sie sich vorher nach den Mitfahrbedingungen für Hunde.

Nehmen Sie ein kleines Schüsselchen und eine Flasche Wasser mit, damit er unterwegs trinken kann. Dass vorsichtig und sanft gefahren wird, sollte selbstverständlich sein. Man braucht nur anzuhalten, wenn der Welpe sehr unruhig ist, um ihn an der Leine kurz auszuführen; aber bitte nicht an Rastplätzen, wo viel Hundekot ist. Solange die Impfungen nicht komplett sind, ist Vorsicht geboten!

Der Sheltiewelpe weiß die Sicherheit in seiner Box zu schätzen.

Die ersten Stunden im neuen Heim

Wählen Sie den Zeitpunkt der Abholung so, dass Sie ein paar Tage Ruhe und Zeit haben, sich ausschließlich dem Welpen zu widmen. Besucher sind in den ersten Tagen unerwünscht, denn der Neuankömmling soll in Ruhe die neue Umgebung erkunden. Lassen Sie ihn dabei seine eigenen Wege gehen, und verwirren Sie ihn nicht, indem Sie ihm ständig etwas Neues vorführen. Zeigen Sie ihm vorerst nur seinen Schlaf- und Essplatz sowie den ihm zugedachten Löseplatz. Behalten Sie ihn im Auge, wirken aber nicht ständig auf ihn ein und machen ihn nicht vom ersten Tag an zum Mittelpunkt des Universums. Viel Ruhe und Gelassenheit sind angesagt. Es ist für Hunde normal, als Neuankömmling weitgehend ignoriert zu werden. Zu viel Aufmerksamkeit macht den Hund zur wichtigen Persönlichkeit, was gleichbedeutend mit einem hohen Rang im Rudel ist.

Seany fühlt sich in seinem Stoffkennel sichtlich wohl. Zusammenlegbar und leicht zu transportieren bietet er dem Hund überall einen sicheren Hort. Diese Kennel sind luftig und schützen vor Sonne.

Der richtige Schlafplatz

Schaffen Sie für Ihren neuen Gefährten einen Platz in einer zugfreien, ruhigen Ecke, auf den er sich ungestört zurückziehen kann. Hunde brauchen viel Schlaf, ganz besonders aber der Welpe, der den Schlaf nur zum Fressen und für kurze Spielperioden unterbricht. Hunde, die in einer lebhaften Familie leben und sich nicht zurückziehen können und ständig wachgehalten werden, gedeihen weniger gut und werden nervös. Kinder sollte man darauf hinweisen, den Schlafplatz des Hundes zu respektieren und ihn dort nicht zu stören.

Für einen kleinen Hund wie den Sheltie bietet der Zoofachhandel eine Vielzahl von Hundebetten aus Plastik oder kuschelweichem

Mit einem Collie holen Sie sich einen echten Freund ins Haus, der Sie gerne überallhin begleitet.

Plüschmaterial für jeden Geschmack an. Das Bett sollte so groß sein, dass auch der erwachsene Sheltie noch bequem darin liegen kann. Achten Sie darauf, dass Schutz vor Bodenkälte und Feuchtigkeit gewährleistet ist.

Als Lager für den Collie eignet sich ein Holzrost auf ca. 10 cm hohen Beinen. Darauf kommt eine Matratze mit einem auswechselbaren, waschbaren Überzug. Für den Kurzhaar darf es gerne auch was „Weiches" sein. Lehnt er den Platz ab, ist er ihm vielleicht nur zu ungemütlich. Die Lagerstatt sollte so groß sein, dass sich der erwachsene Hund darauf lang ausstrecken kann.

So genannte Trampolinbetten – ein in einen Rahmen gespanntes Tuch – sind bei Hunden sehr beliebt. Sie sind transportabel und stehen etwas erhöht über dem Boden.

Der Welpe mag sich auf dem großen Bett verloren vorkommen; stellen Sie ihm daher einen Karton oder eine Kiste darauf, in die er sich kuscheln kann. Es ist in jedem Fall angebracht, den Welpen von klein auf an „seine" Schlafstelle zu gewöhnen.

Sparen Sie sich die Kosten für einen Weidenkorb. Der Welpe wird ihn mit Sicherheit anfressen. Wir haben beinahe einmal einen jungen Hund verloren, bei dem sich die abgefressenen Korbstückchen im Darm verkeilten! Gerne wird ein fester Plastikkorb mit einem Vetbed® oder einer ähnlichen Vlies-Einlage angenommen. Es ist weich, schützt vor Bodenfeuchtigkeit und ist waschbar.

Tipp

Praktisch sind Hundetransportboxen oder Käfige. Die meisten Hunde nehmen die eigene „Wohnhöhle" gerne an, wenn sie darin nicht weggesperrt werden. Der Hund kann kurzfristig sicher untergebracht werden und sich darin in fremder Umgebung entspannen. Ideal für Urlaub und Hundesportveranstaltungen. Besonders in Hotels wird ein so untergebrachter Hund sehr geschätzt! Auseinander genommen beanspruchen sie kaum Platz.

Zugfrei und nicht zu warm!

Kurzhaarige Hunde und langhaarige mit feuchtem Fell sind anfällig für Nieren und Blasenerkrankungen, deshalb müssen Sie dem Liegeplatz größte Aufmerksamkeit widmen. Er darf sich nicht an der Heizung befinden, denn zu viel Wärme schadet dem Fell und verweichlicht den Hund. Suchen Sie sich von Anfang an einen für Sie praktischen Platz, wo der vom Spaziergang nasse und schmutzige Langhaar-Collie oder Sheltie abtrocknen kann, ohne die ganze Wohnung zu verschmutzen. Das erspart viel Arbeit. Es ist unfair, bei schlechtem Wetter auf lange, interessante Ausflüge zu verzichten. Es gibt kein schlechtes Wetter, nur unpassende Kleidung! Die Hunde sind immer wetterfest gekleidet.

Die erste Nacht

Unserer Meinung nach sollte man ein Hundelager im Schlafzimmer aufstellen, um den Welpen jederzeit berühren und beruhigen zu können. Das hat zudem den Vorteil, dass Sie, wenn Sie es rechtzeitig bemerken, sofort aus dem Bett springen können, wenn der Kleine unruhig wird, weil er ein Geschäftchen verrichten muss. Die Nähe zur Bezugsperson ist für den Welpen und die künftige Bindung wichtig. Der heranwachsende Hund versteht durchaus, dass Sie als Rudelführer die Nähe später nicht mehr wünschen und ihn umquartieren. Erfahrungsgemäß geht die Umgewöhnung rasch und problemlos vonstatten.

Der Essplatz

Legen Sie einen Platz für Futter- und Wasserschüssel fest, der Ihnen praktisch erscheint. Viele Hunde mögen keine Zuschauer und Unruhe beim Essen. Wenn Ihr Hund schlecht frisst, kann es daran liegen, dass ihm der Platz nicht behagt. Probieren Sie es an einer anderen Stelle: Vielleicht frisst er lieber bei seinem Schlafplatz in der Nacht.

Stubenreinheit

Überlegen Sie sich frühzeitig, wo Ihr Hund sein Geschäft verrichten soll. Bequem ist natürlich der Garten, aber Häufchen oder gelbe Grasflecken vom Urin tragen nicht gerade zur Verschönerung bei. Richten Sie einen Löseplatz ein, den Sie mit Sand und Kies bedecken, täglich Kot entfernen, gelegentlich mit dem Wasserschlauch abspritzen, abgraben und neu mit Sand und Kies aufschütten.

Die Prägung auf den Garten hat den Vorteil, dass man nicht zum Lösen gehen muss. Beispielsweise bei Abwesenheit oder im Krankheitsfall sehr praktisch. Allerdings soll er auch auf Spaziergängen sein Geschäft verrichten und nicht warten, bis er wieder zu Hause im Garten ist. Der stressfreie Umgang mit dem natürlichen Bedürfnis des Hundes, wann immer es ihn überkommt, ist wichtig.

Wichtig

Will der Hund den ihm zugedachten Platz absolut nicht annehmen und sucht sich eine Ecke aus, mit der Sie leben können, geben Sie nach. Dulden Sie aber nicht, dass er sich einen strategisch wichtigen Platz sucht, der ihm die Kontrolle über Haus und Familie erlaubt und Ihnen ständig vor den Füßen liegt. Alle Hunde lieben einen erhöhten Liegeplatz, von dem aus Sie die Umgebung beobachten können. Sessel und Couch sind deshalb immer gesuchte Plätze. Wenn Sie Ihrem Hund diesen Luxus erlauben möchten, muss die Betonung auf „erlauben“ liegen. Keinesfalls darf der Hund einen solchen Platz beanspruchen!

Frisches Wasser sollte immer zur Verfügung stehen.

Ein großer Garten ist herrlich für die Collies zum Spielen. Er ersetzt aber nicht die gemeinsamen Ausflüge und die individuelle Beschäftigung mit dem einzelnen Hund.

Haben Sie keinen Garten zur Verfügung, sollte der Löseplatz nicht allzu weit entfernt sein, denn er muss rasch und bei jedem Wetter Tag und Nacht zu erreichen sein. Machen Sie sich Ihre Nachbarn nicht zu Hundefeinden und benutzen deren Vorgärten oder Bürgersteige! Der Löseplatz darf niemanden stören. Gewöhnen Sie sich von Anfang an daran, in jeder Mantel- und Jackentasche Plastiktütchen (für Butterbrote auf der Rolle) mitzunehmen, um das Häufchen aufnehmen und im zugeknoteten Tütchen entsorgen zu können. Es ist für die Bindung des Welpen an uns sehr wichtig, dass sich der Hund stressfrei lösen kann und keinen Unmut spürt, nur weil wir uns gerade an einem „peinlichen" Ort mit ihm befinden. Außerdem hat man so die Häufchen als besten Hinweis auf die gesunde Verdauung immer im Auge.

Wie schnell Ihr Welpe stubenrein wird, hängt von Ihrer Aufmerksamkeit ab. Füttern Sie die letzte Mahlzeit vier Stunden vor dem Schlafengehen, so kann sich der Welpe noch vorher lösen und die Nacht über aushalten. Verhindern Sie, dass er unbeaufsichtigt frei in der Wohnung herumwandern kann.

Nach jedem Aufwachen, Spielen, Fressen und wenn er suchend hin und her läuft, ist ein Geschäftchen fällig. Sie nehmen ihn hoch und befördern ihn schleunigst auf seinen Löseplatz. Hat er sein Geschäft gemacht, wird er gelobt und mit einem kleinen Hundeleckerbissen belohnt. Jetzt befindet sich dort die erste Duftmarke, der wichtigste Schritt ist getan.

Ist das Malheur doch einmal in der Wohnung passiert, entfernen Sie alles wortlos, ohne dem Welpen Aufmerksamkeit zu schenken, und passen das nächste Mal besser auf! So kennt er es von seiner Mutter. Tunken Sie niemals die Nase des kleinen Welpen in das Missgeschick und strafen Sie ihn nicht für ein lebensnotwendiges natürliches Bedürfnis. Sie verwirren den Hund und zerstören das aufkeimende Vertrauen zu Ihnen, das unter allen Umständen gehegt und gepflegt werden muss und die Grundlage für das weitere Zusammenleben ist. Pfützchen entfernt man aus Teppichen geruch- und fleckenlos mit Küchenkrepp und anschließendem Abreiben mit Essigwasser.

Es gibt für diesen kleinen Sheltie-Welpen noch viel zu entdecken!

Halsband und Leine

Für den Welpen ist ein Brustgeschirr am besten. Erschrickt er sich, ist er im Geschirr sicher und es schont seinen empfindlichen Hals mit Kehlkopf und Halswirbeln. Außerdem kann er den Kopf frei bewegen und so besser mit seinen Artgenossen kommunizieren und z. B. Beschwichtigungsgesten ausführen. Später, wenn der Hund ausgewachsen ist und manierlich an der Leine geht, können Sie ein rund genähtes Leder- oder Nylonhalsband kaufen, das sich leicht über den Kopf ziehen lässt und das Fell schont.

Besorgen Sie Ihrem Collie eine 2 m lange Lederleine, mit eingearbeitetem Griff hinter dem starken Karabinerhaken, deren Ende sich in verschiedene Ringe einhaken lässt. So haben Sie den Hund stets sicher im Griff und können gegebenenfalls die Leine verlängern. Dem Sheltie genügen entsprechend leichtere Leinen. Führen Sie einen Welpen nie an einer Flexileine. Erstens fehlt die sichere Verbindung zu Ihnen, die eine feste Leinenlänge gibt, und zweitens lernt der Welpe durch Zug dorthin zu gelangen, wohin er möchte. Das Ziehen an der Leine ist aber etwas, was wir dem Hund nicht beibringen wollen. Für den wohlerzogenen, älteren Hund kann die Flexileine unter bestimmten Umständen nützlich sein.

Spielzeug

Welpen wollen und müssen spielen. Gummibälle, die zerbissen und verschluckt werden können, sind gefährlich, ebenso Kinderspielzeug und Stofftiere, die der Kleine im Handumdrehen in Einzelteile zerlegt hat. Verschluckte Glasaugen, Drahtstücke, Plastikteile können zum qualvollen Tod führen. Kabel dürfen für den jungen Hund nicht erreichbar sein. Grundsätzlich sollten Sie alles vom Hund fern halten, was auch einem Kleinkind gefährlich werden könnte.

Fellreste, alte Handtücher, Lebensmittelkartons (mit lebensmittelechter Farbe bedruckt und ohne jegliche Plastikzusätze), Seilknoten aus dem Hundefachhandel oder Büffelhauterzeugnisse sind ungefährlich und bieten Ihrem Welpen genug Abwechslung, bis seine neuen Zähne durchgebrochen sind und das zwanghafte Nagen von selbst nachlässt. Das „Nagealter" liegt zwischen drei und sechs Monaten. Bewahren Sie das Spielzeug stets für den Welpen unzugänglich in einem Korb oder einer Schublade auf. Es ist wichtig für die Beziehung zum Hund, dass Sie den Spielbeginn und das Spielende bestimmen und Sie der Spielpartner sind. Fordern Sie als Rudelchef

Einfache Papierrollen oder Pappkartons sind ideale Beschäftigungsmöglichkeiten für den Welpen.

zum Spiel auf. Erwarten Sie nicht, dass sich der Welpe alleine beschäftigt. Für die Stellung des Kleinen im Rudel ist wichtig, dass er keinen Besitz anhäuft. Besitz hat nur der Chef! Nach dem Spiel räumen Sie die Sachen weg! Dieser einfache Trick zeigt dem Hund u. a. seinen Status.

Kind und Hund

Für Kinder ist es eine wunderbare Erfahrung mit Hunden aufzuwachsen. Sie können dadurch Verantwortungsbewusstsein und Toleranz im Umgang mit einem anderen Lebewesen erlernen und es kann sich eine tolle Freundschaft entwickeln. Allerdings ist es Aufgabe der Eltern, den Kindern jeden Alters Respekt vor dem Hund beizubringen. Kinder bis um das 12. Lebensjahr sind überfordert, wenn sie die alleinige Verantwortung für einen Hund übernehmen sollen. Der Hund muss in erster Linie von den Eltern erzogen und betreut werden, wobei dem Kind einzelne Aufgaben übergeben werden können. Vor allem das Füttern sollten aber die Eltern übernehmen oder gewissenhaft überwachen. Besonders Kleinkinder kommen auf die seltsamsten Einfälle, und es ist nicht einfach ihnen zu erklären, wie man mit dem vierbeinigen Hausgenossen umzugehen hat. Ein kleines, unverständiges Kind gemeinsam mit einem Welpen aufzuziehen, ist nur dem erfahrenen Hundebesitzer anzuraten. Ein Hund ist wie ein zusätzliches Kind im Haus.

1 Kleine Kinder unter sich. Doch man sollte stets ein wachsames Auge auf die beiden richten, damit keiner zu Schaden kommt.

2 Der Collierüde folgt fröhlich seiner kleinen Freundin.

1

2

Kinder in der Pubertät widmen sich schnell neuen Interessen und haben nicht mehr genug Zeit für den Hund. Wenn dann die Eltern nicht hinter dem Hund stehen und ihn nicht als vollwertiges Familienmitglied sehen, sollte man lieber auf den Vierbeiner verzichten.

Hund und Auto

Das Auto ist für uns zum selbstverständlichen Transportmittel geworden, und ein Hund, der im Auto sabbert oder erbricht, ist eine Belastung. Man kann dies vermeiden, indem der Hund gar nicht erst Gelegenheit bekommt, sich übel zu fühlen und zu erbrechen. Heben Sie den jungen Hund stets ins Auto und aus dem Auto heraus. Erstens sollen junge Hunde nicht springen, und zweitens darf er das Auto nur auf Kommando verlassen, um sich nicht zu gefährden.

Die ersten Fahrten sollten nur wenige Minuten dauern (ausgenommen das Abholen beim Züchter). Fahren Sie vorsichtig, nehmen Sie die Kurven sanft. Fahren Sie niemals unmittelbar nach dem Füttern. Die Autofahrt sollte stets mit einem freudigen Ereignis enden, z. B. einem Spaziergang mit Spielrunde, oder beim Metzger mit einem herrlichen Leckerbissen als Belohnung. Fahren Sie zur Gewöhnung auch die kürzeste Strecke zum nächsten Wald- oder Feldweg, ehe Sie spazieren gehen.

Nützen alle Bemühungen nichts und Ihr Hund sabbert und erbricht weiterhin, lassen Sie sich vor längeren Reisen vom Tierarzt Reisetabletten geben.

Halten Sie während der Fahrt die Fenster geschlossen, damit der Hund keine Zugluft abbekommt. Niemals darf man vergessen, das Auto im Schatten zu parken (den Lauf der Sonne vorausberechnen!) und die Fenster einen Spalt offen zu lassen. Hunde brauchen mehr Sauerstoff als Menschen, und da sie nicht schwitzen können wie wir (sie hecheln lediglich zur Abkühlung), sind schon viele Hunde einem Hitzschlag erlegen. Sobald die Temperatur im Auto die Körpertemperatur des Hundes erreicht, besteht für den Hund auf Grund des Kreislaufzusammenbruchs Lebensgefahr. Bei warmem Wetter lädt sich auch bei bedecktem Himmel ein Auto schon nach wenigen Minuten auf 40 Grad und mehr auf! Praktisch sind kleine Gitter, die sich zwischen die halb aufgekurbelten Fenster klemmen lassen und

Zur Prägung der Welpen auf unsere moderne Umwelt gehört das frühe Gewöhnen ans Autofahren.

SICHERHEIT IM AUTO

Hunde sind per Gesetz, da sie als Ladung gelten, im Auto sicher unterzubringen. Auf dem Rücksitz beförderte Hunde müssen mit einem TÜV-geprüften Geschirr und Sicherheitsgurt befestigt werden. Transportboxen und zusammenklappbare Drahtkäfige haben Sicherheitstests nicht gut bestanden. Fest eingebaute Hundekäfige und fest eingebaute Trenngitter zum Personenraum sind sicherer. Übliche Netze oder einklemmbare Trenngitter reichen nicht aus. Möchte man den Hund auf den Rücksitzen angeschnallt befördern, schützt eine einzuhängende feste Decke vor Verschmutzung und Absturz in den Fußraum hinter den Vordersitzen.

Toben am Strand ist einfach wunderbar!

reichlich Luftzufuhr gewährleisten, ohne dass der Hund hinausspringen oder ein Fremder hereinfassen kann. Trotzdem kann es auch im Schatten sehr heiß werden! Vergessen Sie nicht die Diebstahlgefahr bei geöffnetem Fenster!

Wichtig

Bei Reisen in den Süden (auch schon Süddeutschland) denken Sie bitte an die gesundheitlichen Gefahren durch Zeckenbisse und Mückenstiche! Erkundigen Sie sich vorher bei Ihrem Tierarzt nach vorbeugenden Maßnahmen.

Der Hund auf Reisen

Nehmen Sie Ihren Hund mit in den Urlaub, so müssen Sie einen Ort wählen, der auch Ihrem Hund zuzumuten ist. Stunden am heißen Strand zu verbringen, ist genauso eine Quälerei wie stundenlanges Warten im Hotelzimmer oder im Wohnwagen. Die meisten Badestrände untersagen die Anwesenheit von Hunden. Ob Hotel, Ferienhaus oder Campingplatz, erkundigen Sie sich vorher, ob Hunde erlaubt sind und melden Sie Ihren Vierbeiner ausdrücklich an, um böse Überraschungen zu vermeiden. Packen Sie Handtücher, Pflegeutensilien, Futterschüsseln, soweit möglich gewohntes Futter und die Hundedecke ein. Für die Reise immer frisches Wasser mitnehmen, öfter Pausen zum Lösen und Trinken machen.

Zwei Monate vor Reiseantritt erkundigen Sie sich nach dem neuesten Stand der Einreisebedingungen für Hunde (ADAC, Reisebüro, Tierarzt). Für die EU und einige andere Länder gilt der Europass. Für praktisch alle Länder ist eine Tollwutschutzimpfung erforderlich, die nicht jünger als 30 Tage und nicht älter als ein Jahr sein darf. Manche Länder verlangen zusätzliche Impfungen, in wieder anderen herrscht Leinen- und/oder Maulkorbzwang. (Gewöhnen Sie Ihren Hund frühzeitig an das Tragen eines Maulkorbs!). Großbritannien, Irland und die skandinavischen Länder, für die bislang Quarantänevorschriften galten, erlauben unter bestimmten Voraussetzungen die Einreise (u. a. Tollwut-Titertest, Endo- und Ektoparasitenbehandlung).

Colliehündin Doreen genießt die Aussicht in die skandinavische Landschaft.

In der Bahn können Hunde im Abteil mitgenommen werden, sofern Mitreisende sich nicht beschweren, ansonsten müssen sie im Gepäckabteil befördert werden. Flugreisen sind für Hunde heute kein Problem mehr. Sie müssen in genormten Transportkisten untergebracht werden. Bitte sprechen Sie rechtzeitig mit der Fluggesellschaft den Flugtermin und die Formalitäten ab.

Suche nach „Urlaubspaten"

Wollen Sie ohne Hund in den Urlaub fahren, so suchen Sie sich frühzeitig einen „Paten" für Ihren Collie oder Sheltie – vielleicht auf Austauschbasis oder einen hundefreundlichen Verwandten. Doch der Hund sollte seine Urlaubseltern gut kennen und sich bei ihnen wohl fühlen. Pflegen Sie am besten schon mit dem jungen Hund enge Kontakte mit diesen Personen, und lassen Sie den Hund ab und zu dort. Manchmal nimmt der Züchter seine verkauften Hunde in Urlaubspension. Einen Collie oder Sheltie in ein Hundehotel zu geben, können wir nicht empfehlen. Trotz bester Unterkunft und Pflege kamen die Hunde nach nur einer Woche ziemlich verstört zurück.

Dieser dunkel-zobel-weiße Sheltie-Rüde durfte mit in den Urlaub. Man sieht ihm seine Freude an.

STEUER UND VERSICHERUNG

Hunde sind steuerpflichtig. Melden Sie den Welpen ab dem 3. Monat bei der Gemeinde oder Stadtverwaltung an. Erkundigen Sie sich unbedingt nach den Hundehalterverordnungen Ihres Bundeslandes. Schließen Sie in jedem Fall eine Hundehaftpflichtversicherung ab. Weniger wegen des Risikos, dass Ihr Hund jemanden beißen könnte; aber Ihr Hund kann in einen Unfall verwickelt werden, an dessen Folgekosten Sie Ihr Leben lang zu tragen hätten.

Die Colliehündin und der Welpe haben schon Freundschaft geschlossen.

Ein Hund ist kein Hund? – Das Halten mehrerer Hunde

Oft führt die Begeisterung über den tollen Hund zum Wunsch, einen zweiten hinzuzunehmen. Grundsätzlich ist nichts dagegen einzuwenden, aber die Sache ist gut zu überlegen. Collies und Shelties sind ausgesprochen sozial verträglich, dennoch sind Hunde empfindsame Persönlichkeiten mit Sympathien und Antipathien, mit Vorlieben und Abneigungen wie wir Menschen auch. Kommt ein weiterer Hund ins Haus, so kann es gut gehen, aber es kann auch ebenso schief gehen! Die beiden mögen sich arrangieren, es muss nicht zu offensichtlichen Auseinandersetzungen kommen, dennoch kann einer der beiden unter Dauerstress leiden, der ihn krank macht, ernsthaft krank, todkrank. Es kommt jeweils auf die Persönlichkeit der Hunde an, darauf, wie Sie mit der Situation umgehen und was Sie erwarten. Wenn Sie wollen, dass beide Hunde Ihr Partner werden, die Sie als Chef anerkennen, die sich an Ihnen orientieren, dann haben Sie eine Menge Arbeit vor sich. Jeder Hund braucht individuelle Zeit für Spiel und Erziehung. Es muss der Umgang im Haus wohl überlegt und konsequent durchgehalten werden. Dies erfordert eine Menge an Kenntnis in Hundeverhalten, damit man die Kommunikation der Hunde sofort erkennt und auch sein eigenes Verhalten anpassen kann. Das ist nicht so leicht, wie man denkt. Ganz schnell wird man vom Partner zum Dosenöffner degradiert. Genügt uns das?

Zwei Rüden, zwei Hündinnen oder ein Paar?

Wichtig ist, dass man den neuen Hausgenossen außerhalb des eigenen Territoriums (Garten, übliche Spielwiesen usw.) mit dem alten bekannt macht. Rüden sind in der Regel dem Familienzuwachs aufgeschlossener als Hündinnen, auch wenn sie ihn zunächst ignorieren und wenn der Kleine zu aufdringlich wird maßregeln, was völlig normal und richtig ist. Zwei Rüden können zu wunderbaren Kumpeln werden, wenn es nicht zu ernsthaften Rangordnungsstreitigkeiten kommt.

Hündinnen können außerordentlich giftig bis hin zur Aggressivität reagieren, wenn man ihnen den Nachwuchs fremder Hündinnen ins Nest setzt. Die eigene Tochter wird oft problemlos hingenommen. Bei den Läufigkeiten kann es zu Streitigkeiten kommen.

Ein Pärchen funktioniert nur bei einer kastrierten Hündin. Ansonsten setzt man den Rüden bei jeder Hitze unter Stress, auch sein Verhalten gegenüber anderen Rüden könnte aggressiv werden.

Ist der Altersunterschied zu groß, hat man schnell die unterschiedlichen Bedürfnisse von zwei Hunden zu befriedigen, gemäßigte Ausgänge mit dem alten Hund, sportliche Aktivitäten mit dem jungen Hund. Kann man dem alten zumuten, dass er zu Hause bleiben soll, wenn man mit dem jungen ausgeht?

Keinesfalls sollte man Geschwister aufziehen, der erste Hund sollte in jedem Fall fertig erzogen sein und im Idealfall wenigstens ein Jahr und höchstens zwei Jahre alt sein.

Der Schritt zum Zweit- oder gar Dritthund muss gut überlegt sein, wenn einem das psychische Wohlergehen seiner Hausgenossen am Herzen liegt. Klappt alles wunderbar, sind zwei Hunde durchaus doppeltes Hundeglück.

Ältere Hunde werden oft mit einem Welpen wieder richtig jung. „Gina" zergelt mit „Joker".

Ernährung des Hundes

Der Hund ist von Natur aus Fleischfresser, was aber nicht bedeutet, dass er sich ausschließlich von Fleisch ernährt. Vorfahre Wolf bricht beim Beutetier zuerst die Bauchdecke auf und frisst die Innereien, insbesondere den Magen und Darm mit dem halb oder ganz verdauten pflanzlichen Inhalt. Erst dann frisst er das Muskelfleisch, später die Haut und kleinere Knochen, und ganz zum Schluss werden die großen Knochen abgenagt. Kleine Beutetiere wie Mäuse und Kaninchen werden von Wölfen mit Haut und Haar verschlungen.

Es wurde beobachtet, dass Wölfe Beeren und Früchte aufnahmen, ja sogar Pilze. Unsere Hunde „pflücken" gerne Brombeeren und Himbeeren oder fressen Fallobst – Vorsicht vor Wespenstichen!

Was schließen wir daraus, wenn wir unseren Hund artgerecht ernähren wollen? Er braucht hauptsächlich Fleisch und in kleineren Mengen Gemüse, kann aber dank seiner Anpassungsfähigkeit an die Lebensverhältnisse mit dem Menschen recht gut mit einem Getreideanteil leben.

Dieser Colliewelpe wird mit Ziegenfleischknochen aus eigener Schlachtung aufgezogen.

Wichtig

Hunde haben im Maul keine vorverdauenden Enzyme und keine Mahlzähne zum Zerreiben der stärkehaltigen Nahrung wie der Mensch. Ihr Gebiss ist darauf ausgerichtet, größere Fleischstücke mit den Backenzähnen abzuschneiden und zu verschlingen. Die Verdauung großer Mengen stärkehaltiger Getreideprodukte belastet den Körper auf Dauer nachhaltig.

Frischfutter

Auf Grund langjähriger eigener Erfahrung und Beobachtungen bei anderen Hunden sind wir überzeugte Frischfütterer.

Der Hund hat jahrtausendelang den Menschen als Abfallfresser begleitet und sich weitgehend den menschlichen Essgewohnheiten angepasst. Hundeernährung ist demnach keineswegs so schwierig, wie sie immer dargestellt wird. Allerdings muss jeder Hund nach seinen individuellen Bedürfnissen ernährt werden. Mit Frischfutter kann man das austesten, ohne große Fehler zu machen.

Zu einer Zeit mit Collies aufgewachsen, als es noch kein Fertigfutter gab, habe ich mir später zwar auch den Komfort des Fertigfutters zu Nutze gemacht, doch nie das Frischfutter aus den Augen verloren. Heute füttere ich ausschließlich Frisches mit gelegentlichem Trockenfutter auf Reisen. Im Wesentlichen orientieren wir uns an Dr. Billinghursts BARF (Biologisch angemessene Rohfütterung oder englisch Bones and Raw Food – Knochenrohkost).

Abwechslung ist das Wichtigste!

Ernähren Sie Ihren Hund auf Frischfutterbasis, so müssen Sie für Abwechslung sorgen, um sicherzugehen, dass Ihr Hund alle Nährstoffe, Vitamine und Mineralstoffe bekommt, die er zur Gesunderhaltung seines Körpers braucht. Er muss diese Stoffe nicht alle in einer Mahlzeit bekommen, sondern über einen längeren Zeitraum hinweg. Die Natur liefert keine ausgewogene Kost, sondern saisonal bedingte. Alle Nährstoffe auf einmal zu verdauen, ist für den Körper eher nachteilig. Deshalb hat sich die Trennkost – getrenntes Füttern von Fleisch und Getreide – auch bei Hunden bestens bewährt.

FUTTERZUSAMMENSETZUNG

Im Schnitt sollte das Futter aus

- 60 % rohen fleischigen Knochen und Fleisch,
- 20 % Gemüse und Obst,
- 15 % Innereien,
- 5 % Essensresten und/oder anderen Zugaben bestehen (nach Dr. Billinghurst, BARF)

Fleisch

Alle Teile von Schlachttieren (Rind, Kalb, Pferd, Schaf, Ziege, Kaninchen, Wild und Geflügel einschließlich Fisch) dürfen auf dem Speiseplan stehen. Fleisch wird stets roh verfüttert. Eine Ausnahme ist Schweinefleisch, welches – wenn überhaupt – nur gekocht gegeben werden darf, um die Erreger der Aujeszkyschen Krankheit abzutöten, die für den Hund tödlich verläuft. Bei Schweinefleisch kommt hinzu, dass es zu Juckreiz und Ekzemen führen kann. Schweinefleisch sollte daher nicht auf Ihrer Einkaufsliste stehen.

Füttern Sie Wildfleisch und Geflügel nur wenn es für den menschlichen Genuss freigegeben ist.

Kleine Mengen Innereien sind wichtige Bestandteile des Hundefutters. Frischer grüner Pansen, der ungewaschen noch einen großen Anteil der in Verdauung befindlichen Pflanzenkost der Rinder enthält, ist für jeden Hund ein wertvolles Zufutter.

Gesunde Hunde haben eine natürliche Abwehr gegen Salmonellen, deshalb auch Geflügel (Hühner- und Putenhälse, Hühnerflügel mit Knochen) roh verfüttern. Wichtig ist, dass Sie mit dem Geflügel genauso hygienisch sorgfältig umgehen, wie für den menschlichen Verzehr. Gekochtes Geflügel und Kaninchen müssen sorgfältig entbeint werden, denn die gegarten Knochen splittern. Dieses Fleisch eignet sich besonders zum Anreiz für schlechte Fresser.

Schneiden Sie nicht grundsätzlich alles Fett vom Fleisch ab. Etwas Fett braucht der Hund für die Verwertung der fettlöslichen Vitamine und als Energielieferant. Hühnerfett enthält die sehr wertvollen Omega-Fettsäuren.

Am praktischsten, sauber und mit geringem Aufwand kann man füttern, indem man alle möglichen Fleischsorten eines Schlachttieres in größeren Mengen einkauft, klein schneidet, vermischt und portionsweise einfriert. Heute gibt es in den meisten Zoofachgeschäften tiefgefrorenes Hundefrischfleisch, das auch in kleine Portionen abgepackt ist, was die Arbeit wesentlich erleichtert und für einen Collie oder gar Sheltie sehr viel lohnender ist. Auf Grund eigener Erfahrung sollte Geflügel nur aus dem Angebot für den menschlichen Verzehr gefüttert werden. Tiefgefrorenes Fleisch nur vollständig aufgetaut und zimmerwarm reichen.

Tipp

Fisch, der sorgfältig entgrätet sein muss, bietet eine willkommene Abwechslung. Hin und wieder ein Bückling ist ein besonderer Leckerbissen. Gerne wird Trockenfisch gefressen, der zudem sehr gesund ist.

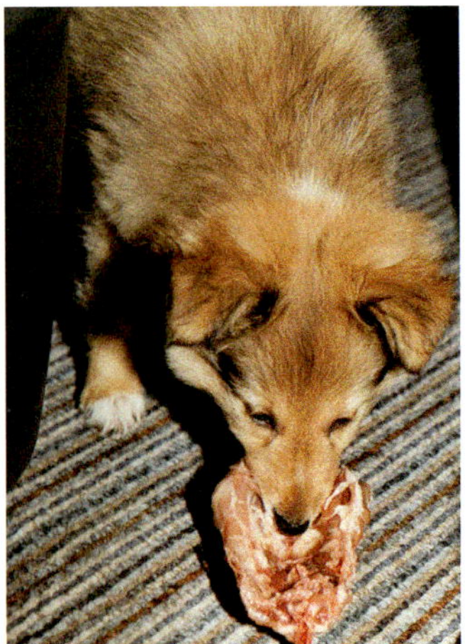

Der kleine Sheltiewelpe hat mit rohen Geflügelkarkassen keine Probleme.

Fleischknochen

Hähnchenflügel (von jungen Masthähnchen, bei Schenkeln ist der Fleischanteil zu hoch und der Röhrenknochen kann splittern!), Puten- und Hähnchenhälse, Schlund von Schlachttieren (hoher Knorpelanteil), Rippchen vom Lamm sind wertvollster Bestandteil der Hundeernährung. Wichtig ist, dass die Knochen nicht vom Fleisch befreit wurden. Wird ein genügend hoher Anteil an Fleischknochen gefüttert, benötigt man keine Zugaben von Kalzium, denn die natürlichste und beste Kalziumversorgung ist die über rohe Fleischknochen.

Viele Hundebesitzer scheuen sich vor Knochenfütterung. Aber Hunde fressen Knochen, solange es Hunde gibt. Hunde lieben Knochen, weil ihr Organismus sie braucht! Knochen dürfen nur ROH gegeben werden. Gekocht oder gebraten splittern sie und können den Hund im Schlund- und Magenbereich verletzen. Auch klein gehackte oder zersägte Röhrenmarkknochen können lebensgefährlich werden, wenn sie sich über Kiefer und Zunge stülpen. Kochen Sie lieber eine Suppe für sich daraus.

Zu viele nicht fleischige Knochen führen zu hartem, bröckeligem, weißem Stuhl, der dem Hund große Qualen bereitet.

Beschäftigung und Zahnpflege

Hunde lieben Knochen, und wären sie so tödlich, wie manche es darstellen, wären Hunde längst ausgestorben. Bis Ihr Hund und Sie sicher sind, dass die Knochen gekaut und nicht geschlungen werden, lassen Sie den Hund nur unter Aufsicht fressen. Anfänglich (oder für Welpen) können Sie die Hühnerflügel mit dem Fleischklopfer gründlich weich klopfen, bis der Hund sie ruhig frisst und sie dabei sorgfältig selbst zerkleinert.

Ein Hund, der regelmäßig rohe Fleischknochen frisst, hat keine Probleme mit Zahnstein.

Große Röhrenknochen am Stück beschäftigen den Hund (kleine Reste, die verschluckt werden können, wegwerfen). Sie sind als gelegentlicher Leckerbissen anzusehen. Zur Ernährung dienen Fleischknochen, d.h. Knochen in ihrem natürlichen fleischigen Umfeld.

Ein gewisses Restrisiko ist nie auszuschließen! Ein Hund im Freundeskreis erstickte an einem Kuchenkrümel. Das kann auch bei Fertigfutter vorkommen. Wir sind beim Füttern immer anwesend!

Tipp

Bei Rohkost niemals mehrere Hunde in einem Raum ohne Aufsicht füttern, damit es nicht zum Schlingen oder zu Streitigkeiten kommt. Rohfutter wird sehr viel ernster genommen als Fertigfutter!

Gemüse, Obst und Getreide

Getreide kommt in der natürlichen Ernährung des Hundes nicht vor. Ein relativ hoher Getreideanteil ist daher auf lange Sicht der Gesundheit abträglich. Der Hund hat sich aber in den vielen Jahrtausenden mit dem Menschen an dessen Lebensweise angepasst und kann mit einem gewissen Anteil Getreidekost leben, der aber niemals Hauptbestandteil sein darf.

Gesunde, springlebendige Shelties.

Unter Getreidekost fallen Reis, Haferflocken, altbackenes Vollkornbrot, Graupen, Nudeln, Hundekuchen und Flocken als Beifutter (Vorsicht – nicht verwechseln mit Vollnahrung in Flockenform, die Fleisch enthält!). Der Hund kann pflanzliche Kost nur aufgeschlossen verdauen, das ist bei Haferflocken, Vollkornbrot, Nudeln, Hundekuchen und den Fertig-Beifutterflocken der Fall. Alle anderen Getreideprodukte müssen gründlich weich gekocht (nicht „al dente"!) werden, um die für den Hund unverdauliche Zelluloseschale aufzusprengen. Am besten ist gründlich eingeweichtes und keimendes Getreide.

Gemüse hingegen ist ein Grundbestandteil der Hundeernährung. Es wird in der Natur als Magen- und Darminhalt der Beutetiere (in der Natur steht kein Getreide zur Verfügung, sondern Grünzeug!) sowie als Kot der Pflanzenfresser, den gerne besonders junge Hunde fressen und der wichtige Stoffe für die Entwicklung des Junghundes enthält, geliefert. Alles grünblättrige Gemüse (nicht zu viel Kohl, Bohnen und Erbsen nur in gekeimtem Zustand), Karotten, Rote Beete, Paprika, reifes, aber nicht faulendes und gärendes Obst (Äpfel, Birnen, alles was der Garten hergibt), in geringen Mengen gepresster Knoblauch (keine Zwiebeln), Kräuter usw. müssen im Mixer püriert werden. Es wird ROH mit Joghurt oder Hüttenkäse oder rohem Hackfleisch (Rind, Lamm) vermischt gefüttert.

Wichtig

Selbstkochen mit Betonung auf Kochen von Fleisch und Gemüse zerstört die lebenswichtigen Vitalstoffe der Nahrung durch die Hitzebehandlung. Gekochtes Eiweiß verändert seine chemische Struktur nachhaltig. Wer sich nicht an Rohfutter herantraut, kann genau so gut ein hochwertiges Fertigfutter ohne Konservierungsstoffe und tierische Nebenprodukte füttern.

Futterbeigaben

Wer sich nicht zur Fütterung von Fleischknochen durchringen kann, muss Kalzium zufüttern.

Im Fleisch und besonders in Fisch ist verhältnismäßig viel Phosphor, jedoch wenig Kalzium enthalten. Deshalb müssen Sie bei Frischkost zusätzlich Kalzium und Vitamine, vor allem aus dem Vitamin-B-Komplex (am besten über Hefeflocken) reichen; bei Mineral-

stoff-Vitamin-Präparaten deshalb auf ein möglichst weites Kalzium-/Phospor-Verhältnis achten (mind. 2:1). In der fertigen Nahrung ist das optimale Verhältnis von Kalzium und Phosphor 1,2 Teile Kalzium und 1 Teil Phosphor. Vorsicht, viele Vitamin-Präparate enthalten – wenn man nach der Gebrauchsanweisung dosiert – zu viel Vitamin D und Vitamin A, die durch eine solche Überdosierung hervorgerufene Knochenerkrankung ist dieselbe wie bei der Phosphorüberdosierung. (Vitamin-A-Bedarf 220/E beim wachsenden, 110/E beim erwachsenen Hund, Vitamin-D-Bedarf 22/E bzw. 11/E pro kg Körpergewicht am Tag).

Öle, Milchprodukte und Bierhefe

Einmal in der Woche, jeweils an einem anderen Tag, geben Sie einen Esslöffel Distelöl (Sheltie 1 Teelöffel), reich an ungesättigten Fettsäuren (im Reformhaus erhältlich), einen Becher geschmacklosen Joghurt oder Hüttenkäse und ein Eigelb unters Futter. Bierhefe liefert u. a. alle Vitamine aus dem Vitamin-B-Komplex und sorgt für schönes Haar. Ein Überschuss an Vitamin B wird ausgeschieden und richtet keinen Schaden an.

Mit der hier beschriebenen Kost dürfte Ihr Hund alles bekommen, was er braucht, und er wird bestens gedeihen.

Wichtig

Roh ernährte Hunde haben in der Regel nicht ständig Hunger, da der Körper bekommt, was er braucht und mit der Verdauung beschäftigt ist. Man muss sich u. U. daran gewöhnen, dass er längere Fresspausen einlegt, wie er das von Natur aus gewohnt wäre. Sie lesen auch nicht so gierig jeden Unrat am Wegesrand auf, den sie finden können.

Fertigfutter

Wenn Ihr Welpe vom Züchter her ein bestimmtes Fertigfutter kannte, behalten Sie es zunächst bei. Da nicht jeder Hund jedes Futter für seine Bedürfnisse gleich gut auswertet und nicht alle Fertigfutter die gleiche Qualität haben, können Sie nach längerem Füttern eines Produktes auf ein anderes übergehen. Achten Sie auf Produkte ohne „tierische Nebenerzeugnisse" und ohne Konservierungsstoffe. Für den heranwachsenden und körperlich nicht stark beanspruchten Hund sollte man ein eher proteinarmes Futter wählen.

Es gibt viele Flocken- und Pressfuttersorten. Abgesehen vom hohen Getreideanteil und der Hitzebehandlung entzieht es dem Körper mehr Wasser, als durch Trinken ausgeglichen wird, was auf lange Sicht die Nieren schädigt. Halten Sie sich bei der Futtermenge zunächst an die Angaben des Herstellers. Passen Sie die Menge dem Bedarf Ihres Hundes an, wenn er zu dick (da die Hersteller das Futter meist zu reichlich bemessen) oder zu mager dabei wird.

Da viele Fertigfutter einen Mangel an ungesättigten Fettsäuren aufweisen, ist es ratsam, über die Woche verteilt einen Esslöffel Distelöl (Sheltie 1 Teelöffel) hineinzugeben. Fertigfutter ist oft nicht so lange wie auf der Verpackung angegeben haltbar. Besonders empfindlich sind angebrochene Packungen. Bei falscher Lagerung können rasch krank machende, ja sogar tödliche Pilze und Keime auftreten. Bei extremer Hitze kann es ranzig werden. Deshalb immer nur so viel einkaufen, wie in relativ kurzer Zeit verbraucht wird.

Dosenfutter kann zwischendurch gereicht werden, aber viele Hunde, die es nicht gewöhnt sind, reagieren mit dünnem Stuhl.

Allgemeine Hinweise zur Ernährung

- Essensreste sind kein Hundefutter. Ein Hund kann auf Dauer davon nicht gesund bleiben. Gegen gelegentliche kleine Gaben gesunder Tischabfälle ist nichts einzuwenden.
- Erwachsene Hunde bekommen oft von Frischmilch Durchfall. Statt Milch daher Quark (ebenfalls sehr eiweißreich) oder Joghurt geben; der unverdauliche Milchzucker ist darin bereits umgesetzt. Käse ist für viele Hunde ein Leckerbissen und eignet sich gut als Belohnungshappen. Er schadet zwar dem Geruchsinn nicht, kann aber bei der Fährtenarbeit eingesetzt, die Nasenleistung behindern.
- Wasser steht immer frisch und reichlich überall dort zur Verfügung, wo sich der Hund aufhält.
- Futter immer hand- oder zimmerwarm reichen! Tiefkühlkost muss durch und durch aufgetaut sein und Zimmertemperatur haben.
- Richten Sie die Fütterungszeiten nach Ihrem Tagesablauf, denn entsprechend muss der Hund Gassi gehen. Die Hauptmahlzeit am Abend hat sich gut bewährt.
- Wie viel ein Hund frisst, sollten Sie selbst ausprobieren. Man sagt, was er nicht zügig in zehn Minuten aufgegessen hat, war zu viel. Ist der Napf schneller leer und der Hund blickt sich suchend um, war es zu wenig. Es sei denn, Ihr Hund kennt nur eine Leidenschaft – Fressen – und würde nie mehr aufhören und dick werden. Die Futtermenge ist von Hund zu Hund verschieden und hängt von seinem Stoffwechsel ab, wie viel Bewegung er hat, wie warm oder kalt es ist etc. Daher müssen Sie ausprobieren, bei welcher Menge Ihr Hund die beste Kondition hat.

DIE RICHTIGE KONDITION

Die richtige Kondition hat ein Hund dann, wenn Sie die Wirbelsäule und die Hüftknochen gerade noch fühlen können; die Rippen dürfen von einer dünnen Muskelschicht bedeckt und müssen bei kräftigem Nachfassen fühlbar sein. Haben Sie sofort Knochen in der Hand, ist er unserer Meinung nach zu mager. Doch es gibt viele magere Hunde, die bei bester Gesundheit mit schönstem Haarkleid leben. Tierärzte sehen die Hunde lieber magerer als zu fleischig. Zu viel Fett ist in jedem Fall ungesund.
Auch das Fell gibt Hinweise auf die Gesundheit, es sollte glänzen, elastisch und nicht strohartig, fettig und schuppig sein. Unangenehmer Geruch ist meist ein Hinweis, dass etwas nicht stimmt.

Vorsicht

Bei Vollnahrung füttert man weder Fleisch noch Kalzium- und Vitaminpräparate zusätzlich, sonst kommt es zu Vitamin- und Eiweißüberschuss. Letzterer zeigt sich u. a. in nässenden und schwer ausheilenden Ekzemen, die vor allem bei langhaarigen Hunden schreckliche Auswirkungen haben, weil sie im dichten Fell manchmal erst spät erkannt werden.

KOTFRESSEN

In der Natur ist Kot insbesondere für Junghunde ein wichtiger Bestandteil der Nahrung, da er viele hochwertige Eiweiße und im Falle von Pflanzenfressern vorverdaute pflanzliche Nahrung enthält. Roh ernährte Hunde sind weniger gierige Kotfresser, und je heftiger man eingreift, desto gieriger schlingt ihn der Hund bei jeder Gelegenheit in sich hinein. Besser ist, dieser bei Junghunden ausgeprägten Leidenschaft gelassen gegenüber zu stehen und dem Futter naturbelassenen Bio-Yoghurt beizumischen, der die begehrten Bakterienkulturen liefert.

- Feuchte Futterreste werden weggeworfen, da sie rasch säuern und zu Magenverstimmungen führen. Nach jeder Mahlzeit wird der Futternapf gespült. Rohes Fleisch darf riechen!
- Getrockneter Pansen, Ochsenziemer usw. sind für viele Hunde ein Leckerbissen und dürfen hin und wieder zur Belohnung gereicht werden.

Mäkelige Fresser

Bei schlechten Fressern und konditionsschwachen, alten Hunden und trächtigen Hündinnen füttern Sie lieber mehrmals täglich kleine Portionen. Es kann auch sein, dass der Futterplatz nicht behagt oder der Hund ein „Nachtfresser“ ist, der sein Futter tagsüber nicht annimmt. Bei mehreren Hunden kann es sein, dass der dominantere Hund allein durch seine Anwesenheit und Blickkontakt das Fressen verbietet! Sehr unterordnungsbereite Hunde fressen so „unter den Augen ihres Menschen“ nicht. Man stellt ihnen den Futternapf ohne davon Notiz zu nehmen hin. Je mehr Aufheben wir machen, den Hund locken und dem Futter Aufmerksamkeit schenken, desto eher versteht der Hund, dass uns das Futter gehört und es ihm nicht zusteht, es anzurühren! Vielleicht frisst er erst, wenn wir nicht im Zimmer oder gar im Haus sind! Stressfaktoren können Ursache mäkeligen Fressens sein. Den Verhaltensfaktor bitte bei sensiblen Hunden nicht unterschätzen! Nehmen Sie Rücksicht auf die Bedürfnisse Ihres Hundes.

Fütterung junger Hunde

Im Wesentlichen bekommen junge Hunde das Gleiche wie erwachsene. Man ist davon abgekommen, Welpen besonders reichhaltig zu ernähren, da rasches Wachstum und Übergewicht der gesunden Entwicklung abträglich sind. Welpen sollen sich satt fressen, aber nicht überfressen. Ihr Junghund muss bei jeder Mahlzeit hungrig sein und sie zügig aufessen. Welpen bekommen ab der 8. Woche vier Mahlzeiten am Tag. Allmählich lässt der junge Hund die eine oder andere Mahlzeit aus und pendelt sich meist im 4. bis 7. Monat von allein auf drei Mahlzeiten, im 8. bis 12. Monat auf zwei Mahlzeiten ein.

Bei Fertigfütterung halten Sie sich bitte an die Angaben des Herstellers und experimentieren Sie nicht mit Zusatzmitteln wie Kalk, Vitamintabletten usw. herum. Achtung: Auch Leckerchen sind Zusatzfutter! Die vom Hersteller ausgeklügelte Zusammensetzung des Fertigfutters würde dann hinfällig. Ihr Hund kann dadurch erhebliche Wachstumsstörungen erleiden.

Manche Rohköstler fressen nach Bedarf und lassen sich möglicherweise nicht auf feste Essenszeiten einstellen, da sie in der Regel nicht ständig hungrig sind. Man sollte den Hund beobachten und wenn es geht, auf seine Bedürfnisse eingehen.

Pflege und Hygiene

Die gründliche Pflege des gesamten Hundes auf einem Tisch mit rutschfester Unterlage ist Gesundheitsvorsorge und wichtiger Sozialkontakt in einem. Schon der Welpe lernt, sich vertrauensvoll auf dem Rücken liegend Bauch und Genitalien abtasten und bürsten zu lassen. Üben Sie das mit dem Welpen, selbst wenn es noch nicht viel zu bürsten gibt. Das stressfreie Liegen auf dem Tisch und sich ergeben ist eine wichtige Übung, die insbesondere im Ernstfall beim Tierarzt lebensrettend sein kann.

Langhaar-Collie und Sheltie sind glücklicherweise sehr pflegeleicht, sofern sie das standardgerechte, dem Körper angepasste Fell besitzen. Einmal in der Woche oder einmal alle zwei Wochen gründliches, korrektes Bürsten reicht zur Sauber- und Gesunderhaltung des Haarkleides vollkommen aus. Manche Langhaar-Collies haben ein weniger schmutzabweisendes, weicheres und dichteres Fell, das öfter gebürstet werden muss. Auch haben diese Hunde oftmals nicht mehr den normalen Fellwechsel. Das Haar wird immer dichter und schwieriger zu bürsten. Wer das vermeiden möchte, muss beim Kauf schon darauf achten (Eltern und Verwandte anschauen). Beginnen Collie und Sheltie ihr Fell zu wechseln, und Sie finden kleine Büschel Hundehaare auf dem Teppich, muss öfter gebürstet werden. Hat sich die Unterwolle wie eine dichte Matte aus der Haut gelöst und hängt in ca. 5 mm Abstand von der Haut locker im langen Deckhaar, ziehen Sie mit einem grobzinkigen Kamm diese Unterwolle heraus, ohne dabei festsitzendes Haar auszureißen, da dieses Haar bei beschädigten Haarwurzeln unter Umständen nicht nachwächst.

Während des Fellwechsels ist auch das jährliche Bad ratsam. Diese Radikalkur reinigt Fell und Haut, Sie sind die lästigen ausfallenden Haare auf einen Schlag los, und das neue Haar kann ungehindert nachwachsen. Der Haarwechsel geht so rascher vonstatten. Zwischendurch können Sie die weißen Stellen mit warmem Wasser und Hundeshampoo auswaschen.

1 Spielerisch auf den Rücken drehen und schmusen. Der Welpe soll sich von klein an daran gewöhnen, den Bauch zu präsentieren.

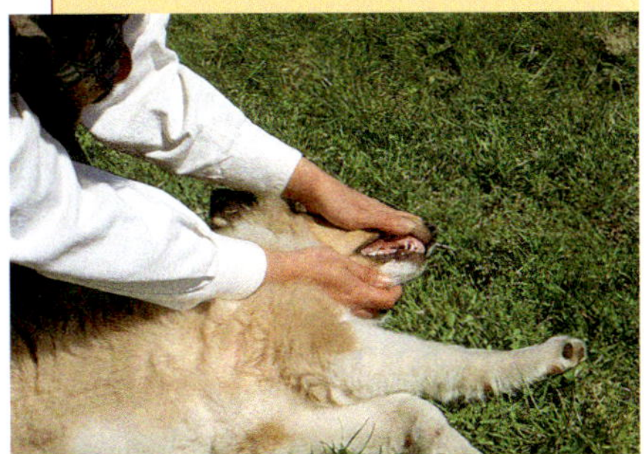

2 Bei diesem Schmusespiel lernt Seany die Gebißkontrolle.

3 Auch beim Öhrchenputzen muss man still halten…

4 …und Kamm und Bürste kennen lernen.

Zuerst wird das Fell mit Wasser leicht angefeuchtet. 1

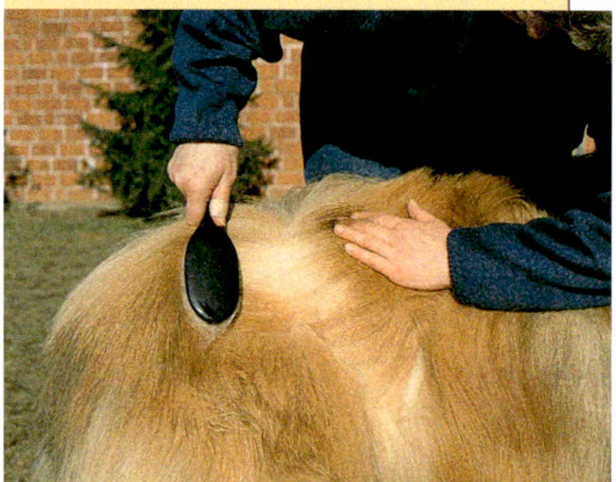

Das richtige Lagebürsten. 2

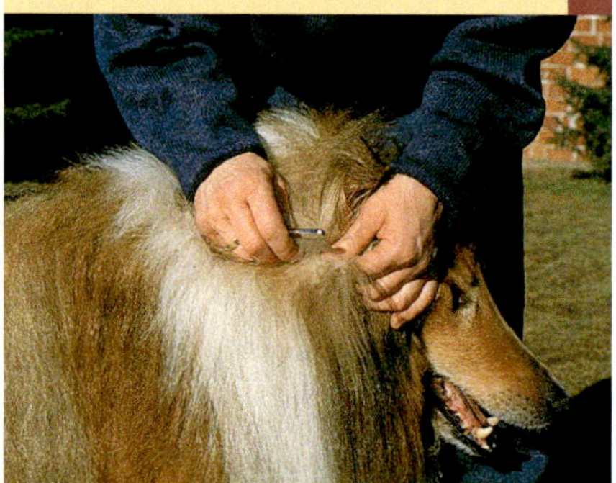

Kleine Knötchen hinter den Ohren werden mit den Fingern entwirrt und ausgekämmt. 3

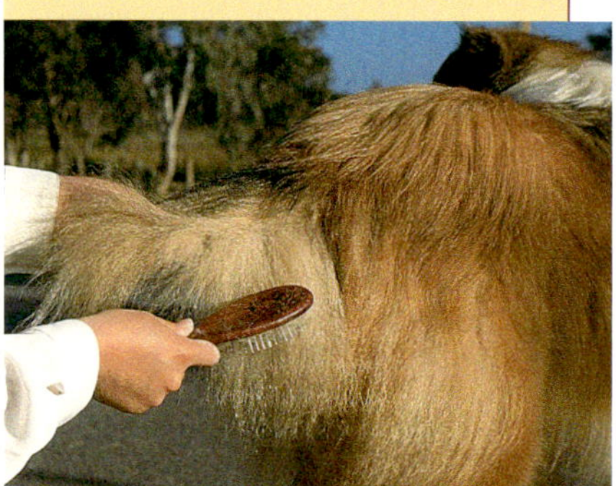

Zum Schluss wird das lange Haar an der Rute gebürstet. 4

Das Bürsten

Ideal bei normalem Fell von Langhaar-Collie und Sheltie ist die leider nicht billige Mason-Pearson®-Bürste (für den Sheltie die „Pocket"-Version). Reicht sie bei zu dickem Fell nicht mehr aus, um bis auf die Haut zu kommen, kann man eine Drahtbüste benutzen. Achten Sie darauf, dass sich die Borsten nicht in der Haut einhaken, wenn Sie locker mit ihr über die Hand fahren. Ansonsten reißt sie unnötig Haare aus oder „schneidet" mit den Schnittstellen der Drahtborsten bei jedem Bürstenstrich die vorderen Haarspitzen ab.

Leicht verfilzende Stellen bilden die seidig feinen Haare am Ohrenansatz, in den Achselhöhlen und an den Innenschenkeln. Das Haar an den Ohren sollte täglich ausgekämmt werden, denn wenn sich erst einmal Filzknoten gebildet haben, kann man sie fast nur noch herausschneiden. Das sieht nicht nur hässlich aus, sondern unter diesen Filzknoten kann sich Ungeziefer einnisten. Alle paar Tage bürsten Sie deshalb die Achselhöhlen und die Innenschenkel.

Bevor Sie mit dem Bürsten beginnen, sprühen Sie den Hund aus einer Blumensprühflasche leicht mit Wasser ein und bürsten erstmal zur Auflockerung das ganze Fell gegen den Strich. Legen Sie dann den Hund auf die Seite und beginnen mit dem Bürsten an den Hinterläufen. Halten Sie das Haar mit der linken Hand hoch und bürsten Sie es mit der rechten unter der linken Hand hervor, in Richtung des natürlichen Haarwuchses. Sie fahren mit der linken Hand höher, das Haar gegen den Strich haltend, und bürsten es unter der Hand hervor. Achten Sie darauf, dass Sie immer auf die Haut kommen und gründlich Lage für Lage bürsten. Beim Bürsten ausschließlich gegen den Strich, reißt man zu viel lebende Unterwolle heraus.

Sie fahren fort vom Hinterteil bis zum Kopf und drehen den Hund auf die andere Seite und beginnen wieder wie beschrieben. Vergessen Sie nicht Bauch und Innenschenkel – Vorsicht an den empfindlichen Geschlechtsteilen. Am sitzenden Hund bürsten Sie das Brusthaar in

Lagen von unten nach oben. Die langen Fahnen an der Rückseite der Vorderläufe kämmen Sie mit dem grobzinkigen Kamm aus.

Am stehenden Hund bürsten Sie die buschigen Hosen an den Hinterläufen in Lagen und die Rute mit dem natürlichen Haarwuchs.

Sollte es doch einmal zu Verfilzungen gekommen sein, schneidet man sie der Länge nach auf, entwirrt mit den Fingern und kämmt sie vorsichtig aus. Hier leistet auch ein Entfilzungskamm gute Dienste. Besser ist es, durch sorgfältige Pflege der kritischen Stellen Verfilzungen zu vermeiden.

Bürsten des Kurzhaar-Collies

Der Kurzhaar-Collie sollte ebenfalls das erwähnte Bad bekommen, wenn der Haarwechsel seinen Höhepunkt erreicht hat, denn Kurzhaarige können – je nach Beschaffenheit – unendliche Mengen an Deckhaar und Unterwolle abwerfen.

Ansonsten sollte man auch seinen Kurzhaar-Collie wenigstens einmal in der Woche gründlich am ganzen Körper bürsten. Dazu eignen sich handelsübliche Striegel aus Metall oder aus Gummi mit Noppen. Das Fell glänzt schön gesund, die Haarung wird verkürzt und man erkennt Veränderungen am Hund sofort.

Die Fellpflege dient neben der Gesundheitsvorsorge dem wichtigen Sozialkontakt. Jeder Hund sollte sich jederzeit auf dem Rücken liegend am Bauch bürsten lassen! Erlaubt er es nicht, hat man ein Beziehungsproblem, das sich anderweitig stärker auswirken kann. Deshalb auch beim Kurzhaar das Bürsten auf dem Tisch schon beim Welpen beginnen!

Auch der Kurzhaar-Collie will regelmäßig gestriegelt und gebürstet werden, denn es tut seinem Wohlbefinden gut.

Augen

Jeden Morgen wird mit einem feuchten Papiertaschentuch oder einfach mit den Fingern das Augensekret entfernt, damit die Schleimablagerungen keine Entzündungen hervorrufen. Andauerndes Tränen und gerötete Bindehaut lässt man durch den Tierarzt behandeln, da evtl. der Tränenkanal verstopft sein könnte oder einwachsende Wimpern (Distichiasis) den Augapfel reizen.

Ohren

Alle ein bis zwei Wochen prüfen Sie die Ohren. Schmutz entfernt man mit einem in ein handelsübliches Ohrenreinigungsmittel getauchten Wattebausch. Gehen Sie vorsichtig so weit in das Ohr, wie Sie mit dem Wattebausch und den Fingern gelangen. Niemals alkoholhaltige Reinigungsmittel, Puder etc. verwenden oder im Ohr herumbohren. Riecht der Hund aus den Ohren, hält er den Kopf schief und kratzt sich – schnellstens zum Tierarzt! Ohrenerkrankungen sind bei Collie und Sheltie zwar selten, doch sind sie sehr schmerzhaft und heilen nur schwer aus.

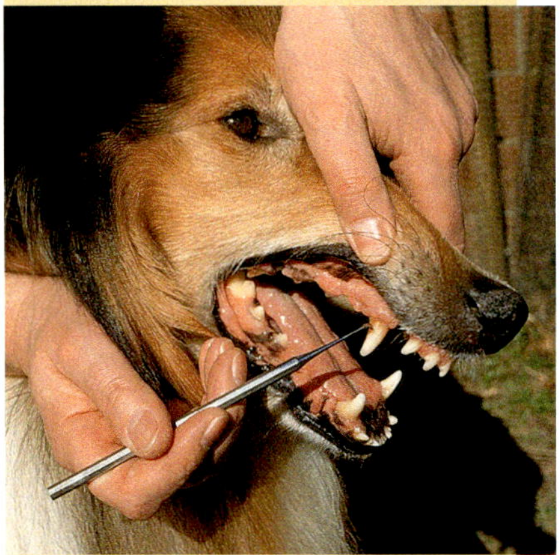

Schon die ersten Ansätze von Zahnstein sollten entfernt werden, denn er beeinträchtigt die Gesundheit des Hundes. 1

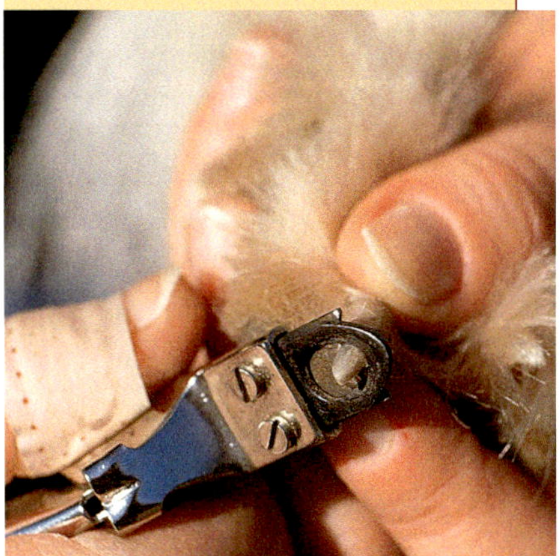

Bei manchen Hunden müssen die Krallen öfter geschnitten werden. Für die harten Colliekrallen braucht man eine stabile Zange. 2

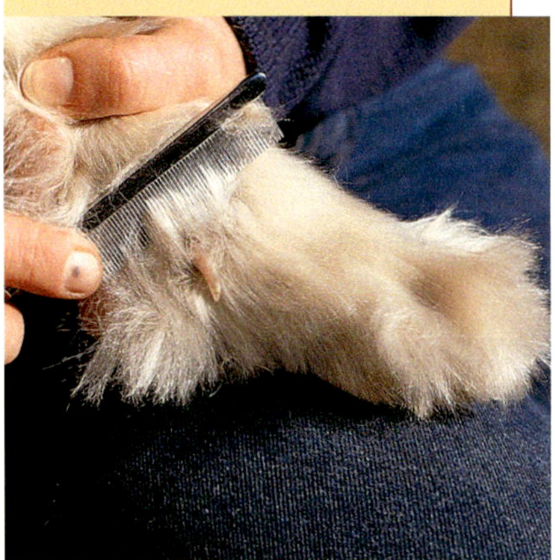

Beim Krallenschneiden die kleine vordere Afterkralle nicht vergessen, damit sie nicht ins Fleisch einwächst. 3

Gebiss

Hunde reinigen ihr Gebiss selbst am besten, wenn sie etwas Festes zu kauen haben, z. B. Fleischknochen oder trockene Brotrinden. Sorgfältige Hundebesitzer putzen ihren Hunden täglich die Zähne mit Hundezahnpasta auf einer Hundezahnbürste.

Erste Beläge lassen sich noch mit dem Fingernagel, Zahnstein mit einem Zahnsteinentferner abkratzen. Dicken Belag kann nur der Tierarzt unter Betäubung entfernen. Unbehandelter Zahnstein führt nicht nur zu Zahnfleischentzündungen, Zahnfleischschwund und zum Ausfall der Zähne. Zahnstein ist ein gefährlicher Bakterienherd, der den Körper stark belastet und daher der gesamten Gesundheit des Hundes abträglich ist. Es kann sogar zu Herzbeschwerden und Blutvergiftungen kommen! Zahnstein muss unbedingt vermieden werden, gerade bei älteren Hunden. Mit Rohfutter und Fleischknochen ernährte Hunde neigen selten zur Zahnsteinbildung.

Beim Welpen kommt es während des Zahnwechsels vor, dass die Milcheckzähnchen nicht ausfallen. Stehen gebliebene Milchzähne können verhindern, dass die neuen Zähne in der richtigen Position nachwachsen und müssen deshalb vom Tierarzt rechtzeitig gezogen werden.

Pfoten und Krallen

Läuft Ihr Hund auf glattem Boden oder Parkett und Sie hören ein „klack, klack", dann sind die Krallen zu lang. Lassen Sie sich vom Tierarzt zeigen, wie man eine Krallenzange handhabt. Schneiden Sie nämlich zu viel ab, verletzen Sie eine kleine Ader in der Kralle, deren Blutung nur schwer zu stillen ist.

Kommt Ihr Hund im Winter von salzbestreuten Straßen nach Hause, waschen Sie die Pfoten mit lauwarmem Wasser ab.

Genitalien und After

Bei langhaarigen Hunden muss auf Kotreste und Urinverklebungen im Fell kontrolliert und diese gegebenenfalls entfernt bzw. ausgebürstet werden. Frischen Kot mit duftendem Trockenshampoo bestäuben, trocknen lassen und ausbürsten.

Schaut ein Hund öfter mal nach hinten, knabbert in der Rutenansatzgegend, könnte das auf verstopfte Analdrüsen hinweisen, die sich schließlich für den Hund äußerst schmerzhaft entzünden. Lassen Sie sich vom Tierarzt zeigen, wo die Analdrüsen sitzen und wie man sie im Bedarfsfall ausdrückt.

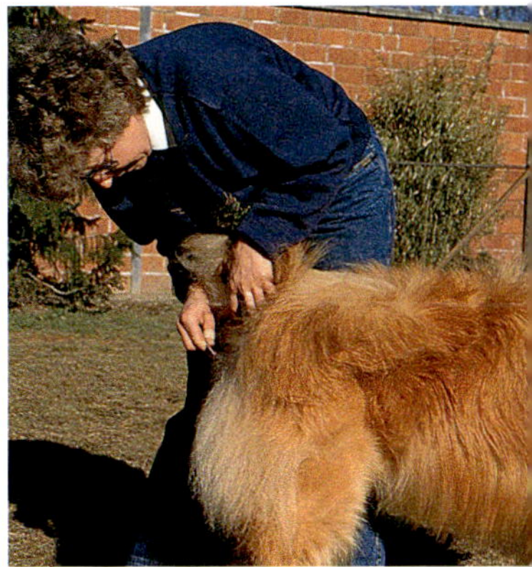

Auch die Afterregion muss sauber gehalten werden.

Der schmutzige Hund

Kommt Ihr Collie oder Sheltie schmutzig und nass nach Hause, lassen Sie ihn vor der Haustür sitzen, bis Sie einen Eimer warmes Wasser und ein Fensterleder oder ein Hundetrockentuch geholt haben. Mit dem ausgewrungenen Tuch reiben Sie die entsprechenden Fellpartien ab. Es saugt Schmutz und Feuchtigkeit bestens auf. Den Hund an einem zugfreien, warmen Ort trocknen lassen.

Baden

Collies oder Shelties sollte man nur baden, wenn der Haarwechsel eingesetzt hat, wenn eine Hündin Welpen hatte, die Hitze vorüber ist oder sich der Hund in Unrat gewälzt hat. Wollen Sie den langhaarigen Hund vor einer Ausstellung baden, sollte dies mindestens eine Woche vorher geschehen, damit das Fell seine natürliche Beschaffenheit wiedererlangen kann und nicht zu weich und flauschig ist. Eventuell waschen Sie nur die weißen Fellpartien.

Verschließen Sie die Ohren mit einem Wattebausch und stellen Sie den Hund in die mit einer rutschfesten Gummimatte ausgelegte Badewanne. Brausen Sie ihn lauwarm ab, bis er durch und durch nass ist. Verreiben Sie ein mildes Hundeshampoo zwischen den Händen und massieren Sie es mit den Fingerspitzen bis auf die Haut. Vorsicht am Kopf, damit keine Seife in die Augen kommt; ebenso behutsam sollen die Genitalien behandelt werden. Ausgesprochen üppiges Fell wie einen wertvollen Wollpullover nur mit den Händen ausdrücken, niemals rubbeln.

Brausen Sie nun den Hund sorgfältig von oben nach unten ab und drücken Sie das überschüssige Wasser aus dem Fell. Legen Sie dem Hund, noch ehe er sich schütteln konnte, Handtücher um, die reichlich zur Hand sein müssen. Trocknen Sie gründlich das Fell mit dem Handtuch, ohne wild durcheinander zu rubbeln. Lassen Sie den Hund an einem warmen, sauberen Platz trocknen, bis das Fell noch ein wenig feucht ist. Wenn der Hund den Fön duldet, geht es damit am schnellsten. Das noch leicht feuchte Fell wird nun sorgfältig in Lagen gebürstet. Totes Haar wird dabei entfernt. Bei dem nicht in der Haarung befindlichen Ausstellungshund bekommt das Fell eine wunderbare Fülle und sieht so richtig schön gepflegt aus. Der Hund muss unbedingt an einem warmen, trockenen Ort vollkommen trocknen, ehe er wieder ins Freie darf.

Tipp

Ausgebürstete Unterwolle lässt sich sehr gut verspinnen. Die Wolle ist mohairähnlich, bei zobelfarbenen Hunden kamelhaarfarben und bei tricolour und blue merle meist silbergrau. Stricksachen aus Hundewolle sind flauschig und sehr warm.

Ausbildung und Freizeit

Vertrauensbildung und Erziehung

Erziehung ist nicht das Beibringen von Sitz, Platz und Fuß, sondern der Aufbau einer guten, freundschaftlichen Beziehung mit dem Ziel harmonisch zusammenzuleben. Dazu gehört, die gegenseitigen Wünsche und Bedürfnisse zu erkennen, darauf einzugehen und sie nach Möglichkeit zu erfüllen. Der Hund ist heute ein Sozialpartner und kein Befehlsempfänger. Behandeln Sie Ihren Hund so, wie Sie selbst gerne behandelt werden möchten: freundlich, respektvoll, verständnisvoll. Der Hund ist ein Wesen mit Gefühlen, die unseren sehr ähnlich sind. Wenn wir lernen, ihn so zu sehen, offenbaren sich uns erstaunliche Wesenszüge, die unseren Hund so einmalig machen. Wenn wir so weit sind und uns mit unserem Hund verständigen können, erscheinen uns die hundeplatzüblichen Unterordnungsübungen wenig sinnvoll und des Hundes unwürdig.

Collies und Shelties sind sensible Tiere, die auf jede Gefühlsregung ihres Besitzers reagieren. Sie sind vollkommen abhängig von ihm und auf ihn fixiert. Eine gewisse Unterordnungsbereitschaft und Unterwürfigkeit ist ihnen eigen und beruht auf ihrem ursprünglichen Lebenszweck.

Unsere Hunde brauchen deshalb dringend eine liebevolle, aber konsequente Führung. Wir sind sicher, dass viele Collies und Shelties, die ein unsicheres, nervöses Wesen zeigen, einfach darunter leiden, dass sie keine Aufgabe und keine Führung haben. Unter konsequent versteht man nicht hart und unerbittlich, vielmehr muss man sich um eine möglichst klare Kommunikation mit dem Hund bemühen.

Wichtig

Der Hundehalter muss mit gutem Vorbild – selbstsicher und unbekümmert – vorangehen und darf den Hund nicht durch unendlich geduldiges, gutes Zureden verunsichern. Vertrauen kann der Hund nur einem souveränen Vorbild. Viele Leute beruhigen den ängstlichen Hund mit zärtlicher Stimme. Vorsicht! Man soll ihn für solches Verhalten nicht noch loben und es damit als richtig bestätigen.

Aufbau von Vertrauen

Liebevoller Umgang mit dem Welpen und auch dem erwachsenen Hund ist selbstverständlich. Zärtlichkeiten gehören zur Vertrauensbildung. Der Welpe muss ja erst „Mensch“ lernen, Vertrauen aufbauen, erkennen, dass er an unserer Seite sicher und geborgen ist, dass er bei uns Hilfe und Trost findet. Fügen wir unserem Hund absichtlich Schmerzen zu, die wir für erzieherisch notwendig halten, kann das zu einem nicht wieder gutzumachenden Vertrauensbruch führen. Anstatt zu seinem Partner zu werden, zu dem er aufschaut, auf den er sich verlassen kann und dessen Anweisungen er gerne befolgt, werden wir zum Versorger degradiert. Eine solche Beziehung zum Hund macht eigentlich keinen Spaß.

Kommt ein Junghund in die ab ca. fünf Monate und später nochmals so um die 18 Monate üblichen Vorsichtsphasen, geht man gar nicht darauf ein. Vermeiden Sie es, den Hund nun erst recht an all das gewöhnen zu müssen, vor dem er gerade Angst hat. Eher meidet man, wenn möglich, unangenehme Situationen. Man geht ihm selbstsicher voran, zeigt damit, dass das alles nicht schlimm ist.

Zärtliches Ohrenknabbern ist ein soziales Bedürfniss.

Seanys erster Ausflug, er folgt seinem Frauchen auf den Fersen. 1

Was ist denn das für ein Ungeheuer? Frauchen geht gelassen weiter. 2

Vorsichtig nähert sich Sean ... 3

... um das „Ding" ganz in Ruhe zu beschnuppern – nein gefährlich ist es nicht, so lange es still steht. 4

Wird ein Erlebnis zum Trauma, kann es sich lebenslang einprägen. Der Hund wird, wenn er von seiner Veranlagung her in Ordnung ist, seine übertriebene Vorsicht wieder ablegen.

Unterstützt wird die Problematik dadurch, dass sich Collie und Sheltie in der Regel so nahtlos in die Familie und das tägliche Leben einfügen, von sich aus den Kontakt mit dem Menschen suchen und schnell lernen, dass man oft das Gefühl hat, der Hund brauche gar nicht erzogen zu werden. Aber die Erziehung ist wichtig für die Psyche unserer Hunde, die einen Rückhalt, einen Anführer brauchen, um sich entfalten zu können.

Wieso ist Ausbildung so wichtig?

Erst wenn man seinen Collie und Sheltie fordert, indem man ihnen allerlei beibringt und gemeinsame Übungen erarbeitet, erkennt und fördert man den wahren Charakter seines Hundes. Er liebt die intensive Beschäftigung mit seinem Menschen, er freut sich mehr als sein Mensch, wenn er etwas gut gemacht hat, und er arbeitet gerne. Seine Lernfähigkeit ist erstaunlich – aber nur, wenn wir ihm Gelegenheit geben, sie auch auszubilden.

Der Collie hat schon immer darunter gelitten, dass er schön war und als Dekorationsstück gehalten wurde. Weil er keine Probleme bereitete, wurde er oft als dumm bezeichnet und auch dumm gelassen. Dem Sheltie wird oft seine geringe Körpergröße zum Verhängnis, denn viele Besitzer verhätscheln und verwöhnen ihn und muten ihm keinerlei Aufgaben zu.

Die unendliche Freude und Befriedigung, die das Zusammenleben mit Collie und Sheltie bringen, lernen wir aber erst kennen, wenn wir unseren Hunden die Gelegenheit geben, all ihre Intelligenz und ihre positiven Eigenschaften voll zu entfalten.

Unsere Empfehlungen beziehen sich auf die wichtigsten Anforderungen des Familienhundes. Wer ernsthaft Hundesport betreiben möchte, sollte sich schon frühzeitig damit befassen, um den Hund von Anfang an in die richtigen Bahnen lenken zu können.

Lob

Sie werden schnell feststellen, was Ihrem Hund mehr Freude macht: ein wildes Tobespiel, Ballspielen oder ein Leckerbissen. Wenn Sie wissen, was Ihren Hund am besten motiviert, dann nutzen Sie diese Leidenschaft nur, und immer nur dann, wenn Sie ihn belohnen wollen. Sie erreichen damit bei Ihrem Hund fast alles, was erzieherisch möglich ist. Wichtig ist, dass Lob immer nur für erwünschtes Tun erfolgt, niemals vorbeugend. Oft sieht man, dass einem quengelnden Hund etwas zugeschoben wird, damit er ruhig ist. Das belohnt nur sein Quengeln!

Als Leckerbissen sucht man immer etwas, das der Hund nicht alltäglich bekommt. Also nicht das tägliche Fertigfutter. Wir ziehen kleine Käsehäppchen oder getrocknete Leberstückchen fertigen Produkten vor. Sie werden meist heißhungrig angenommen. Eine Belohnung muss auch eine solche sein. Beim lernenden Welpen wird möglichst oft belohnt, das lässt aber nach und folgt nur noch bei „großen Taten". Man hat als guter Hundemensch stets ein paar Leckerchen in der Tasche, da es immer wieder Situationen gibt, die belohnenswert sind. Lob muss möglichst zeitgleich mit der zu belohnenden Tat erfolgen, damit der Hund auch weiß, wofür er belohnt wurde.

Gleichzeitig mit der Belohnung, sei es Spiel oder Leckerchen, geht das verbale Lob mit hoher, freudiger Stimme einher „So ist brav" oder „Prima!".

Korrekturen

Schlagen macht in der Hundeerziehung keinen Sinn, da es unter Hunden nichts Vergleichbares gibt. Grobheiten und Strafen, die das Hundegehirn nicht begreifen kann, weil sie erst nach den Missetaten erfolgen, die der Hund längst vergessen hat, zerstören nachhaltig das so wichtige Vertrauen in den zweibeinigen Gefährten.

Bei Collie und Sheltie genügt oft schon der tadelnde Ton, und er begreift, dass er etwas verkehrt gemacht hat. Lautes Händeklatschen oder eine Zeitung auf die Tischkante klopfen kann eine unerwünschte Aktion des Hundes unterbrechen, ohne direkt auf ihn einzuwirken. In dem Fall lässt man den Hund sofort etwas tun, das er gerne tut, um belohnen zu können. Ablenken ist besser als nach ihm zu grabschen, man wirft ihn auch nicht für kleinere Unarten auf den Rücken. Gut ist, sich ein tiefes Knurren einzuüben; das kennt der Welpe von seiner Mutter und den Geschwistern. Böser Blick, tiefes Knurren, gerunzelte Stirn, Anstarren, das versteht er bestens.

„Gerechtes Teilen" gibt es bei Hunden nicht. Der Althund setzt Tabus und provoziert das Jungtier oder den rangniederen Hund, indem er so tut, als interessiere ihn sein Knochen nicht, und wehe, wenn der andere es wagt heranzugehen. Je nachdem, wie frech dessen Auftreten ist, genügt ein leises Knurren oder er fällt lautstark

Wichtig

Das Wort Strafe gehört nicht in die Hundeerziehung. Hunde tun nichts, um uns zu ärgern. Unerwünschtes Verhalten wird möglichst frühzeitig durch Ablenkung unterbrochen und daran anschließendes erwünschtes Verhalten belohnt. Es gibt niemals einen Grund, einem Hund aus erzieherischen Gründen Schmerzen oder Angst zuzufügen.

über ihn her und zeigt ihm, wer hier das Sagen hat! Dieses Tabuisieren wenden wir im Umgang mit dem Hund an; es ist für ihn ganz normal, dass er seine Grenzen sucht und besonders wichtig – findet. Es ist leichter für den Welpen, wenn wir uns wie ein erfahrener Althund verhalten und seine Demutsgeste sofort akzeptieren und rasch das Fell kraulen.

Auflehnung und Schnappen

Sollte der Junghund im Flegelalter anfangen, sich mit Zuschnappen gegen Sie aufzulehnen, sei es, dass Sie ihn beim Bürsten ziepen oder einen Knochen abnehmen wollen, dürfen Sie sich in keinem Fall erschrocken und ängstlich zurückziehen. Dann hätte er erreicht, was er wollte, und Sie würden Ihren Hund nicht mehr im Griff haben. Sie glauben nicht, wie viele Leute tatsächlich Angst vor den eigenen Hunden haben und es manchmal gar nicht wissen. Instinktiv meiden sie alle Situationen, in denen sich der Hund auflehnen könnte. Es ist unvermeidlich, dass man dann in den Augen des Hundes irgendwann einen Fehler macht und er uns korrigiert, indem er zuschnappt! Beim Collie und Sheltie kommt dies relativ selten vor, insbesondere wenn man von klein an klare Regeln vorgab und seine Pflicht als Erzieher ernst genommen hat. Man muss solche Situationen nicht überbewerten, sie sind jedoch Anlass, die Beziehung zum Hund gründlich zu überdenken.

Wichtig

Collie und Sheltie besitzen eine sehr fein abgestimmte Kommunikation. Oft verständigen sie sich nur über Blicke und für uns kaum wahrnehmbare Gesten. Genau so erkennen sie auch bei uns feinste Bewegungen, Muskelzucken, Blicke und lernen die Bedeutung erstaunlich vieler Worte, wenn man Gegenstände und Aktionen konsequent mit eindeutigen, möglichst einsilbigen Bezeichnungen belegt. Das zwingt uns zu einer möglichst klaren Körpersprache. Oft beruht unverständliches Verhalten, hysterisches Kläffen usw. auf unserem missverständlichen Verhalten.

Der Jungrüde und der erwachsene Rüde sind noch ein harmonisches Team. Schwierigkeiten können auftreten, wenn später der Jüngere dem Alten den Rang streitig macht. Mit viel Fingerspitzengefühl kann daraus aber auch eine richtig gute Beziehung werden.

Machen Sie es wie der Althund: Provozieren Sie gelegentlich den Welpen. Sind Sie auf seine Reaktion gefasst, können Sie umso schneller reagieren. Wenn der Welpe schon Anzeichen zeigt, sich aufzulehnen, knurrt oder gar die Zähne fletscht, legen wir ihn ohne Aufhebens und tüchtig böse knurrend auf den Rücken und halten ihn einfach mit der Hand auf der Brust am Boden, bis er sich entspannt. So erkennt er, ohne dass wir strafen müssen, dass wir der Chef sind und es auch bleiben wollen.

Wenn Sie von Anfang an so mit dem Hund arbeiten – das Bürsten z. B. bietet diese Gelegenheit fast täglich, wenn wir vom Hund verlangen, dass er entspannt auf dem Rücken liegt und den Bauch darbietet –, wird es nie Probleme geben.

Korrigieren nach Hundeart

Muss man wirklich korrigieren, tut man es ebenfalls auf Hundeart. Legen Sie die Spitzen der Finger an den Daumen und stoßen damit kurz und kräftig gegen die seitliche Hals-Schulterpartie des Hundes und amen damit den so genannten Nackenstoß der Mutterhündin nach. Man kann das bei Hunden untereinander häufig beobachten. Aber bitte auch nur dann anwenden, wenn es um die Gesundheit und Sicherheit des Hundes geht und nicht, weil eine Übung evtl. nicht korrekt ausgeführt wurde.

Erwachsene Hunde werfen mit Zähnefletschen und Drohknurren Welpen einfach um, stoßen mit Fang oder Pfoten heftig in die Nackengegend, kneifen schmerzhaft zu oder fassen mit der offenen Schnauze über den Fang der Kleinen. Dies jedoch stets angepasst dem Verhalten des Welpen, je hartnäckiger und dreister ein Welpe, desto massiver die Reaktionen. Solche erzieherischen Maßnahmen ergreift man nur, wenn es um Eigentumsdelikte geht, man also Tabus setzt um Dinge, die der Hund nicht haben darf oder die Sicherheit und Gesundheit des Hundes bedroht sind. Sie haben nichts bei nicht korrekt ausgeführten Erziehungsübungen zu suchen und entsprechen eher einem „Lass das“!

Wenn Sie ein paar hundliche Verhaltensweisen im täglichen Umgang mit dem Hund berücksichtigen, haben Sie die halbe Erziehung schon in der Tasche!

Hunde haben Bedürfnisse und Gefühle. Ehe Sie ärgerlich werden, weil er nicht funktioniert und Sie ihn zu etwas zwingen, denken Sie darüber nach, warum er sich verweigert. Meist hat er dazu einen guten Grund – nur entschuldigen können wir uns danach nicht. Abliegen auf einer Ameisenstraße z. B. muss nicht sein. Selten ist ein Hund einfach nur aufsässig!

Sie sollten sich unbedingt mit der hervorragenden Literatur über Hundeverhalten vertraut machen (siehe S. 154). Sie ist nicht nur ungeheuer lehrreich, sondern hilft Ihnen, Ihren Hund zu verstehen und ihn mit doppelter Freude, aber auch Achtung, zu genießen.

Vorsicht

Das so häufig empfohlene Nackenschütteln ist nicht hundegerecht. Es wäre eine wenig sinnvolle Einrichtung der Natur, wenn man die Hündin ausgerechnet das Tot-Schütteln der Beute für die Erziehung der Welpen anwenden ließe. Der Reflex wäre nur schwer zu kontrollieren und die Gefahr groß, dass sie ihre Kinder tötet.

Mit dem typischen, leicht schnappenden, aber nicht verletzenden Nackenstoß sagt die Colliehündin: „Lass das!“ Vielleicht soll sie das Holz abgeben?

Scotty freut sich über das Belohnungsspiel. Auch diese beiden sind ein wunderbares Team.

Gehorsamsübungen

Man beginnt mit dem kleinen Welpen, sobald er sich heimisch fühlt. Je jünger der Welpe ist, desto kürzer die Übungszeiten, anfangs nur ein paar Minuten. Üben Sie vor dem Füttern, wenn der Welpe hellwach und an Leckerbissen interessiert ist. Lernt er nicht, brechen Sie die Übung ohne Lob und Belohnung ab. Er wird schnell begreifen, dass es sich lohnt, Herrchen oder Frauchen einen Gefallen zu tun.

Beginnen Sie die Übungen nur bei bester Laune und suchen Sie einen ungestörten Platz im Haus, wo der Welpe nicht abgelenkt wird und niemand stört. Gestalten Sie die Übungen als Zeit der Gemeinsamkeit in liebevoller Freundlichkeit. Niemals nimmt man Haltung an und schlägt einen härteren Ton an!

Nach einer Übung erfolgt ausgiebiges Spiel zur Entspannung. Erwarten Sie nicht, dass der Welpe das Gelernte behält, üben Sie daher jeden Tag ein paar Minuten lang. Beim älteren Hund können die einzelnen Übungszeiten länger dauern und energischer durchgeführt werden.

Bis zum Alter von vier Monaten etwa geht es nur darum, Begriffe mit dem Tun des Welpen zu verknüpfen, so wie man ein Kleinkind heranführt. Auf Verlangen eine Übung auszuführen, kommt erst später.

Wenn der Hund Begriffe wie Sitz, Platz oder Hier kennt und auch auf Wunsch ausführt, beginnt man mit der Arbeit im Garten, wo die Ablenkung schon etwas größer ist. Niemals übt man mit einem

Hund, wenn er offensichtlich abgelenkt ist, denn so kann er nicht lernen. Ärgerlich werden oder sich hart durchsetzen sind dumme Maßnahmen, die nur das Vertrauen zerstören. Erst wenn der Hund im eigenen Umfeld zuverlässig auch unter Ablenkung hört, übt man außerhalb des Grundstücks.

Welpengruppen

In der Welpenspielgruppe einer guten Hundeschule lernt der Mensch, wie er zu Hause seinen Welpen erziehen soll. Meiden Sie Welpenspielgruppen, in denen schon viel Wert auf Gehorsamsübungen gelegt wird. Spielende Welpen heranrufen ist beispielsweise unbedacht. Man kann es mit Locken (ohne Kommando) versuchen, hat man keine Chance, geht man einfach zu ihm und leint ihn an. Auch Fuß- und Sitzübungen im Welpenspielkreis sind in unseren Augen dem Erziehungserfolg eher abträglich. Lernen in Hundegruppen ist allgemein vergebene Liebesmüh. Achtung vor überfüllten Welpenspielgruppen, solchen bei denen die Altersunterschiede zu groß sind und nicht auf Mobbing durch zu dominante Welpen geachtet wird. Da kann sehr viel Schaden angerichtet werden. Beobachten Sie zunächst ohne Hund die Vorgehensweise.

Ein prächtiger Collie in den Dünen.

Lernen von Hör- und Sichtzeichen

Hör- oder Sichtzeichen verknüpft man nur mit dem Tun des Hundes. Wort und Handbewegung begleiten quasi das Verhalten des Welpen. Nicht ein Kommando geben und erwarten, dass es der Lehrling ausführt. Erst später, etwa ab dem 4. Monat kann man prüfen, ob er es auch auf Hör- und Sichtzeichen hin tut. Man behält immer den gleichen Begriff bei und begleitet ihn immer mit der gleichen Geste, die man meist automatisch macht.

Kennt er das Signal ganz sicher, wiederholt man es nicht, sondern gibt ihm Zeit nachzudenken und zu reagieren. Tut er nichts in angemessener Zeit, Pech gehabt, keine Belohnung. Man geht einfach weg.

Das nächste Mal fängt man von vorne an – Zeigen mit dem Signal. Loben – prima!

Wichtig ist, dass man nicht dauernd irgendwelche Dinge plappert, sondern klar und eindeutig bleibt und lieber abbricht, wenn man sieht, dass man beim Hund nicht ankommt, als heftig zu werden oder mehrmals vergeblich zu rufen. Der Hund lernt, dass er uns ignorieren kann. Beim fertigen, erwachsenen Hund kann man auch schon mal Unmut zeigen und heftiger korrigieren. Junghunde sind nicht boshaft, entweder sie haben es nicht verstanden, oder sie sind abgelenkt. In der Pubertät kommt es eher schon mal zu „Hörschwierigkeiten". Dann nimmt man ihn an die lange Leine und fängt wieder so wie beim Welpen an. Keinesfalls wird man strenger, intensiver. Diese Phase muss man einfach durchstehen. Überreaktionen schaden nur dem Vertrauen und zerstören das bisher Erreichte.

Wichtig

Hunde sind nicht schwerhörig, im Gegenteil. Laute Hörzeichen sind unnötig. Je leiser wir mit dem Hund reden, desto aufmerksamer hört er zu. „Wer schreit hat Unrecht!" Schnell erkennen unsere Hunde an unserer lauten Stimme unsere Ohnmacht, und die müssen wir ihm wirklich nicht so deutlich vermitteln! Ein guter Chef ist in allen Lebenslagen souverän!

Wichtig

Rufen Sie den Hund zwischendurch immer mal heran, schmusen, streicheln, belohnen Sie ihn, und lassen Sie ihn dann wieder laufen. Bestehen Sie stets darauf, dass er auf einmaliges Kommando zügig kommt. Ruft man nur, wenn man ihn anleinen oder festhalten möchte, weil etwas kommt, wird er schnell aufmerksam das Umfeld absuchen und erst mal schauen, warum man ihn ruft.

Auslassen von Gegenständen

Die unverzügliche Befolgung des „Aus“ kann lebensrettend für Ihren Hund sein, wenn er etwa beim Spaziergang etwas aufgenommen hat, das möglicherweise giftig ist. Üben Sie dies schon mit dem kleinen Welpen, z. B. wenn er mit etwas spielt oder an einem Büffelhautknochen knabbert. Sagen Sie „Aus“ und halten Sie die Hand hin, damit er den Gegenstand abgibt, was er natürlich nicht tut. Knurren Sie selbst böse und tief und nehmen Sie den Gegenstand aus seinem Fang. Hat der junge Hund den Gegenstand ausgelassen, loben Sie ihn mit einem Leckerbissen und geben ihm seine Beute zurück. Achten Sie darauf, dass er jedem Familienmitglied, auch dem kleinsten Kind, ohne zu murren alles abtritt. Wenn der Hund weiß, dass „Aus“ nicht Verzicht bedeutet, wird es ihm leichter fallen.

Er kann sogar lernen, erst alles, was er findet, heranzubringen, damit Sie es begutachten können!

Nimmt er im Freien etwas auf, dann fackeln Sie nicht lange. Knurren, „Aus“ und den Gegenstand – notfalls mit Gewalt – aus dem Fang nehmen, ist die sicherste Lösung. Haben Sie aber immer einen Leckerbissen zur Belohnung parat. Hier wäre beim hartnäckig widerstrebenden Hund ein Nackenstoß angemessen, denn es geht um seine Gesundheit.

Herankommen

Dies ist die wichtigste Übung in der Hundeerziehung. Das Herankommen muss für den Hund immer Sicherheit und Freude bedeuten. Nur dann wird er zuverlässig und gerne auf Ruf oder Zeichen herankommen. Zur Einübung dieses Hörzeichens, das immer mit seinem Namen beginnt wie: Lassie, hiiiiier!, rufen Sie den Welpen am besten, wenn er Ihnen ohnehin seine Aufmerksamkeit schenkt, z. B. wenn Sie die Futterschüssel oder einen Leckerbissen in der Hand halten. Gehen Sie in die Hocke und locken Sie ihn. Kommt er, wird er überschwänglich gelobt und bekommt eine Belohnung. Verlieren Sie niemals die Geduld und schimpfen Sie nicht, wenn er etwas länger braucht. Er würde sonst meinen, für das Herkommen bestraft zu werden, und all die Arbeit war umsonst.

In fremder Umgebung halten sich Welpen meist dicht bei Fuß. Man sollte sie in verkehrssicherem Gebiet frei laufen lassen und sich die natürliche Anhänglichkeit zu Nutze machen, um den Welpen immer wieder heranzulocken, zu streicheln und mit einem Leckerchen zu belohnen.

Hat er das Hörzeichen „Hier“ begriffen, rufen Sie ihn auch, wenn er beschäftigt ist. Loben und Belohnung dürfen dann natürlich nicht fehlen. Abgesehen von den erzieherischen Maßnahmen sollten Sie den Hund nur rufen, wenn es einen Grund dafür gibt und dann auch auf das Herankommen bestehen. Reagiert er nicht auf „Hier“, macht man auf dem Absatz kehrt und läuft freudig erregt, laut rufend

Auch später soll der Hund noch freudig angerannt kommen. Hin und wieder ein Leckerchen unterstützt diese Übung.

Herankommen muss immer eine hoch erfreuliche Angelegenheit sein. Seany kann gar nicht schnell genug herbeilaufen – in der geschlossenen Hand wartet schon der Käse als Belohnung. Welpen sollten in der Lernphase für gute Taten zunächst immer bestätigt werden. Auch später wird der Hund bei solch einer Willkommenshaltung gerne herbeieilen.

(nicht das Hörzeichen, es geht nur um die Erreichung seiner Aufmerksamkeit) davon. Er wird Ihnen wie ein Blitz folgen. LOBEN!

Sich zu verstecken, kann gefährlich sein. Ist der Hund zu sehr mit anderen Dingen beschäftigt, kann man sich zwar verstecken, aber nur so, dass man ihn im Auge behält. Hunde laufen in der Regel schnurstracks den Weg, den sie gekommen sind zurück und suchen vor lauter Panik, Sie verloren zu haben, nicht. Sie müssen sofort rufen können, wenn er in die falsche Richtung losläuft!

Soll der Hund am Ende eines Spaziergangs angeleint werden, rufen sie ihn heran (immer mit dem Namen des Hundes) und spielen mit ihm. Befindet sich der Hund in greifbarer Nähe, befestigen Sie unauffällig die Leine am Halsband, damit der Hund das Anleinen nicht als Strafe für das Herankommen betrachtet und zu den Vierbeinern gehören wird, die nur mit Mühe dazu zu bewegen sind heranzukommen, wenn es in Richtung Heimat geht. Bestehen Sie jedoch darauf, dass er kommt, egal, wie lange es dauert.

Ist er zu sehr mit anderen Dingen beschäftigt, nicht mehrmals rufen, das zeugt von Ohnmacht, die der Hund voll ausnutzt, sondern lieber hingehen und wortlos anleinen.

Üben an langer Leine

Beim älteren Hund, der sich gegen Sie durchzusetzen versucht, müssen Sie energischer werden. Er bleibt an der 10-m-Leine, die er mitschleift. Damit können Sie ihn zeitgleich mit dem Hörzeichen durch zupfendes Ziehen heranholen. Loben Sie ihn, wenn er da ist.

Von der Leine lassen sollte man einen Hund nur, wenn er sicher auf das „Hier“ hört. Ignoriert er Ihr Rufen, nehmen Sie ihn an die kurze Leine und lassen ihn eine Weile nicht mehr frei.

Jogger, Spaziergänger mit Kindern, Radfahrer, Reiter begegnen uns heute ständig. Es gehört sich, den Hund schon für den Entgegenkommenden weithin sichtbar anzuleinen, damit er nicht erst Angst bekommt, der Hund könnte ihm zwischen die Füße, Hufe oder vor die Räder laufen. Hier ergibt sich eine gute Gelegenheit, den Hund heranzurufen, sitzen zu lassen und zu belohnen. Irgendwann kommt er automatisch, wenn er jemanden kommen sieht.

Gewöhnung an die Leine

Erwarten Sie nicht, dass Ihr Hund an der Leine grundsätzlich eine prüfungsreife Fußübung zeigt. Für den Alltag wollen wir einen Hund, der an lockerer Leine neben uns geht, alle Richtungs- und Schrittgeschwindigkeiten mitmacht, ohne dass wir stolpern, und stehen bleibt, wenn wir innehalten. Das für die Begleithundprüfung verlangte dichte bei Fuß gehen, Hals in Kniehöhe, ist für den Hund anstrengend und erfordert hohe Konzentration. Für den Alltag ist das unnötig. Der Hund lernt sehr wohl dieses sportlich korrekte Verhalten auf dem Übungsplatz im Unterschied zum lockeren Leine gehen im Alltag. Legen Sie dem Welpen zunächst Halsband oder Geschirr um, später befestigen Sie die Leine, bis er sich an das „Anhängsel“ gewöhnt hat. Nehmen Sie die Leine auf und gehen Sie ihm nach. Zwingen Sie den Welpen nicht in bestimmte Richtungen. Wenn er sich durch die Leine nicht mehr behindert fühlt, locken Sie ihn dahin, wohin Sie gehen wollen. Loben und belohnen Sie ihn.

Der Welpe wird mit einem Leckerchen in der Hand an unsere Seite gelockt, so dass er ein paar Schritte mitgeht. Dabei sagen wir „Fuß“ oder was immer wir wollen. Schon nach zwei, drei Schritten, die er richtig macht, gibt es ein Leckerchen. Der Welpe soll das Hörzeichen mit seiner Position an unserer Seite verbinden. Die richtige

Sean geht an lockerer Leine neben Frauchen her und wird für sein richtiges Verhalten belohnt.

Justine und Kristina macht die gemeinsame Unterordnungsübung – bei Fuß ohne Leine – anlässlich des Collie-führerscheins sichtlich Spaß.

Position eines Hundes, ist leicht hinter uns zu folgen, nicht etwa Kopf vor dem Knie. Ein unterordnungsbereiter Hund muss für den Übungsbetrieb erst lernen, diese für ihn unnatürliche „Frontstellung" einzunehmen!

Der Welpe wird mit Vergnügen wie ein kleines Zirkuspferdchen neben uns hertraben. Mit zunehmendem Alter werden es mehr Schritte, mal schneller, mal langsamer mit Rechts- und Linkswendungen. Kommando und Loben immer nur dann, wenn er es richtig macht. Keine Korrektur! Falsches Verhalten übergehen.

Die ersten Ausflüge an der Leine

Bei den ersten Gängen an der Leine in unbekannter Umgebung üben wir natürlich nicht, Ihr Hund ist viel zu sehr mit anderem beschäftigt. Hat er Angst, lassen wir ihn ganz ruhig erst einmal die Umwelt aufnehmen, versuchen ihn zu locken. Klappt das nicht, verschieben wir den Ausflug. Keinesfalls für das Verhalten loben. Muss man mit ihm das Haus verlassen, auf den Arm nehmen, damit er Sicherheit gewinnt. Mit zunehmendem Alter kommt die Neugier, die Welt zu entdecken. Zieht er an der Leine, weil er einen anderen Weg einschlagen will (nicht aus Angst zurück ins Haus!), bleiben wir sofort stehen oder wenden uns unvermittelt in die entgegengesetzte Richtung, ohne ihm irgendwelche Aufmerksamkeit zu schenken. Er kommt nur voran, wenn er mit uns geht. Wir reden nicht mit ihm, beachten ihn nicht, sondern wenden uns immer gegen die Richtung, in die er zieht. Das sieht zwar ein wenig merkwürdig aus, hilft aber schon nach kurzer Zeit.

ERSTE AUSFLÜGE

Für die ersten Ausflüge in die große weite Welt sucht man sich eine Bank, die rasch vom Auto aus zu erreichen ist und von wo aus man die Umgebung beobachten kann. Man setzt sich ruhig hin und strahlt Ruhe aus, der Welpe kann auf dem Schoß sitzen und sich in Sicherheit wiegen. Hat man schon einen erwachsenen erfahrenen Hund ohne Ängste und Aggressionen, darf er als gutes Beispiel mit und sich ruhig neben die Bank legen. Hat er allerdings Verhaltensprobleme, soll der Welpe diese nicht lernen! Nach 10 Minuten geht man unverzüglich zum Auto zurück, lobt und belohnt den kleinen Kerl und fährt wieder in die sichere Heimat. So lernt der Welpe stressfrei die unterschiedlichsten Umfelder kennen.

1 Leckerchen in der Hand über den Kopf – schon setzt sich Sean hin, begleitet von dem Wort „Sitz".

2 Die Hand wird mit dem Leckerchen zu Boden geführt.

3 Will Sean das Leckerchen, muss er sich legen. Nun begleitet das Wort „Platz" die Aktion.

4 Fein gemacht! Noch ehe er sich aufrappeln will, kommt rasch das Hörzeichen „Fertig", das die Übung beendet.

Bei Fuß gehen

Geht er freudig an lockerer Leine neben uns, kann man ihn an einem ungestörten Platz, wo er nicht abgelenkt wird, mit dem Hörzeichen „Fuß" von der Leine lassen. Klopfen Sie sich ans Knie, locken Sie ihn mit einem Leckerbissen, damit er dicht bei Ihnen bleibt. Hat er es ein paar Schritte gut gemacht, lassen Sie ihn sitzen und entlassen ihn dann mit dem Wort „Lauf" zu einer Toberunde. Bleibt er nicht bei Ihnen, kommt er wieder an die Leine. Rasch wird er lernen, die Leinenübung und „Fuß" ohne Leine als Vorspiel zu einer fröhlichen Spielrunde zu betrachten. Bestehen Sie darauf, dass er die Übungen so lange ordentlich macht, wie Sie es wollen. Sie bestimmen das Ende der Übung, nicht der Hund. Und vergessen Sie nicht das Signal „Lauf" zum freien Toben. Die Übungen sollten immer nur sehr kurz sein.

Beherrscht der Hund diese Lektion, üben Sie mit ihm an belebten Plätzen. Auch unter Ablenkung muss der Hund dicht bei Fuß an lockerer Leine gehen. Werden Sie niemals übermütig und lassen Sie ihn nicht ohne Leine bei Fuß im Straßenverkehr gehen. Hunde sind unberechenbar, egal wie gut sie auch erzogen sein mögen. Im Straßenverkehr ist es nützlich, den Hund vor dem Überqueren einer Straße „Steh" machen zu lassen, und nur auf das Kommando „Fuß" hin darf er die Fahrbahn betreten.

Setzen

Das ist die einfachste Übung für den Welpen. Man führt das Leckerchen von der Nasenspitze über den Kopf nach oben hinten, so dass sich der Welpe automatisch setzt. Sobald er sein Hinterteil auf den Boden bringt, sagen wir „Sitz" und geben ihm das Leckerchen. Er muss sein Tun mit dem Wort verbinden. Druck erzeugt Gegendruck, deshalb nie mit der Hand das Hinterteil auf den Boden drücken oder den Hund durch Druck auf die Schultern in die Platzlange bringen. Ohne diesen Druck lernt er viel schneller.

Legen

Auch das lernt der Welpe gleich am Anfang. Sobald er sitzt, zeigen wir ihm das Leckerchen, das wir mit dem Daumen in unserer Handfläche festhalten, drehen die Hand um – Handrücken nach oben – und führen die Hand vor die Vorderpfoten. Der Welpe muss vorne runter, wenn er es haben will. Und zwar so tief, dass er mit der Schnauze unter die dicht über dem Boden schwebende Hand kommt, wo das Leckerchen sofort auf den Boden fällt, wenn er liegt. In dem Moment, wo er mit den Vorderbeinen auf dem Boden liegt, kommt das Hörzeichen „Legen" oder „Down" (der Zischlaut des Platz wird leider oft mit Sitz verwechselt). Hat er das Hörzeichen gelernt, gehen Sie einen Schritt von ihm weg. Springt er auf, legen Sie ihn an den ursprünglichen Platz zurück und beginnen von vorne.

Hat er begriffen, dass er liegen bleiben soll, entfernen Sie sich ein paar Schritte weiter. Dehnen Sie die Liegezeiten auf einige Minuten aus. Steht er vorzeitig auf, wird er ohne Aufhebens oder ärgerlich zu werden an den Ausgangspunkt zurückgebracht. Wir fangen wieder mit kürzeren Abständen an, damit er niemals selbst bestimmt, wann er aufsteht. Hinlegen und Liegenbleiben sind lebenswichtige Übungen. Wann immer Sie „Down" rufen, muss der Hund zu Boden gleiten und liegen bleiben; auch wenn Sie weit von Ihrem Hund entfernt sind.

Stehen

Wichtig ist diese Übung vor allem für den Ausstellungshund, bei Tierarztbesuchen, aber auch um schöne Fotos von ihm zu machen. Viele Leute benutzen es wie das „Down", um den Hund bei Gefahr im Lauf innehalten zu lassen, oder vor dem Überqueren einer Straße. Üben Sie „Steh" schon mit dem Welpen. Legen Sie die flache Hand leicht unter den Bauch des Welpen und sagen Sie ruhig und beschwörend, niemals befehlend, „Steh". Er wird mucksmäuschenstill sein. Nach ein paar Sekunden loben Sie ihn.

Wichtig

Hör-und Sichtzeichen sollen jeweils nur einmal gegeben werden. Man muss dem Welpen auch Zeit lassen nachzudenken. Bei mehrmals hintereinander gesprochenen Kommandos zeigt er erst beim dritten „Platz" das erwünschte Verhalten zu zeigen. Wir erwarten vom erwachsenen Hund jedoch das Befolgen eines einzigen Zeichens. Dieser häufig gemachte Fehler ist später nur noch durch Umstellung des Kommandos mit Neubeginn der Übung zu korrigieren.

Scotty zeigt eine wunderbare Stehübung. Er verliert sein Frauchen nie aus den Augen.

Hochspringen

Will Ihr Hund an Ihnen hochspringen, wenden Sie sich abrupt ab, so dass sein Sprung ins Leere geht. Steht Ihr Hund mit allen vier Pfoten auf dem Boden, bücken Sie sich zu ihm hinunter und loben ihn. Er wird schließlich begreifen, dass er mit dem Hochspringen nichts erreicht. Springt er Fremde an, lassen Sie den Hund, ehe Sie die Tür öffnen, hinter sich abliegen. Er hat Besucher nicht als Erster zu begrüßen.

Ein blue merle Champion Collierüde aus Schweden: Steadwyn Sacred Blues.

Betteln

Bei den Mahlzeiten wird jede Aufdringlichkeit bei Tisch ignoriert. Niemals darf er einen Bissen vom Tisch bekommen. Nachgeben bedeutet eine Belohnung seines Fehlverhaltens!

Hilfreich ist es, ihn abliegen zu lassen und nach dem Essen zu belohnen. So kann er vor sich hin betteln und andere merken es gar nicht! Gibt es einen für ihn bekömmlichen Rest, wird er nach dem Essen in den Fressnapf befördert.

Ständiges Bellen

Collies und Shelties können zu Kläffern werden. Sie sind mitteilsam, aber oft ist anhaltendes Kläffen ein Zeichen von Unter- oder Überforderung. Je klarer die Einbindung des Hundes in das Familienrudel, je mehr wir den Hund sinnvoll beschäftigen, desto weniger wird er kläffen. Hysterisches Kläffen ist demnach ein Grund, die Beziehung zum Hund gründlich zu überdenken. Hunde kläffen auch, um Aufmerksamkeit zu erreichen. Forderndes Kläffen führt zu sofortigem Abbrechen der Aktion und totaler Nichtbeachtung. Sobald er auch nur Sekunden still ist, sofort die Aktion wieder beginnen und loben. Kläfft er los, wieder abbrechen, ignorieren. Er wird lernen, dass das Kläffen keinerlei Erfolg verspricht. Auch Schimpfen bedeutet für den Hund Erfolg, weil er die geforderte Aufmerksamkeit erreicht hat.

Sobald der Welpe mit einem kurzen, leisen „Wuff" ein Ereignis in seinem Umfeld meldet, müssen wir als zuständiger Eigentümer darauf eingehen, nachschauen was los ist und ruhig sagen, „Es ist gut, alles in Ordnung". Damit hat der Welpe seine Aufgabe als rangniederes Rudelmitglied erfüllt – er hat auf eine für ihn vermeintliche Gefahr aufmerksam gemacht. Wichtig ist, diese ersten Anfänge zu erkennen und ihn zu belohnen, wenn er still ist. Kläfft der Hund herum, weil wir seine Meldung ignoriert haben, wird meist lautstark mit ihm geschimpft. Das versteht er als „mitkläffen". Werden wir dann ungehalten, weiß er nicht warum und wird unsicher.

Allein bleiben

Manchmal muss man den Hund einige Zeit alleine in der Wohnung lassen. Nichts ist dabei unangenehmer als ein stundenlang heulender Hund. Das Wohlwollen von Mitbewohnern ist bestimmt nicht grenzenlos. Auch aus Protest zernagte Möbel oder Hundehäufchen bei der Rückkehr vorzufinden, ist nicht das, was man von einem gut erzogenen Hund erwartet. Das Training muss deshalb schon in den ersten Tagen im neuen Heim begonnen werden.

Wichtig ist, dass er von Anfang an lernt, dass Türen verschlossen werden und er nicht überall hin mitlaufen kann. Zunächst ist es seine Anhänglichkeit, später möglicherweise auch sein Kontrollbedürfnis, uns auf Schritt und Tritt zu begleiten.

BELLEN AUF SIGNAL

Ein Verhalten lässt sich besser kontrollieren, wenn wir es mit einem Signal belegen und der Hund es auf Anforderung tut. Meist lässt er es, wenn er nicht dazu aufgefordert wird, was beim Bellen sehr nützlich ist. Geben Sie das Kommando „Gib Laut!" – loben und belohnen Sie ihn, bis er sein Bellen mit „Laut!" verknüpft und es auf Signal hin tut. Der Hund kann lernen, uns bei Gefahr heranzurufen, oder wir lassen ihn bellen, wenn wir uns bedroht fühlen.

Am besten üben Sie nach einem ausgiebigen Spaziergang, wenn der Hund müde ist. Sie bringen das Kerlchen zu seinem Schlafplatz, reichen ihm einen Kauknochen zur Beschäftigung, gehen, ihm gut zuredend, hinaus und schließen die Tür. Kratzt er an der Tür und weint, muss das ignoriert werden. Erst in der Sekunde, in der er still ist, öffnen wir die Tür, loben und belohnen wir ihn mit einem Leckerbissen. Betreten Sie den Raum aber erst, wenn der Hund still ist. Er darf nicht glauben, dass er es schafft, Sie hereinzulocken, wenn er nur laut genug bellt.

Klappt es, solange Sie noch in der Wohnung sind, gehen Sie hinaus und klappen die Haustür hinter sich zu. Hunde sind nicht dumm und wissen sehr wohl, ob Sie weggegangen sind oder nicht. Möglicherweise fängt er jetzt wieder an zu heulen, weil er glaubt, Sie seien fort. Beginnen Sie mit der Übung aufs Neue!

Wichtig ist es, sich vom Hund zu verabschieden, damit er weiß, was los ist. Später erkennt er an den Sachen, die wir anziehen, ob er mit dabei sein wird oder nicht. Er lernt Begriffe wie Einkaufen oder Post und trollt sich wortlos auf sein Bett.

Ch. Farahnaz of Golden Heart – eine blue merle farbene Sheltie-Hündin.

Suchen und Bringen

Diese spielerischen Übungen fördern ungemein die gemeinsame Beziehung und sollten deshalb von Anfang an mit dem Welpen geübt werden.

Suchen

Suchspiele sind eine herrliche Beschäftigung auf Spaziergängen oder bei schlechtem Wetter in der Wohnung. Läuft der Welpe zu einem Spielzeug, begleiten wir das Tun mit „Such". Wir beginnen mit leicht zu findendem Verstecken von Spielzeug und Leckerchen. Man weist mit der Hand in die richtige Richtung, sagt „Suuuch" und lobt, gibt das Leckerchen oder spielt, wenn er es gefunden hat. Das Finden selbst ist schon eine Belohnung. Die Verstecke werden mit

Suchspiele sind immer spannend – unter einem der Töpfchen ist ein kleiner Gegenstand mit Frauchens Geruch. Wenn Blue ihn findet, lockt ein Belohnungsspiel. So beginnt man die Geruchsunterscheidungsübung für Obedience.

Eine zuverlässig ausgeführte Platzübung ist in vielen Lebenslagen überaus wichtig. Enko beherrscht sie.

dem zuverlässigen Suchen des Hundes im Laufe der Zeit immer schwieriger, verteilen sich im ganzen Haus, beim Spaziergang wird etwas im Laub verbuddelt usw. Auch Herrchen/Frauchen suchen, oder sogar fremde Menschen finden, lernen die Hunde rasch. Diese Suchspiele machen dem Hund riesigen Spaß und sind eine sinnvolle Beschäftigung, die man gemeinsam mit dem Hund ausführen kann und sollte. Ein Hund, der solche Spiele mit seinem Menschen kennt, wird ihn kaum aus den Augen lassen, denn man weiß ja nie, wann er etwas Wichtiges verliert, das man suchen muss. Suchspiele empfinden die gemeinsame Jagd nach, wobei die Betonung auf „gemeinsam" unter unserer Führung liegt. Außerdem sind „Such Schlüssel" oder „Such Leine" nützliche Übungen, die dem Hund auch Spaß machen. Die Betätigungsmöglichkeiten sind unendlich. Ideal für Suchspiele sind die Futterbeutel nach Natural Dogmanship®.

Bringen

Im Fang etwas zu transportieren ist hundetypisch. Bei manchen Rassen ist dieses Verhalten stark ausgeprägt, beim Collie weniger und sollte daher von klein an geübt werden, da alle Welpen ihre Beute abschleppen. Wenn Sie das beobachten, locken Sie den Welpen mit Spielzeug oder Essbarem im Fang mit dem Wort „Bring" heran, dann belohnen Sie ihn. Immer wenn der Welpe etwas heranbringt, darauf eingehen, spielen, belohnen. Auch wenn er etwas aufgenommen hat, das er nicht haben darf, ist es viel nützlicher, wenn er freudig damit angelaufen kommt, als wenn Sie hinter ihm herrennen müssen. Später holen Sie ihn nämlich nicht mehr ein. Bringen darf nie Strafe, Unmut oder Frust bedeuten, dann liefert er gerne alles zu Ihrer Begutachtung ab. Das Bringen ist aber auch für die Spaziergänge eine wunderbare Übung, weil man den Hund mit Wurfbällen oder Kongs in Bewegung halten kann und dabei gleichzeitig das Spielvergnügen auf die eigene Person bezieht. Man ist Herr des Spielzeugs, wirft und lässt es sich bringen. Diese Beschäftigung mit dem Hund ist besser, als einfach nur hinter ihm herzutrotten und jeder macht sein Ding. Einmal angewöhnt, lieben Collie und Sheltie diese Spiele, die aber nur dann Sinn machen, wenn der Hund sein geworfenes Spielzeug zuverlässig sucht und zurückbringt. Von zu Hause kennt er das Hörzeichen „Bring", und draußen wird nur dann weitergespielt, wenn er es in die Hand abgibt oder zum Greifen nah vor uns ablegt. Ein respektvoller Hund wird es eher ablegen. Akzeptieren Sie das und unterscheiden Sie zwischen einem fordernden vor die Füße werfen und Haschenspielen, damit die Ballmaschine Mensch weitermacht. Das muss natürlich unterbunden werden. Wir entscheiden, wo gespielt wird, bestimmen das Ende und stecken den Ball anschließend in die Tasche.

Freizeit mit dem Hund

Bewegung und Auslauf

Der Spaziergang ist die gemeinsame Jagd und ist deshalb für jeden Hund der Höhepunkt seines Seins. Er hält den Hund körperlich fit und bietet ihm Abwechslung und geistige Anregung. Es genügt nicht, den Hund in den Garten zu lassen, denn von sich aus läuft er nicht annähernd so viel, wie er sollte.

Der Spaziergang beginnt im Haus. Der Hund soll sitzen und geduldig warten, bis er „angezogen" ist, d. h. Geschirr oder Halsband und Leine umhat. Das beginnt man liebevoll bereits im Welpenalter. Der Hund hat hinter seinem Menschen das Haus zu verlassen, denn der Chef sichert vor der Haustür erst einmal ab, ob alles in Ordnung ist. Dann folgen einige Unterordnungsübungen wie einige Schritte bei Fuß gehen an lockerer Leine (beim Junghund natürlich nur so weit er es gelernt hat) mit Rechts-, Links- und Kehrtwendungen, Sitz und Platz. Bitte bringen Sie diese Geduld auf! Für den Hund ist dann der Freilauf die schönste Belohnung und Sie haben Ihre Führungsrolle bestätigt. Fahren Sie mit dem Auto zum Spazierweg, dann auch dort zunächst vor dem Freilauf eine kurze Unterordnungsübung, die in einer Übung endet, die der Hund sicher kann und für die er mit dem Freilauf belohnt wird. Der Freilauf beginnt stets mit einem Hörzeichen wie beispielsweise „Lauf".

Welpe und Junghund

Meistens machen frischgebackene Hundebesitzer vor überschwänglichem Stolz den Fehler, mit dem Welpen überall hinzuwandern. Doch das bekommt ihm gar nicht. Er muss in erster Linie schlafen und fressen, dazwischen spielen, dann wieder fressen und schlafen. In den ersten Wochen genügt es, wenn Sie in diesen Spiel-

Viele Collies schwimmen gerne, das ist gesund und bietet zusätzliche Beschäftigungsmöglichkeiten.

Wichtig

Vermeiden Sie nach Möglichkeit, dass der Junghund vor einem Jahr zu oft und regelmäßig Treppen steigt oder springt. Die sich entwickelnden Sehnen und Gelenke dürfen nicht überbeansprucht werden. Gelegentlich muss der junge Hund aber Treppen steigen, damit er sich frühzeitig daran gewöhnt.

Wichtig

Nicht vergessen – stets Plastiktütchen mitzunehmen, damit man den Kot des Hundes in die eigene Tasche entsorgen kann! Das ist man seinen Mitmenschen schuldig! Alle gepflegten Flächen sollten kotfrei bleiben. Nichts ist ärgerlicher – auch für Hundebesitzer – als Randstreifen voller Hundekot zu mähen! Auch Wiesen und Felder haben Eigentümer und sind nicht automatisch Hundelöse- und Auslaufplätze! Wir alle müssen durch umsichtiges Verhalten der Hundefeindlichkeit entgegenwirken!

Sicher in Jessicas Jacke verpackt, macht der Sheltiewelpe seine ersten Erkundungsausflüge.

phasen mit dem Welpen toben. Allzu lange Spaziergänge schaden dem Wachstum von Muskulatur, Sehnen und Knochen. Junghunde mit zu viel Bewegung schießen in die Höhe, anstatt langsam zu wachsen, und sind meist zu dünn. Werden Sehnen und Gelenke zu früh stark beansprucht, führt dies zu unschönen Veränderungen im Körperbau und evtl. sogar zu krankhaften Fehlentwicklungen des Knochenbaus.

Erkundungsausflüge

Um den Welpen früh an seine Umwelt heranzuführen, nehmen Sie ihn im Auto in die Stadt mit: in Kaufhäuser, auf stark befahrene Straßen, auf den Bahnhof. Diese ersten Erkundungstouren sollte der acht bis zehn Wochen alte Welpe auf Ihrem Arm unternehmen, was ihm Sicherheit gibt. So wird er nicht getreten und man vermeidet unangenehme Begegnungen mit Artgenossen.

Nach abgeschlossener Impfung sollte er an der Leine mitgehen. Ein Collie wird dann auch zu schwer zum Tragen.

Diese „Lehrgänge“ sollten anfangs nicht länger als zehn Minuten dauern und alle paar Tage wiederholt werden. Muntern Sie den Welpen auf, wenn er Angst hat (nicht bemitleiden und streicheln, für Angst darf er nicht belohnt werden). Ermutigen, dann Loben, das gibt ihm Sicherheit in der ungewohnten Umgebung. Es ist wichtig, dass schon der kleine Welpe an seine lärmende Umwelt gewöhnt wird, denn verbringt er die ersten Monate im Garten und bei einsamen Waldspaziergängen, wird er beim ersten Omnibus in Panik geraten und u. U. sein Leben lang im Straßenverkehr Angst haben. Achten Sie aber darauf, dass ihm unangenehme Erfahrungen erspart bleiben. Sie befinden sich im Vertrauensaufbau und müssen für ihn der schützende Muttterersatz sein. Nehmen Sie den Hund nicht mit, wenn Sie unter Zeitdruck stehen. Für diese ersten wichtigen Gänge mit dem jungen Hund muss man vollkommen entspannt und konzentriert sein!

Länge der Spaziergänge

Wählen Sie den Zeitpunkt für Spaziergänge zwischen den Fütterungen, wenn er ausgeschlafen ist. Überhungerte Tiere sind wie Menschen nervös. Ab dem 5. oder 6. Monat können Sie ausgedehntere Ausflüge mit dem Welpen unternehmen; gehen Sie aber nur so weit, wie er freudig mitgeht. Trottet er lustlos hinterher, war die Strecke zu lang. Vorsicht, manche Junghunde scheinen nie genug zu kriegen und überfordern sich selbst! Eine halbe Stunde morgens und abends genügt. Für erste Erziehungsschritte, Spielen und Toben ist der Garten da.

Ab neun Monaten darf sich ein Spaziergang über ca. 45 Minuten erstrecken, ab einem Jahr machen ihm Wanderungen von mehreren Stunden nichts mehr aus. Im Gegenteil, Sie können Ihren Hund gar nicht müde laufen. Mittlerweile sollte der Hund absolut gehorsam sein und auf Ruf sofort zurückkommen, damit Sie ihn in gefahrloser Gegend frei laufen lassen können. Ist dies nicht der Fall, lassen Sie ihn an möglichst langer Laufleine – nicht Flexileine – seine Umgebung erkunden, erschnüffeln und evtl. „Bein heben". Da Collies und Shelties in der Regel wenig Neigung zeigen, sich von ihren Menschen zu entfernen, hat man in dieser Hinsicht selten Probleme.

Begegnung mit fremden Hunden

Begegnen Ihnen fremde Hunde, halten Sie Ihren Hund zurück. Erkundigen Sie sich beim Besitzer zunächst nach deren Verträglichkeit und geben Sie erst dann Ihrem Vierbeiner Gelegenheit, Freundschaft zu schließen und ein wenig zu spielen. Den so genannten Welpenschutz gibt es nicht. Rüden sind Welpen gegenüber in der Regel toleranter als Hündinnen, die in ihm u. U. Nachwuchs einer in ihrem Revier konkurrierenden Hündin sehen und eventuell zubeißen. Rüden fühlen sich meist in der Erzieherrolle und maßregeln besonders kesse Jungtiere auf Hundeart, was der Welpe sofort versteht, er soll sich unterwerfen und „kleine Brötchen" backen. Jedoch können revierverteidigende Rüden böse werden und ernsthaft attackieren! Geht es ums Revier, nützt dem Kleinen keine Unterwerfungsgeste! Deshalb Welpen nie fremden Hunden in deren Haus und unmittelbarem Umfeld unbedarft vor die Nase setzen!

Richtige Attacken können den Welpen lebenslang prägen, so dass er entweder ängstlich reagiert oder zum aggressiven Erstschläger wird.

Geeignete Spielkameraden

Bei Spielpartnern immer auf Kräftegleichheit achten, was besonders für Sheltiewelpen wichtig ist. Spielerische Kämpfe mit einem viel größeren Welpen wirken auf den kleinen lebensbedrohlich und können ihn sogar verletzen. Bei Welpenspielgruppen werden hier oft

Wichtig

Nehmen Sie auf alle Ausgänge mit dem Hund ein Handy mit, auf dem die Telefonnummern verschiedener Tierärzte gespeichert sind, die auch außerhalb ihrer Sprechzeiten zu erreichen sind!

1 Der große Ailin und Klein-Seany sind gute Freunde. Seany tritt zur Begrüßung vor, erweist dem Älteren jedoch Respekt durch zurückgelegte Ohren und gesenkte Rute.

2 Dem fremden Nik gegenüber, riskiert er in Frauchens sicherem Schoß eine „freundlich dicke Lippe". Nikkis Gesichtsausausdruck sagt deutlich: „Nimm Dir nicht zuviel heraus!" Würde der Kleine zu aufdringlich, würde Nikki blitzschnell mit dem Nackenstoß sagen: „Lass das!"

1

2

Fehler gemacht, die den Hund ein Leben lang negativ prägen, und man erreicht genau das, was man vermeiden wollte.

Ein Hund, der gelernt hat, sich aggressiv gegen größere und überlegenere Welpen erfolgreich zu wehren, sieht später immer wieder im Angriff die beste Verteidigung. Die hier eingeprägte Angst ist kaum wiedergutzumachen.

Rüden und Hündinnen kommen immer gut miteinander aus, auch wenn die vom Rüden bedrängte Hündin scheinbar gefährlich in die Luft schnappt, um ihn zu vertreiben. Geht es jedoch um die Revierverteidigung, manche Rassen sind ausgesprochen territorial und gelten deshalb als unverträglich, kann auch diese Regel gebrochen werden.

Begegnung mit aggressiven Hunden

Unangenehm sind immer Hunde, die offensichtlich nicht auf ihren Besitzer hören, wenn sie herangerufen werden, und mit gesenktem Kopf und erhobener Rute, unseren Hund mit stechendem Blick fixierend, auf uns zu traben. Ihnen weicht man am besten – wenn man kann – demonstrativ in einem weiten Bogen aus, geht lieber ein Stück zurück und biegt in einen anderen Weg ein, bis der Hund vorbei ist. Meist genügt ihnen diese deutliche Geste des Respekts, um in Ruhe das Bein zu heben und weiterzugehen. Ich mache in brenzligen Situationen meinen Hund los (sofern es kein Verkehrsrisiko gibt) und schaue den fremden Hund nicht an, nehme meinen an die Seite, so dass ich mich zwischen ihm und dem fremden Hund befinde, und gehe ganz zügig weiter, damit er schnell mitkommt und sich gar nicht erst auf ein Begegnungsritual einlässt.

Niemals stehen bleiben, wenn Hunde steif umeinander herumgehen und sich beschnüffeln, niemals dulden, dass sie sich tief in die Augen schauen – fixieren, darauf folgt meist eine Auseinandersetzung. Zügig weggehen, nicht rennen, und sehen, dass der eigene Hund folgt. Kommt es doch zum Streit, sieht es meist wüster aus als es ist. Ruhe bewahren, laut und zornig rufend auf die Hunde zugehen „Aus!", die meisten lassen sich ablenken, gemeinsam mit dem anderen Hundebesitzer versuchen, den eigenen Hund zu greifen und die Widersacher auseinander ziehen. Leichter gesagt als getan. Man kann als Hundebesitzer nur hoffen, dass solche ernsten Situationen nie eintreten. Ausschließen kann man sie nicht. Beißunfälle unter Hunden wird es leider immer geben. Dies ist vor allen Dingen ein wichtiger Grund, niemals Kinder alleine mit dem Hund ausgehen zu lassen!

Bei aggressiven Begegnungen an der Leine (Hunde verhalten sich angeleint meist viel aggressiver), wo man sich nicht ausweichen kann, unterbreche ich den Blickkontakt zum anderen Hund. Ich lasse meinen Hund sitzen und stelle mich, Rücken zum anderen Hund, vor ihn. Bislang hat das immer Ruhe gebracht. Ist man im

Wichtig

Fragen Sie stets den Besitzer, ob der Hund verträglich ist, ehe Sie freie Bahn gewähren. Halten Sie Ihren Hund niemals grundsätzlich von anderen Hunden fern – im Gegenteil: Kontakte mit Artgenossen sind für ein gesundes Sozialverhalten unerlässlich.
Es gebietet die Höflichkeit, den eigenen Hund anzuleinen, wenn der entgegenkommende Besitzer das auch tut. Es gibt viele Gründe, warum ein Hund Kontakt vermeiden soll: heiße Hündin, Genesung von einer Krankheit usw.

Die Sheltiewelpen üben sich im Hundeverhalten. Dieses „Spiel" ist Training fürs richtige Leben. Doch bei ausgeglichenem Kräfteverhältnis wechseln die Positionen unter den Wurfgeschwistern häufig. Fängt einer an, einen kleineren zu mobben, muss man eingreifen.

Notfall gezwungen, den Welpen oder Sheltie auf den Arm zu nehmen, veranlasst das Herabblicken aus dominanter, erhöhter Position den Widersacher häufig erst recht zum Angriff. Deshalb muss der Kopf des Hundes mit der Hand verdeckt werden, um Blickkontakt zu verhindern. Zügig weggehen und damit zeigen, dass man bereit ist, den Weg zu räumen. Ernsthafte Attacken beruhen meist auf Revierverteidigung, meist gibt sich der Hund mit Vertreiben zufrieden.

Wildern

Hütehunde gehören zu den unter Kontrolle jagenden Hunden, denn Hüten geht auf Jagdverhalten zurück. In der Regel sind Collie und Sheltie aber so eng mit ihrem Menschen verbunden, dass sie keine Neigung haben, selbstständig zu jagen. Sie ordnen sich gerne unter und gehorchen gut, deshalb ist Wildern für diese Rassen selten ein Problem – vorausgesetzt, die Bindung stimmt und der Hund orientiert sich wirklich an seinem Menschen. Diese Bindung muss von klein an durch gemeinsames Spiel, Suchspiele und Gehorsamsübungen gefestigt werden.

Bei mehreren und gar unbeaufsichtigten Hunden würde ich allerdings nicht die Hand ins Feuer legen. Aber auch wenn Sie wissen, dass Ihr Hund nur aus Lauffreude einem aufgeschreckten Reh oder Hasen nachrennt, ohne Chance, das Tier je zu fangen, und sofort auf Ihren Ruf zurückkommt – der Jagdaufseher sieht das anders! Halten Sie den Hund deshalb immer im unmittelbaren Einwirkungsbereich, damit er nicht womöglich vor Ihren Augen erschossen wird. Noch größer ist allerdings die Gefahr, dass er, einem Stück Wild nachjagend, auf eine Straße läuft und überfahren wird.

Tipp

Kommt es zu Hundestreitigkeiten, Ruhe bewahren und nicht mit dem anderen Hundebesitzer anfangen zu streiten. Das heizt die Situation an. Als Chef führt man seinen Hund souverän aus einer brenzligen Situation heraus und ignoriert die anderen. Ignoranz ist die höchste Form der Dominanz! Übersehen zu werden ist auch für Menschen erniedrigend!

Spaziergänge interessant gestalten

Frei laufen muss ein Hund deshalb, weil seine Gangart nicht der unseren entspricht – seine normale Fortbewegungsart ist der Trab –, er ermüdet schneller, wenn er sich anpassen muss. Spielzeugwerfen, Versteckspielen, Futterbeutelsuchen und gelegentlich mit anderen Hunden toben, sind wesentliche Bestandteile eines Spaziergangs. Beschäftigen Sie sich mit Ihrem Hund unterwegs. Nehmen Sie immer ein Spielzeug mit. Gehen Sie nie darauf ein, wenn er einen Stock bringt und nach Laune wieder liegen lässt. Denken Sie daran – Sie sind der Chef und Herr des Spielens. Außerdem können Stöcke brechen und den Hund lebensgefährlich im Rachenraum verletzen.

Ganz schlecht für die gemeinsame Bindung und den zuverlässigen Gehorsam ist es, sich zu den Spaziergängen regelmäßig mit anderen Hundebesitzern zu treffen, den Hunden freien Lauf zu lassen und gemütlich schwätzend zu wandern. Hunde nutzen die Unaufmerksamkeit immer zu Unsinn! Das kann man gelegentlich machen, aber bitte nur gelegentlich. Sonst entziehen Sie sich die eigene Grundlage im Umgang mit Ihrem Hund!

Auf längere Märsche nimmt man am besten im Rucksack Wasser und einen Napf mit, damit der Hund nicht aus brackigen Pfützen trinkt. In unserer heutigen, leider so oft vergifteten Umwelt weiß man nie, was sich im Wasser befindet (z. B. giftige Düngemittel, die der Regen aus den umliegenden Feldern gespült hat). Dies gilt auch für Bäche und andere Gewässer. In den Rucksack gehören die nötigsten Utensilien zur Ersten Hilfe sowie Rescue Tropfen (Bach-Blüten), Desinfektionsmittel usw.

Wichtig

Denken Sie daran, dass unsere Hunde auch bei schlechtem Wetter laufen wollen. Geschützt vom wetterfesten Pelz, dringt die Nässe nicht bis auf die Haut, und Collie und Sheltie trocknen nach ordentlichem Schütteln rasch wieder.
Nass gewordene Welpen bitte sofort trockenreiben. Das Babyfell schützt noch nicht; es besteht die Gefahr einer Blasenentzündung und Erkältung!

Radfahren

Den erwachsenen Collie kann man größere Strecken neben dem Fahrrad laufen lassen. Die regelmäßige Bewegung tut ihm gut. Das Fahrradtraining beginnt frühestens beim einjährigen Hund. Sie neh-

Seans erster Ausflug war rundum aufregend. Dazu gehörte auch die freundliche Begegnung mit einem Radfahrer.

men ihn an die Leine und schieben das Rad auf der ihm abgewandten Seite, bis er sich daran gewöhnt hat. Dann schieben Sie das Rad zwischen sich und den Hund. Das geht ein paar Tage so. Gerät der Hund vor das Vorderrad, fahren Sie ihn ruhig sanft an, damit er merkt, dass er keinesfalls vor das Rad laufen darf. Dann steigen Sie auf und mit dem Signal „Rad“ folgt der Hund an locker durchhängender Leine. Er darf nicht zerren. Es gibt dafür Spezialvorrichtungen im Hundefachgeschäft.

Führen Sie den Hund am Rad rechts, damit er auf befahrenen Wegen nicht auf der Seite der Autos läuft. Üben Sie an einsamen Plätzen und steigen Sie vorsichtshalber ab, wenn Menschen und Hunde auftauchen. Verlangen Sie „Rad“ und lenken Sie den Hund ab, damit er sich nicht um die Passanten kümmert. Schnell wird der Hund lernen, ruhig neben dem Rad zu laufen.

Vor einer Radtour machen Sie die üblichen Erziehungsübungen, geben ihm dann ausreichend Gelegenheit zu schnüffeln, sich zu lösen und ein paar Runden zu spielen, bis der erste Übermut verflogen ist. Die ersten Touren sollten nicht länger als zehn Minuten dauern, denn weder die Pfotenballen noch die Muskulatur des Hundes sind die Beanspruchung gewöhnt. Auf Asphalt laufen sich die Pfoten schnell wund, wenn sie vorher nur weichen Boden kannten. Ganz allmählich verlängern Sie die Strecke, beim trainierten Collie sind 10 km und mehr ohne wesentliche Ermüdungserscheinungen möglich. Für die Ausdauerprüfung (AD) z. B. kann ein Collie 20 km ohne zu ermüden am Rad traben. Allerdings dauert es Monate, bis Ihr Hund eine solche Kondition hat.

Der Hund muss Ihnen im ausgestreckten Trab folgen können, er darf niemals längere Strecken galoppieren, denn erzwungenes Galoppieren über lange Strecken schadet Herz und Knochen. Vergessen Sie auch auf langen Strecken Schnüffel- und Lösepausen nicht – Sie müssen ja keine Rekorde brechen! Wechseln Sie öfter die Route (auch bei Spaziergängen), damit der Hund neue und belebende Eindrücke gewinnen kann.

Glauben Sie mir: Ihr Hund wird ein begeisterter Radläufer werden, was seiner und Ihrer Gesundheit bestens bekommt. Es versteht sich von selbst, dass bei heißem Wetter nur in den kühlen Stunden des Tages, am besten morgens, Rad gefahren wird!

Radfahren mit Shelties

Shelties sind auch ausdauernde Läufer. Wenn Sie Ihren Sheltie auf Radtouren mitnehmen wollen, gewöhnen Sie ihn langsam daran, fahren Sie nur so schnell, dass er leicht nebenher traben kann, und bringen Sie am besten auf dem Rad ein Körbchen an, damit er bei längeren Strecken, größerer Geschwindigkeit und im Straßenverkehr auf dem Rad mitfahren kann. Das ruhige Liegenbleiben darin muss natürlich zuvor intensiv trainiert werden.

Wichtig

Radfahren und Joggen bieten dem Hund keine geistige Anregung und dürfen niemals die täglichen interessanten Ausflüge mit Jagd- und Beutespielen in Zusammenhang mit den verschiedenen Unterordnungsübungen ersetzen. Sie können als zusätzliches Körpertraining verstanden werden.

Wasser und Napf dürfen auf keinem Ausflug fehlen.

Sportliche Ausbildung

Collies und Shelties sind Arbeitshunde, sie wollen und müssen beschäftigt werden, sollen sie ihren wahren Charakter voll entfalten. Sport und Spiel mit dem Hund kommen aber nicht nur dem Hund zugute, sondern auch der Gesundheit des Hundebesitzers! Die Möglichkeiten im organisierten Hundesport sind für unsere beiden Rassen schier unbegrenzt, sieht man einmal von Windhund- und Schlittenhundrennen ab. Dem Sheltie sind wegen seiner Größe Grenzen gesetzt, aber er kann alles!

Begleithundprüfung (BH)

Der organisierte Hundesport in Deutschland findet unter den Regeln des VDH statt. Die BH ist Voraussetzung für die Teilnahme an Agility-, Obedience-, Fährtenhund- und Vielseitigkeitsprüfungen und muss bei einem VDH-anerkannten Verein abgelegt werden. Fast jeder größere Ort hat einen solchen Hundesportverein. In recht formeller Form, wie man sie im Alltag nur bedingt braucht, wird der Gehorsam mit und ohne Leine, Sitz und Platz, Herankommen und Abliegen sowie sein Verhalten im Straßenverkehr überprüft. Die Hundebesitzer, die ihre BH zum ersten Mal ablegen, müssen einen Sachkundenachweis erbringen. Zugelassen sind Hunde aller Rassen und Größen ab 15 Monaten.

Fährtenhundprüfung (FH)

Sie ist etwas für geduldige Menschen, die gerne intensiv mit ihrem Hund in Ruhe arbeiten. Fährten zu verfolgen ist für den Hund eine ganz normale Sache. Man bringt ihm jedoch bei, bestimmte – von Menschen gelegte – Fährten auszuarbeiten. Die Fährtenarbeit ist eine sinnvolle und nützliche Beschäftigung mit dem Hund, die auch im täglichen Leben von Vorteil sein kann. Collies und Shelties besitzen einen hervorragenden Geruchssinn und können auch schwierige Fährten ausarbeiten, wenn sie gut vorbereitet wurden.

„Mantrailing" ist eine neue, besonders schwierige Suche menschlicher Fährten.

Wachhundprüfung (WH)

Geprüft werden folgende Disziplinen: Unterordnungsübungen wie bei der BH, Holen eines Gegenstandes, Ablegen des Hundes unter Ablenkung bei einem Gegenstand, Anhänglichkeit (der Hund muss seinen Mensch in einer Gruppe Menschen finden); Besitzwahrung (der Hund befindet sich an einer Kette und wird mit „Pass auf" bei einem größeren Gegenstand seines Menschen zurückgelassen; ein Helfer versucht, ihm den Gegenstand abzunehmen), Prüfung auf Wachsamkeit (z. B. in einem eingezäunten Grundstück oder an einer langen Laufkette). Der Hund darf nicht beißen.

Tipp

Team-Test
Diese Prüfung ist ähnlich der BH, aber bei der Ausführung wird weniger auf Details geachtet. Hier zählt die Teamfähigkeit Hund – Mensch.

VDH-Hundeführerschein
Von VDH-Vereinen wird diese Prüfung, ähnlich dem Team-Test und der BH, angeboten.

„Collie Revue" Collieführerschein
Hier kommt es auf die Zusammenarbeit von Mensch und Hund an, auch Sozialverhalten und Nervenfestigkeit in Alltagssituationen werden überprüft, exaktes, formelles Ausführen steht im Hintergrund. Es gibt drei Schwierigkeitsgrade von alltäglichen Übungen bis hin zu schwierigeren Disziplinen. Die Prüfung findet jährlich ein- oder zweimal an unterschiedlichen Orten in der Bundesrepublik statt. Diese Prüfungen (3 Stufen) sind ausschließlich auf Collies zugeschnitten.

Vielseitigkeitsprüfung VPG

(ehemals und im Verein für Deutsche Schäferhunde e.V. noch Schutzhundprüfung)

Die einst beliebte Sportart wird heute von Colliebesitzern kaum noch ausgeübt. Die VPG besteht aus den Teilen A, B und C mit folgenden Disziplinen:

A) Fährtenarbeit

B) Unterordnung (Leinenführigkeit, Freifolge, Schussfestigkeit, Sitzübung, Ablegen in Verbindung mit Herankommen, Bringen eines Gegenstandes zu ebener Erde, Bringen über eine 1 m hohe Hürde, Voraussenden mit Ablegen, Ablegen unter Ablenkung) und

C) Schutzdienst (Stellen und Verbellen eines Scheintäters, Abwehren eines Überfalls durch Biss in den geschützten Arm des Scheintäters, wobei er zwei, den Hund nicht verletzende Schläge hinnehmen muss, und Verfolgen und Stellen des Scheintäters auf der Flucht).

Mit jeder Prüfungsstufe (I, II, III) werden die Übungen schwieriger.

Rettungshund (RH)

Diese Ausbildung ist bei Collie- und gelegentlich auch bei Sheltiebesitzern recht beliebt.

Voraussetzung ist eine bestandene BH – denn unbedingter Gehorsam mit und ohne Leine ist unerlässlich. Der Rettungshund muss unter schwierigsten Bedingungen vermisste oder verschüttete Menschen suchen und das Finden durch Bellen anzeigen. Man übt die Flächensuche, z.B. wenn Menschen vermisst werden, sowie die Trümmersuche, wo Menschen unter eingestürzten Häusern, Erdrutschen und dergleichen verschüttet wurden.

1

2

1 Der internationale Schönheitschampion Percy vom Ihlpol ist ausgebildeter und praxiserfahrener Rettungshund, hier bei der Trümmersuche.

2 Abseilen aus großer Höhe ist für Mensch und Hund kein Kinderspiel. Beverly schafft das gelassen in Herrchens sicherem Schoß. Für den Rettungshund eine unerlässliche Übung, die gute Nerven erfordert.

Chico sucht vom Boot aus das Wasser nach Geruchsspuren ab, die mit Luftblasen an die Oberfläche gelangen. Die Wassersuche nach Ertrunkenen mit Hunden gewinnt an Bedeutung.

Löbeli lebt in der Schweiz und ist ausgebildeter Lawinensuch- und Sanitätshund.

Sheltie-Hündin Sissi apportiert perfekt.

Die Ausbildung des Rettungshundes besteht in der Hauptsache in der Gewöhnung der Hunde an alle möglichen Umweltgegebenheiten und Einflüsse wie Feuer, Rauch, Lärm, Wasser usw. Die Hunde müssen sich aus Hubschraubern abseilen lassen und unter Tage in eingestürzten Bergwerken arbeiten. Nur nervlich einwandfreie Hunde können diese Aufgaben bewältigen und unbeirrt unter höchster Konzentration alleine im Gelände oder in den Trümmern nach Gerüchen fahnden, die auf Menschen, tot oder lebendig, hinweisen. Auch die Wassersuche nach ertrunkenen Personen gehört dazu.

Die Arbeit ist anstrengend und kein Freizeitspaß, denn man muss damit rechnen, über Nacht in Katastrophengebiete in aller Welt abgerufen zu werden.

Hund und Hundeführer werden jährlich auf ihre Tauglichkeit geprüft, so dass wirklich einsatzfähige Teams für den Notfall zur Verfügung stehen.

Lawinenhund

Die Ausbildung des Lawinenhundes findet naturgemäß in schneereichen Gebieten wie dem Alpenraum statt, wo regelmäßig Kurse abgehalten werden. Auch hierfür eignet sich der Collie sehr gut, denn ruhiges, zuverlässiges Arbeiten bei ausgezeichneter Nasenleistung ist erforderlich. Voraussetzung ist natürlich auch die Beherrschung der Unterordnung.

Obedience

Hier geht es um sehr formelle Gehorsamsübungen, exaktes bei Fuß gehen, genaues Sitzen und Liegen, Voraussenden, Apportieren, Distanzkontrolle, d.h. Legen, Setzen, Stellen in der Entfernung auf Anweisung, Geruchskontrolle usw. Es gibt verschiedene Schwierigkeitsgrade. Eine sehr interessante Variante für Menschen, die sich gerne mit ihrem Collie oder Sheltie intensiv beschäftigen möchten.

Dogdancing

Dies ist eine Art Freistil-Obedience, d.h. Hund und Mensch müssen exakt zusammenarbeiten, so dass die nach Musik ausgeführten Gehorsamsübungen wie ein gemeinsamer Tanz anmuten. Collies und Shelties machen das sehr gerne und gut!

Turnierhundsport (THS)

Turnierhundsport wird vielerorts angeboten und ist für sportliche Hundeführer und für Collie und Sheltie eine herrliche Beschäftigungsmöglichkeit. Die in ganz Deutschland beliebten Turniere sind Wettkampf und Vergnügen in einem.

Man unterteilt in Klassen mit Hunden unter 50 cm und über 50 cm Schulterhöhe sowie in Altersklassen und Geschlecht der Hundeführer, um einen fairen Wettbewerb zu garantieren.

Zum THS gehören:

- Geländelauf (2000 und 5000 m)
- Vierkampf I und II mit den Disziplinen Gehorsamsübungen, Hürdenlauf, Slalomlauf und Hindernislauf
- Combination-Speed-Cup (CSC)
- Qualifikations-Speed-Cup (QSC)

wobei es auf Zeit und/oder fehlerfreie Ausführung ankommt.

Agility

Das Überwinden verschiedener Hindernisse (z. B. Hürden, Mauer, Tisch, Weitsprung, Laufsteg, Wippe, Schrägwand, Slalom, Tunnel) ist dem Springreiten nachempfunden. Im Gegensatz zum Turnierhundesport ändert sich der Parcours von Veranstaltung zu Veranstaltung. Die teilnehmenden Hunde werden in drei Größenklassen (Mini, Midi, Large) eingeteilt und es geht um Fehler und Zeit. Auch dem Hundeführer wird eine gute Kondition abverlangt. Die Trainingsarbeit mit dem Hund erfordert viel Zeit und Geschick, um Spitzenleistungen erbringen zu können.

Wer einmal gesehen hat, mit welcher Begeisterung die Hunde mitmachen, wird seinem Hund diesen herrlichen Spaß kaum vorenthalten wollen. Voraussetzung ist allerdings ein absolut gehorsamer Hund mit ausgeprägtem Spieltrieb.

Wegen ihrer Schnelligkeit sind Border Collies haushohe Favoriten, Collies arbeiten gewissenhaft, sind aber meist nicht so schnell. Shelties stehen in ihren Größenklassen (Mini und Midi) ganz vorne.

Flyball

Der Hund springt über Hürden zu einem Kasten, betätigt eine Taste, worauf ein Ball hochspringt, den der Hund fangen und über die Hürden zurückbringen muss. Ein schöner Bewegungsspaß für Hunde, deren Besitzer nicht fit genug für Breitensport und Agility sind.

Frisbee

Die fliegende Scheibe hat auch bei uns Einzug gehalten. Der Hund muss sie in der Luft fangen. Für Collies und Shelties ein Riesenspaß, den man sogar wettkampfmäßig betreiben kann. Wichtig für die Gesundheit des Hundes ist eine fachliche Anleitung im Werfen.

Hütearbeit

Leider wird in Europa in dieser Beziehung speziell für Collie und Sheltie fast nichts geboten. Für Collies gibt es seit einigen Jahren im Rahmen der Hüteveranlagungsprüfungen des „Clubs Berger des Pyrenées“ in Zusammenarbeit mit der Fachzeitschrift „Collie Revue“ die Möglichkeit, die Hüteveranlagung zu überprüfen. In den USA ist die Hütearbeit offiziell anerkannter Prüfungssport.

1 Weitsprung beim Agility.

2 Turnierhundsport hält Mensch und Hund fit!

3 Sprung durch den Reifen – für diesen flotten Sheltie eine leichte Übung!

4 Auch Collies erinnern sich noch ihrer Herkunft und lieben den Umgang mit Schafen.

Gesundheit

Besuch beim Tierarzt

Es empfiehlt sich, den neuerworbenen Hausgenossen einem Tierarzt vorzuführen. Er untersucht, ob der Welpe gut ernährt und gesund ist, gibt Anleitungen zur Krallen- und Ohrenpflege und nimmt gegebenenfalls die notwendigen weiteren Entwurmungen und Nachimpfungen vor. Der erste Kontakt mit dem Tierarzt sollte nicht erst dann geknüpft werden, wenn der Hund krank ist und vor allem beim Erstbesuch des Welpen nicht mit Schmerzen und unangenehmen Erfahrungen verbunden sein.

Scheint der Hund unlustig, will er nicht fressen, verhält er sich auch sonst anders als üblich, so können dies Anzeichen einer Krankheit sein. Messen Sie im After die Temperatur (Thermometerspitze einfetten). Die Messung wird nach einigen Stunden wiederholt. Liegt sie auch dann noch höher als 38,8 °C (normal sind 38,0 °C bis 38,8 °C) und zeigt der Hund gar irgendwelche Hautunreinheiten oder Ausflüsse aus Augen und Nase, wenden Sie sich sofort an den Tierarzt. Es ist billiger und besser, mehrmals vorbeugend zum Tierarzt zu gehen, als nachher eine langwierige Behandlung durchstehen zu müssen. Niemals „kuriert" man selbst am Hund herum, auch nicht, wenn Ihnen „erfahrene" Hundehalter gute Ratschläge erteilen. Niemals wird ein Hund mit einem Hausmittelchen oder gar mit Medikamenten aus der Humanmedizin behandelt, wenn das nicht ausdrücklich vom Tierarzt angeraten wurde. Was für uns heilend ist, kann für den Hund tödlich sein.

Wichtig ist, sich Aufzeichnungen über alle Auffälligkeiten zu machen, beim Tierarzt selbst vergisst man meist die Hälfte. Schon Kleinigkeiten können wertvolle Hinweise zur raschen Diagnose sein.

Zobelweiße Colliehündin in bester Verfassung.

Eine große Hilfe beim Tierarztbesuch ist ein Hund, der gelernt hat, sich entspannt auf einem Tisch liegend pflegen zu lassen.

Kot ist ein wichtiger Hinweis auf die Gesundheit des Hundes und sollte immer kontrolliert werden. Man bekommt schnell ein Gefühl dafür, wie der Kot bei normalem Futter beschaffen ist, welche Abweichungen anderes Futter hervorruft, so dass der Blick für den Kot geschult wird, der krankhafte Veränderungen anzeigt. Man sollte sich nicht scheuen, einen „komischen“ Haufen zum Tierarzt zu bringen und ihn dort untersuchen zu lassen.

Hunde im höheren Alter sind allgemein anfällig für Nierenerkrankungen. Empfehlenswert ist es, einmal jährlich den Urin untersuchen und ein Blutbild machen zu lassen. Auf diese Weise können Krankheiten früher erkannt und behandelt werden.

Die Telefonnummern aller Tierärzte aus der näheren Umgebung sollten für Notfälle stets griffbereit sein – auch unterwegs!

MDR1 (Multidrug-Resistenz)

Achtung! Collies und Shelties gehören zu den Hunderassen, die vom MDR1-Defekt betroffen sind. Das heißt, dass bei Hunden, die das MDR1-Gen reinerbig (homozygot) tragen, bestimmte Wirkstoffe aus dem Blut über die so genannte Blut-Hirn-Schranke ins Gehirn eindringen und zu schweren Erkrankungen bis hin zum Tod führen können. Auch Erbträger (heterozygot) mit nur einer Erbanlage sind in gewissem Maß gefährdet. Inzwischen kann man diese Erbanlage über Blut- oder Speichelproben austesten lassen, was unbedingt zu empfehlen ist, damit der Tierarzt keine schädlichen Medikamente verabreicht. Die Liste der in Frage kommenden Wirkstoffe ist noch nicht vollständig. Diese Tatsache ist leider nicht allen Tierärzten bekannt, so dass immer noch Collies und Shelties unnötig sterben müssen.

Es gehören Medikamente gegen Parasiten, Durchfall, Erbrechen und Kortisone sowie aus der Herz- und Tumortherapie, aber auch Narkosemittel dazu. Einige Züchter lassen ihre Zuchttiere und möglichst auch die Welpen testen. Sprechen Sie Ihren Züchter und Tierarzt darauf an!

Schutzimpfungen sind für jeden Welpen unerlässlich. Die Gesundheit unserer Hunde ist unser größtes Anliegen.

Schutzimpfungen

Erfreulicherweise gibt es heute gegen die schweren ansteckenden Hundekrankheiten, die noch vor wenigen Jahrzehnten eine Geißel für Hundefreunde waren, zuverlässige Schutzimpfungen: gegen Staupe, Hepatitis (ansteckende Leberentzündung), Stuttgarter Hundeseuche (Leptospirose), Tollwut, Parvovirose und Zwingerhusten. Ständig kommen neue Impfangebote hinzu, deren Notwendigkeit aber individuell diskutiert werden sollte.

Bis etwa zur 7. bis 9. Woche genießt der Welpe Impfschutz durch die Muttermilch – vorausgesetzt, die Hündin wurde geimpft.

Noch ist „Grady“ nicht alt genug, um geimpft zu werden. Dennoch darf er im Garten auf Entdeckungsreise, da er noch durch die maternalen Antikörper geschützt ist.

Je nach Impfstoff kann gegen Parvo in der 8. Woche zusammen mit SHL geimpft werden (SHLP).

Einige Hundebesitzer und Tiermediziner stehen einmaligen Vielfachimpfungen inzwischen skeptisch gegenüber, da sie das Abwehrsystem enorm belasten.

Impfungen wirken beim Welpen erst, wenn er keine mütterlichen Abwehrstoffe mehr hat. Dieser Zeitpunkt aber ist nicht festzustellen, deshalb sollten Sie den Termin für die Auffrischimpfung im Welpenalter nicht verpassen. Wichtig ist, dass der Hund zum Zeitpunkt der Impfungen vollkommen gesund und frei von Würmern und Ungeziefer ist, wenn die Impfungen anschlagen sollen. Deshalb eine Kotprobe zum Tierarzt bringen, der dann auch Würmer erkennen kann, die mit dem bloßen Auge nicht zu sehen sind.

IMPFTABELLE (VORSCHLAG)

6. Woche	Parvovirose (P)
8. Woche	Staupe, Hepatitis, Leptospirose (SHL)
12. Woche	Wiederholungsimpfung (SHL)
15. Woche	Parvovirose (P)
16. Woche	Tollwut
1 Jahr später	SHL + P, Tollwut
jährlich wiederholen	Parvovirose, Leptospirose, Tollwut
alle 2 Jahre wiederholen	Hepatitis, Staupe

Jährliche Impfungen

Derzeit wird heftig in Wissenschaftskreisen diskutiert, ob jährliche Nachimpfungen nötig oder gar schädlich sind. Für Pharmazie und Tierärzte sind die jährlichen Impfungen natürlich ein Riesengeschäft und um eine stabile Populationsimmunität (mehr als 70 % der Hunde müssen geimpft sein) als Grundlage für eine Beherrschbarkeit der Hundeseuchen zu erreichen, sind sie sicherlich auch notwendig.

Welche Auswirkungen die jährlichen Wiederholungsimpfungen aber auf das Immunsystem des Hundes haben, wurde wissenschaftlich noch nicht geprüft. Fest steht jedoch, dass Auto-Immunerkrankungen immer häufiger werden.

Es kommt auch darauf an, wo wir mit unserem Hund verkehren, ob derzeit im Umfeld bestimmte Krankheiten aufflackern, wie es seit Öffnung der Ostgrenzen passierte usw., so dass die Entscheidung, gegen welche Krankheiten jährlich nachgeimpft wird individuell mit dem Tierarzt getroffen werden sollte.

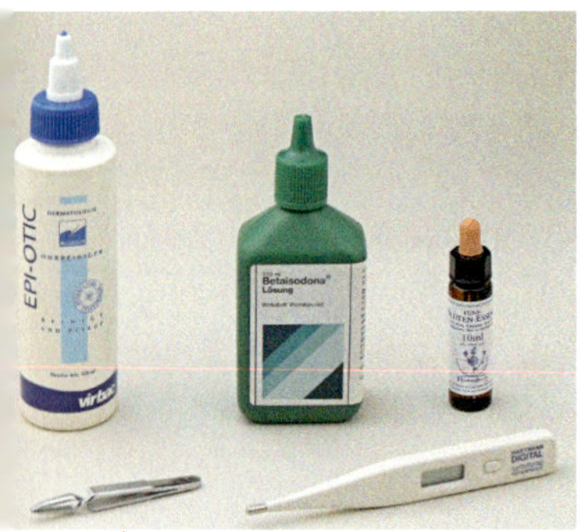

Nützlich für die Hausapotheke: Ohrenreinigungsmittel, Desinfektionsmittel, Bach-Blüten Notfalltropfen, die Zeckenzange und das Fieberthermometer.

Magen- und Darmerkrankungen

Durchfall

Dünnerer Kot und Durchfall sind zweierlei. Dosenfutter, gekochtes Fleisch, größere Mengen rohe Leber und Fisch, auch Milch, führen häufig zu dünnem Stuhl, der aber normal abgesetzt wird und der Hund sonst fit ist. Die Kotkonsistenz wird sofort bei Absetzen dieses Nahrungsmittels wieder normal und bedarf keiner weiteren Behandlung.

Krankhafter Durchfall geht meist mit Anzeichen von Unwohlsein, Appetitlosigkeit einher, er hält auch bei Gaben von schwarzem Tee und Fasten an, ist sonderbar in Farbe, Beschaffenheit und Geruch, kann sogar Blut enthalten. Dringend eine reichliche Kotprobe einsammeln und mit dem Hund sofort zum Tierarzt! Eile ist insbesondere beim Welpen geboten, der rasch unter Wasserverlust leidet (dehydriert).

Ursachen von Durchfall können auch psychischer Stress und Befall durch Einzeller beispielsweise mit Giardia sein.

Erbrechen

Hunde erbrechen häufig, ohne dass man sich Sorgen zu machen braucht. Zu hastig gefressenes Futter wird ausgewürgt und schnell wieder aufgefressen, Knochenreste oder Unbekömmliches mit Gras ausgespuckt. Der überhungerte Hund bricht schon mal gelben Schleim aus – Magensäure.

Zieht sich der Hund angewidert von seinem Erbrochenen zurück, sieht es sehr merkwürdig aus oder riecht seltsam, scheint er sein

Futter oder Wasser nicht bei sich halten zu können, wirkt der Hund ansonsten nicht gesund oder verhält sich ungewöhnlich, nehmen Sie Hund und Erbrochenes mit zum Tierarzt.

Magendrehung

Auch beim Collie kommt – allerdings sehr selten – die bei großen Hunderassen gefürchtete Magendrehung vor. Dabei bläht sich der Magen durch Gase auf und dreht sich schließlich um die eigene Achse, Mageneín- und -ausgang sind verschlossen. Die Hunde zeigen hinter den Rippenbögen ein- oder beidseitige Verwölbungen, gespannte Bauchdecke, erschwerte Atmung, sie sind unruhig, setzen sich zum Teil auf die Hinterhand und zeigen gelegentlich Würgeerscheinungen.

Erkennt man die Blähung rechtzeitig, kann der Tierarzt durch Ablassen der Gase helfen. Bei der Magendrehung hilft nur sofortige Operation, doch durch den Kreislaufschock sind die Rettungschancen eher gering. Vorbeugend soll es nützlich sein, Hunden mehrmals täglich kleinere Portionen zu reichen und nach dem Fressen Springen und Toben zu vermeiden. Die Ursachen sind jedoch wissenschaftlich noch immer nicht geklärt. Eine erbliche Tendenz ist nicht auszuschließen. Nach neuesten Erkenntnissen soll auch eingeweichtes Fertigfutter dazu beitragen.

Vorsichtshalber sollte zu heftiges Toben nach den Mahlzeiten unterbleiben.

Vergiftungen

Leider kommen durch unsere verseuchte Umwelt, aber auch durch Hundefeinde, Vergiftungen immer häufiger vor. Jedoch sind auch viele Pflanzen in Haus und Garten giftig. Putzmittel und alle in Haus und Garten anfallenden Chemikalien sollten hundesicher aufbewahrt werden.

Die Symptome einer Vergiftung sind so vielfältig wie ihre Ursachen. Bei ungewöhnlichem Verhalten, Teilnahmslosigkeit, Erbrechen, Speicheln, Krämpfen, schwerem Durchfall, Blutungen unbedingt sofort den Tierarzt aufsuchen. Es wäre gut zu wissen, was ein Hund in welcher Menge aufgenommen hat, damit der Tierarzt rasch das richtige Gegenmittel anwenden kann. Doch leider weiß man das in den seltensten Fällen. Vergiftungen verlaufen daher fast immer tödlich oder richten schwere Dauerschäden an.

Häufig sind Vergiftungen durch Pflanzenschutzmittel (z. B. „Schneckenkorn"), Düngemittel, Frostschutzmittel (Glysantin), bei denen wenig Überlebenschancen bestehen. Immer wieder hört man von Dicumarol-Vergiftungen. Dicumarol verhindert die Blutgerinnung und wird zur Rattenbekämpfung verwendet. Müdigkeit, blasse Lefzen und Augenlider, Blutungen aus dem Darm, dem Harnapparat, blutiges Erbrechen deuten darauf hin. Sofortige Behandlung mit Vitamin K hilft, so dass eine sehr große Überlebenschance ohne Folgeschäden besteht.

Scheinträchtigkeit

Die scheinträchtige Hündin zeigt alle Symptome einer Trächtigkeit, sie baut ein Wurflager und sammelt „Welpen“ in Form von Spielzeug um sich herum, sie kann sogar Milch geben. Bis vor kurzem betrachtete man die Scheinträchtigkeit als Hormonstörung. Tatsächlich ist sie eine sinnvolle Einrichtung der Natur, denn im Wolfsrudel darf nur die Alphahündin, die beste und stärkste des Rudels, werfen. Um die Aufzucht der Jungen unter allen Umständen zu garantieren, können andere weibliche Tiere auf Grund ihrer Scheinschwangerschaft beim Säugen einspringen oder gar die Mutter ersetzen. Es kommt heute noch vor, dass dem Muttertier eng verbundene Hündinnen im gemeinsamen Haushalt Milch bilden und bei der Aufzucht helfen. Keinesfalls sollte man die Hündin, die zu ausgeprägter Scheinschwangerschaft neigt, hormonell behandeln. Wird ihr Verhalten zu lästig (in seltenen Fällen wird die Hündin sogar aggressiv), sollte man sich eine Kastration überlegen. Ihr einmal einen Wurf zu gönnen, löst das Problem nur in den seltensten Fällen.

Wichtig

Jeder noch so gepflegte Hund hat irgendwann in seinem Leben Würmer und Ungeziefer.

Innere Parasiten

Würmer

Besonders anfällig dafür sind Welpen. Am häufigsten kommen Spulwürmer, gelegentlich Band-, Peitschen- und Hakenwürmer vor.

Spulwürmer kann man in Kot und Erbrochenem finden, Bandwurmglieder im Kot oder am After klebend, Peitschen- und Hakenwürmer sind nur unter dem Mikroskop sichtbar.

Erwachsene Hunde leiden seltener unter starkem Wurmbefall. Glanzloses Haar und verschleimte Augen sind oft ein Hinweis auf diese ungebetenen Gäste.

Diese drei typvollen Shelties, mit ihrem glänzenden, makellosen Haarkleid, sehen nicht so aus als ob sie Würmer hätten. Eine Kotprobe wird es beweisen.

Wurmkuren haben niemals vorbeugenden Charakter. Es ist deshalb unsinnig, Hunde regelmäßig zu entwurmen. Sammeln Sie drei Tage hintereinander Kot und lassen Sie ihn beim gesunden Hund einmal im Jahr vom Tierarzt untersuchen. Er stellt anhand von Kotuntersuchungen fest, ob und welche Würmer vorhanden sind und richtet danach die Behandlung aus. Weigert sich ein Tierarzt das zu tun, sind Sie schlecht beraten und sollten einen neuen suchen! Das Argument, man muss nicht unbedingt auch Hinweise finden, sollte nicht verleiten eine Wurmkur vorsichtshalber machen zu lassen. Ein stärkerer Wurmbefall wäre sicher erkennbar! Hunde, die häufig Mäuse fangen, sollten häufiger überprüft werden. Auch wenn Kleinkinder im Hause sind, muss man das Thema sorgfältiger angehen.

Äußere Parasiten

Flöhe und Milben

Im Sommer leiden Hunde oft unter Zecken, Flöhen und Milben. Läuse kommen relativ selten vor.

Leider sind die meisten heute angebotenen chemischen Mittel durchaus nicht gänzlich unschädlich und können bei manchen Hunden zu Reaktionen führen. Besser ist es, man versucht sich vorbeugend mit pflanzlich-biologischen Präparaten und Zugabe von geringen Mengen rohem Knoblauch (Zehen – nicht Kapseln!).

Hat Ihr Hund trotzdem einmal Flöhe „aufgeschnappt“, muss er gründlich gebadet und sein Bettzeug gewaschen werden. Das Umfeld kann mit unschädlichen Produkten z. B. aus Neem (erhältlich im Zoofachhandel) besprüht werden. Da sich Flöhe schubweise in Ritzen und Ecken entwickeln, ist eine Langzeitbehandlung erforderlich, die die Umgebung des Hundes miteinschließen muss.

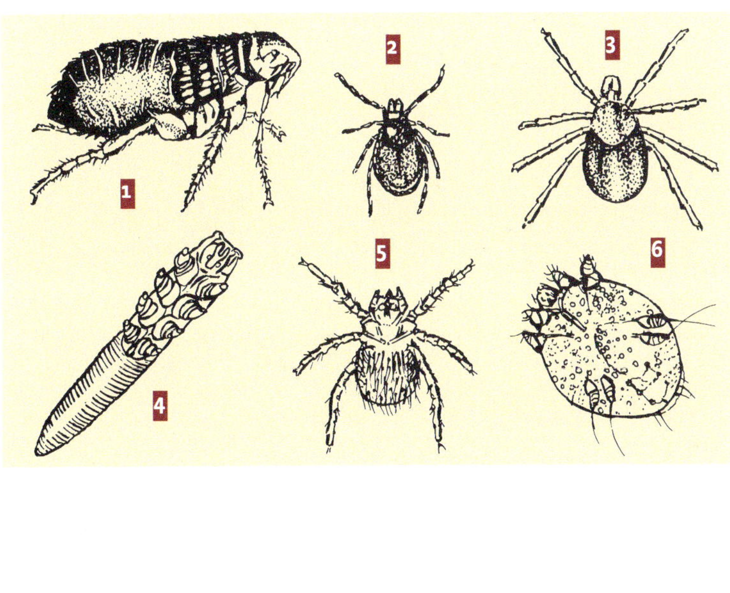

1 **Hundefloh**
2 **Zeckenmännchen**
3 **Zeckenweibchen**
4 **Haarbalgmilbe**
5 **Herbstgrasmilbe**
6 **Grabmilbe (Sarkoptes)**

Blühende Wiesen sind nicht nur schön, sondern beherbergen auch ungebetene Gäste. Deshalb muss das Fell im Sommer regelmäßig nach Grannen und Zecken abgesucht werden. Leckt er sich an den Pfoten, könnte er Grasmilben erwischt haben.

Am häufigsten sind Milben im äußeren Gehörgang (Ohrmilben) oder an Pfoten und Läufen (Grasmilben). Andere Arten befallen die Haut und können Ekzeme und unerträglichen Juckreiz hervorrufen. Hier hilft nur eine rasche Behandlung durch den Tierarzt.

Demodex

Die Demodexmilbe (Haarbalgmilbe) hat sich auch in Europa verbreitet. Sie ist meist am Hund vorhanden, bricht aber erst aus, wenn das Immunsystem des Hundes geschwächt ist, also in Stresssituationen. Im Gegensatz zur Sarkoptes-Räude verursacht die Demodikose keinen Juckreiz. Es bilden sich kleine Pöckchen, die aufbrechen und sich mit Bakterien infizieren können, was dann Juckreiz zur Folge haben kann. Meist treten zuerst um die Augen kahle Stellen auf, es muss aber nicht sein. Die Milbe und ihre Entwicklungsformen sind nur schwer zu finden, weil sie tief in den Hautschichten leben. Ein Geschabsel reicht in der Regel nicht, sondern es muss Haut ausgestanzt werden. Die Behandlung gegen Demodex erfordert hochgiftige Medikamente, die für MDR1-defekte Collies und Shelties lebensgefährlich sind. Vor einer Behandlung daher auf MDR1-Defekt untersuchen lassen! Kommt es zu starkem Befall am ganzen Körper, ist der Hund kaum zu retten. Mit Demodex ist nicht zu spaßen und eine Früherkennung und gezielte Behandlung sind wichtig.

Zecken

Zecken bohren sich in die Haut und saugen sich voll Blut, bis sie wie dicke graue Erbsen aussehen. Mit der im Zoofachhandel erhältlichen Zeckenzange oder der Zeckenkarte aus der Apotheke kann man die Quälgeister mühelos entfernen. Zange oder Karte gehören unbedingt ins Urlaubsgepäck!

Die so genannten Spot-on-Präparate, die auf die Haut geträufelt werden, sind für Collie und Sheltie auf Grund des MDR1-Defekts nicht uneingeschränkt zu empfehlen (gezielt den Tierarzt darauf ansprechen und den Beipackzettel studieren). In jedem Fall muss vermieden werden, dass Hunde die Präparate aus dem Fell lecken können!

Die Zeckenzange und ihre Handhabung.

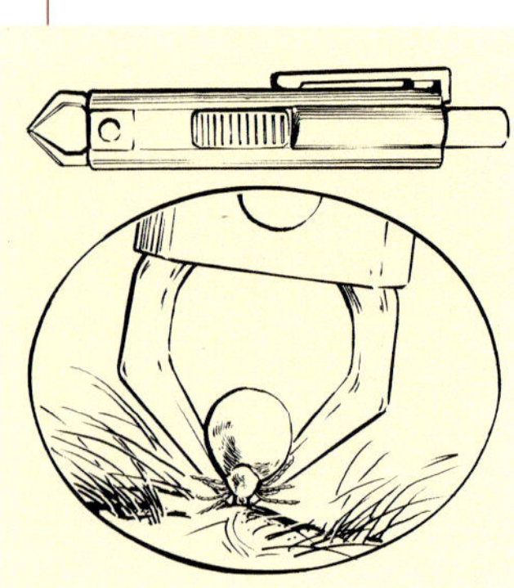

Borreliose

Eine durch Zecken übertragbare Krankheit, die sich leider rasant ausbreitet und sich durch Lahmheiten, Fieber und andere oft schwer definierbare Beschwerden zeigt, ist die Borreliose. Lässt sich nicht rasch eine eindeutige Diagnose stellen, bitte eine Blutuntersuchung auf Borreliose machen lassen. So kann man schnell und preiswert abklären, ob der Hund infiziert ist und frühzeitig mit einer Antibiotikabehandlung einsetzen. Verschleppte Borreliose kann chronisch werden und zu starken lebenslangen Beschwerden führen. Keinesfalls gegen Borreliose impfen lassen, ohne vorher das Blut unter-

Bei Reisen in den Süden unbedingt rechtzeitig mit dem Tierarzt die Vorsorgemaßnahmen absprechen.

sucht zu haben! Man könnte in eine ruhende Borreliose hineinimpfen. Die Impfung wirkt nur ein Jahr. Langzeitauswirkungen bei jährlicher Impfung wurden wissenschaftlich noch nicht erforscht. Wir halten regelmäßige Blutkontrolle für sinnvoller.

FSME, Babesiose, Leishmaniose, Herzwurm

Sie sind vermehrt durch den Tourismus aus dem Süden, insbesondere durch den Tierschutz importierter Straßenhunde, eingeschleppt worden und konnten sich dank der Klimaerwärmung halten. Diese Krankheiten werden durch Mücken oder Zecken übertragen. Sie verlaufen nicht selten tödlich und sind schwierig zu behandeln. Die besten Chancen auf Heilung bestehen bei frühzeitiger Erkennung. Bei unklarem Unwohlsein und Krankheitsbild immer diese Krankheiten in Betracht ziehen und vom Arzt abklären lassen. Lieber einmal unnötig, als zu spät!!!

Hautunreinheiten

Man erkennt sie im Frühstadium schon daran, dass an Stellen, an denen sich der Hund kratzt und leckt, das Haar nicht unmittelbar in seine natürliche Lage zurückfällt. Auch bei häufigem Kratzen ohne sichtbaren Grund sollte man den Tierarzt aufsuchen, da es sich um eine Pilzerkrankung oder Milben handeln kann, die nur unter dem Mikroskop bzw. durch Gewebeproben zu erkennen sind. Bestehen Sie gleich zu Beginn der Behandlung auf eine solche Untersuchung und probieren Sie nicht auf gut Glück irgendwelche Medikamente aus. Leider sind Hautprobleme bei allen Hunderassen heute stark verbreitet und werden häufig auf Futtermittelallergien zurückgeführt. Oftmals hilft Umstellung auf Rohkost.

Sich richtig austoben zu können hält gesund!

Ekzeme können auf Allergien, Flöhen, Hormonstörungen oder Eiweißüberschuss und vielen anderen Ursachen beruhen und gehören daher sofort in die Behandlung des Tierarztes – ein Hautspezialist wird empfohlen. Hautprobleme können auch psychische Ursachen haben als Reaktion auf Stress. Wenn keine Ursache zu finden ist, sollte man das Umfeld mit einem Hundeverhaltensberater abklären.

Stress

Es ist erwiesen, dass Dauerstress krank macht. Er wirkt sich insbesondere auf das Immunsystem aus, so dass die krankhaften Anzeichen recht unterschiedlicher Natur sind.

Stress ist für jeden Hund etwas anderes. Es ist deshalb wichtig, dass belastbare Hunde gezüchtet werden, die in der Lage sind, Stress rasch abzubauen – ein biochemischer Vorgang. Die Integration des Hundes als Familienmitglied bringt für das Tier eine enorme Belastung mit, für die es von der Natur nicht ausgerüstet ist. Ebenso ist bekannt, dass durch Inzucht diese Belastbarkeit nachlässt. Diesem wichtigen Punkt sollte seitens der Züchter größte Aufmerksamkeit gewidmet werden.

Auch Verhaltensstress macht krank. Wir denken da z. B. an Mobbing am Arbeitsplatz oder Probleme in der Familie beim Menschen. Bekommt ein Hund keine klare Führung und ist selbst keine Führernatur, wird er durch die Verantwortung, die auf ihm lastet, weil sie getragen werden muss, verhaltensgestört und krank. Auch bei der Haltung mehrerer Hunde – schon bei zweien – kann das Verhältnis für einen der beiden so belastend sein, dass er krank wird. Oft ist die Kommunikation gerade bei Collie und Sheltie so unterschwellig und fein, dass man als Halter gar nicht mitbekommt, was zwischen den Hunden abläuft.

Hat der Hund Immunprobleme, ist eigentlich gesund und dennoch krank, d. h. es wird keine Ursache gefunden, muss man auch an Stress denken und das Leben des Hundes aus Verhaltenssicht überprüfen.

Ein australischer Champion stellt sich ganz entspannt der Kamera.

Veränderungen und Krankheiten des Auges

Wie bei vielen Rassen wurden auch bei Collie und Sheltie erbliche Augenveränderung festgestellt. Deshalb werden bei den VDH-Zuchtvereinen Zuchttiere vor der Zuchtzulassung vorsorglich daraufhin untersucht.

Seit 1995 widmet sich der Dortmunder Kreis, ein Zusammenschluss von Augenspezialisten, der Diagnose von Augenerkrankungen beim Hund und führt Statistiken, auf die wir uns hier berufen.

Collie Eye Anomaly (CEA)

Die CEA ist eine erbliche Veränderung des Augenhintergrundes. Die Symptome reichen von Veränderungen der Blutgefäße und Pigmentstörungen im Augenhintergrund (CRD – Chorioidale Hypoplasie), die keinen Einfluss auf die Sehfähigkeit haben, über tiefe Ausstülpungen, bei denen man nicht weiß, ob und wie sie die Sehfähigkeit überhaupt beeinträchtigen, bis hin zu Netzhautablösung mit Blutungen im Auge, was mit Blindheit einhergeht. Die CEA verschlechtert sich von Geburt an nicht, nur im Falle starker Ausstülpungen (Kolobom) des Augenhintergrundes kann es durch Überbelastung später zur Ablösung der Netzhaut kommen.

Es können eines oder beide Augen betroffen sein. CEA-Befall ist dem Hund nicht anzusehen. Die Schwierigkeit, gesunde Hunde durch die Verpaarung gesunder Hunde zu züchten, liegt in den so genannten „go normals“. Es handelt sich um die leichte Form, den Pigmentverlust des Augenhintergrundes, der schon beim älteren Welpen vergeht und das Auge normal erscheinen lässt. Tatsächlich ist der Hund jedoch befallen, obwohl das Auge selbst normal erscheint. Wird ein Welpe nicht so früh wie möglich untersucht, weiß man nie, ob das normale Auge auch erblich normal ist.

Die CEA kommt bei einem großen Prozentsatz aller Collies und Shelties sowie bei Border Collie und Austrailan Shepherd in aller Welt vor. Die schweren Krankheitsbilder sind jedoch sehr selten. Deshalb kann man einen leichten Befall sowohl als Hundehalter als auch als Züchter akzeptieren. Hunde mit Sehbehinderungen gehören selbstverständlich nicht in die Zucht, auch sollte man anstreben, dass wenigstens ein Zuchtpartner frei ist. Schon sechs bis sieben Wochen alte Welpen können ohne Schmerzen untersucht werden. Fragen sie beim Kauf nach dem Augenstatus der Eltern und Welpen.

Mit einem Gentest kann festgestellt werden, ob ein klinisch normaler Hund genetisch normal oder Erbträger ist. Da bei der Zucht mit geringen Anomalien schwere Formen weitgehend vermieden werden konnten, vermutet man ein noch nicht identifiziertes Gen, das die schweren Formen unterdrückt. Da die Zucht mit ausschließlich genetisch freien Tieren eine gesunde Zuchtbasis zerstört, was angesichts der Geringfügigkeit der Anomalie nicht angemessen erscheint, empfehlen die Genforscher über die Zucht mit Erbträgern die Anzahl der genetisch freien Tiere zu erhöhen.

Progressive Retinal Atrophy (PRA)

Die PRA ist eine weit ernster zu nehmende Erkrankung, unter der viele Rassen leiden. Diese Progressive Netzhautatrophie (fortschreitende Rückbildung der Netzhaut) ist auch beim Menschen bekannt. Da sie im fortgeschrittenen Alter einsetzen kann, müssten Zuchttiere jedes Jahr untersucht werden. Heute gilt ein Attest erst endgültig, wenn der Hund bei der Untersuchung wenigstens fünf Jahre alt ist.

CEA-BEFALL IN DEUTSCHLAND

	Collie	Sheltie
CRD	ca. 38 %	ca. 28 %
Kolobom	1,8 %	0,4 %
Netzhautablösung	0,31 %	0,15 %

CEA-VERERBUNG

Zu erwartende prozentuale Nachkommen bei einfach rezessiver Vererbungsweise (die Aufteilung ist nicht in jedem einzelnen Wurf zu erwarten, sondern trifft auf eine größere Anzahl zu).

1 Elternteil	1 Elternteil: Normal	Träger	Befall
Normal	100 % N	50%N 50% T	100% T
Träger	50% N 50% T	25% N 50% T 25% B	50% T 50% B
Befall	100% T	50% T 50% B	100% B

Bei Blue merles ist es für den Ophthalmologen nicht immer einfach den CEA Augenstatus eindeutig zu diagnostizieren. Dennoch ist dieser Farbschlag nicht häufiger CEA positiv als die anderen Collie- und Sheltiefarben.

Glücklicherweise ist die PRA in Deutschland für Collie und Sheltie ohne Bedeutung (beim Sheltie kein Fall bekannt, beim Collie zwei laut DOK Statistik). Sollte aber ein Hund in den besten Jahren erblinden, ist es für den Züchter sehr wichtig, davon zu erfahren, vor allen Dingen aber eine eindeutige Diagnose zu bekommen, um zu verhindern, dass Erbträger die Krankheit in die Rassen einschleppen.

Selbstverständlich darf mit einem PRA-kranken Hund nicht gezüchtet werden. Auch die PRA ist mit bloßem Auge nicht festzustellen. CEA und PRA sind nicht heilbar.

Wichtig

Die aufgelisteten Augenprobleme werden bei den routinemäßigen Augenuntersuchungen zur Zuchtzulassung überprüft.

Tränende Augen

Tränende Augen können durch eine angeborene Wimpernreihenverdoppelung, die Distichiasis, Bindehautentzündungen (in den meisten Fällen durch Staub oder Fahrtwind und durch winzige, entzündlich gerötete Knötchen auf der dem Auge zugewandten Seite der Nickhaut verursacht), Trichiasis (Einwärtsdrehung einzelner oder mehrerer Wimpern), seltener durch blockierte Tränenkanäle entstehen. Tränende Augen bilden hässliche braune Tränenrinnen und sind für den Hund oft schmerzhaft. Lassen Sie die Ursache vom Tierarzt herausfinden und entsprechend behandeln.

- **Katarakt** = grauer Star (Linseneintrübung) spielt bei den Rassen Collie und Sheltie bislang keine Rolle.
- **MPP** = winzige Rückstände aus der embryonalen Entwicklung im Auge, die im Rahmen der Untersuchungen gesehen werden. Sie haben keine Bedeutung und können mit zunehmendem Alter verschwinden.

Gelenkserkrankungen

Hüftgelenkdysplasie (HD)

Die HD ist eine bei Menschen und Hunden weit verbreitete Krankheit. Zuchttiere im VDH müssen vor der Zuchtzulassung eine Röntgendiagnose vorweisen, die von einem unabhängigen Tierarzt (Gutachter) ausgewertet und nach dem Schweregrad der Erkrankung in A = frei, B = Verdacht, C = leichte, D = mittlere, E = schwere HD eingestuft wird. Bei Collie und Sheltie kommen schwere Grade selten vor.

HD ist eine Fehlbildung des Hüftgelenkes, bei der Oberschenkelkopf und Hüftgelenkspfanne nicht richtig zusammenpassen, in schweren Fällen renkt sich das Gelenk aus und es bilden sich schmerzhafte Arthrosen. Eine sichere, anerkannte Diagnose kann nur durch eine Röntgenaufnahme der Hinterläufe bei Vollnarkose in vorgeschriebener Position im Alter von über zwölf Monaten erfolgen.

Die Veranlagung ist erblich, die Ausprägung der Veränderung im Wesentlichen durch Ernährung und Aufzucht bedingt, wie zu rasches Wachstum, zu schwache Sehnen, zu viel Gewicht, falsche Kalziumzufuhr und unnatürliche Belastungen (regelmäßig viel Treppensteigen, glatte Böden, auf denen der Hund oft ausrutscht, zu lange Spaziergänge, zu früh Radfahren usw.).

Patella-Luxation

Die Kniescheibenverrenkung kommt beim Sheltie ab und zu vor. Eine erbliche Disposition ist nicht auszuschließen. Die Kniescheibe (Patella) gleitet dabei über den Rollhöcker aus ihrer eigentlichen Position. Sie kann so ausgerenkt verbleiben (stationär) oder von selbst wieder in die normale Ausgangslage zurückkehren (habituell), wobei manchmal ein einschnappendes Geräusch zu hören ist. Das Ein- und Ausrenken kann sich in unterschiedlichen Zeitabständen wiederholen. Mitunter kommt es zu einem kurzen Schmerzenslaut und zeitweiligem Humpeln, was sich bei Bewegung noch verstärkt. Eine medikamentöse Behandlung kann Besserung bringen, dauerhafte Heilung verspricht nur die Operation.

Luxation der Fersenbeinkappe

Dies ist eine Erkrankung des Sprunggelenkes. Die Fersenbeinkappe ist über einige Faserzüge mit dem Fersenbeinhöcker verwachsen. Es kommt dabei zum Abriss der Faserzüge, die die Sehne normalerweise in ihrer Stellung fixiert. So kann die Sehne luxieren. Die Hunde lahmen plötzlich. Anfänglich ist die Lahmheit noch undeutlich, wird mit der Zeit aber schlimmer. Man kann eine Schwellung seitlich am Sprunggelenk, eventuell sogar die springende Sehne ertasten. Die sinnvollste Therapie ist eine Operation. Wichtig für den Erfolg ist eine rasche Diagnose und OP, bevor das Sprunggelenk

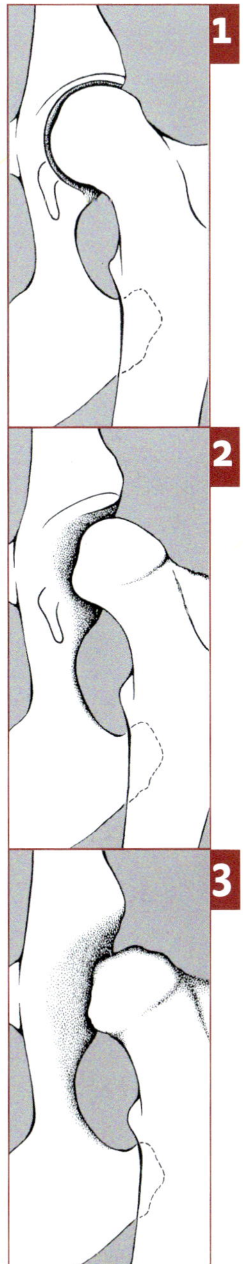

1 Normales Hüftgelenk
2 Mittlere HD
3 Schwere HD

Mit seinem Menschen zusammen sein, bedeutet dem Collie alles!

Veränderungen zeigt. Der Grund für die Erkrankung ist noch nicht genau geklärt; es gibt keine vorbeugende Diagnostik und eine erbliche Komponente wurde bisher auch nicht nachgewiesen. Der Sheltie scheint bei den wenigen vorhandenen Publikationen aber überrepräsentativ vertreten. Meist sind die betroffenen Hunde noch sehr jung und keiner zeigte ein klar definiertes Trauma. Bringt ein Hund die Veranlagung mit, kann es jederzeit zum Abriss kommen (ob nun beim Spaziergang oder beim Agility).

Vorsicht

Manche Tierärzte empfehlen für „Spätzünder" Hormoninjektionen. Auch wenn sie vielleicht einmal geholfen haben mögen, bleibt stets das ungute Gefühl, dass man das Problem nur auf die folgende Generation verschiebt. Die tatsächliche Wirkung von Hormonspritzen ist nicht nachgewiesen, bedeutet aber in jedem Fall einen drastischen Eingriff in den Hormonhaushalt des sich entwickelnden Junghundes.

Kryptorchismus

Beim Kryptorchismus liegen ein oder beide Hoden nicht im Hodensack, sondern in der Bauchhöhle oder im Leistenkanal. Er kommt bei allen Rassen vor, beim Collie nicht ungewöhnlich häufig, wohl aber beim Sheltie. Sheltierüdenwelpen werden oft verkauft, deren Hoden noch nicht vollständig abgestiegen sind. Selbst wenn der Züchter (durch den Zuchtwart oder den impfenden Tierarzt) eine Bescheinigung vorlegt, dass die Hoden fühlbar sind, muss dies nicht zwangsläufig bedeuten, dass der Hodenabstieg vollständig abläuft. Nicht selten wandert der Hoden, bedingt durch eine hormonelle oder mechanische Störung (z. B. zu kurze Samenstränge) nur ein Stück und bleibt dann sozusagen „auf halber Strecke" liegen.

Beim Kauf eines Ausstellungs- und Zuchtrüden, muss man sich vergewissern, dass beide Hoden im Hodensack sind. Die meisten Sheltierüdenwelpen sind mit drei bis sechs Monaten komplett. Manche Linien brauchen länger als andere, doch nach neun Monaten würde ich die Hoffnung aufgeben, besonders da Kryptorchismus erblich ist.

Rüden, die nur einen abgestiegenen Hoden besitzen, können zeugungsfähig sein, dürfen in Deutschland aber nicht ausgestellt und für die Zucht verwendet werden (wohl aber in Großbritannien). Im höheren Lebensalter können nicht abgestiegene Hoden zu einer geschwülstigen Entartung, in seltenen Fällen zu bösartigem Krebs führen, so dass sie früher oder später operativ entfernt werden müssen. Solche Rüden regelmäßig beim Tierarzt auf Veränderungen prüfen lassen. Auch bei sonstigen Veränderungen des Hundes an den innenliegenden Hoden denken – z. B. Hautveränderungen oder Verhaltensauffälligkeiten.

Sport in Maßen ist gut für das Wohlbefinden des Hundes.

Cushing-Syndrome

In den letzten Jahren hört man gelegentlich von dieser Krankheit (Glukokortikoidüberproduktion) auch beim Sheltie. Sie wird durch Tumore oder eine erhöhte Hormonausscheidung der Nebenniere verursacht. Hauptsymptome sind vermehrte Wasseraufnahme und -ausscheidung, allgemeine Schläfrigkeit, gesteigerte Fresslust, der Bauchumfang nimmt stark zu, die Haut sieht papierdünn aus. Ein Nebennierenrindentumor muss entfernt werden, ansonsten muss über Jahre hinweg (evtl. bis ans Lebensende) medikamentös behandelt werden.

Epileptiforme Anfälle

Krampfanfälle kommen bei Hunden aller Rassen und Mischlingen relativ häufig vor (etwa 4 %) und können viele Ursachen haben, z. B. starker Wurmbefall bei jungen Hunden, Bleivergiftungen, Gehirntumore, Blutgerinnsel im Gehirn auf Grund von Unfällen u. v. a. Es ist wichtig, die Ursache vom Tierarzt feststellen zu lassen, insbesondere bei einem zur Zucht vorgesehenen Tier. Die Diagnose ist meist sehr schwierig.

Kann keine Ursache gefunden werden, geht man von einer so genannten „echten" (genuinen) Epilepsie aus, die erblich ist. Keines-

Bewegung und Beschäftigung halten den Hund bis ins hohe Alter fit und gesund.

Wichtig

Übergewicht macht träge und begünstigt Krankheiten wie Arthritis und Herzprobleme. Durch regelmäßiges Wiegen sollte man das Gewicht beobachten.

falls sollte mit einem an Krämpfen leidenden Tier gezüchtet werden. Die Anfälle können, wie beim Menschen, in den meisten Fällen medikamentös unter Kontrolle gehalten werden.

Drüsenerkrankungen

Bauchspeicheldrüse

Bauchspeicheldrüsenerkrankungen kommen gelegentlich vor. Die Hunde magern bei gutem Appetit ab, das Fell wird stumpf, der Stuhlgang fettig, grau und übelriechend. Manche Hunde neigen auch zur Nervosität und Überaktivität. Zeigt ein Hund solche Symptome, weisen Sie den Tierarzt ruhig auf die Möglichkeit einer Bauchspeicheldrüsenerkrankung hin. Man kann sie recht gut diagnostizieren und behandeln.

COLLIE NOSE (NASALE SOLARE DERMATITIS)

Die in der Literatur häufig beschriebene Krankheit, bei der die Nasenspitze Pigment verliert und schließlich aufbricht und abschuppt, habe ich in den 40 Jahren, in denen ich mich mit Collies befasse, nur zweimal gesehen. Ganz sicher kann man nicht von einer häufig auftretenden Krankheit sprechen. Da sie aber nun „Collie Nose" heißt, erwähne ich sie. Die genaue Ursache ist unbekannt, eine genetische Veranlagung ist möglich. Sie wird durch Sonneneinwirkung ausgelöst oder verschlimmert. Man rechnet sie zu den in den letzten Jahren bei allen Hunden und auch Menschen immer häufiger vorkommenden Auto-Immunerkrankungen.

Schilddrüse

Schilddrüsenerkrankungen kommen bei Hunden allgemein immer häufiger vor. Bei nicht eindeutig erklärbaren Veränderungen, auch Verhaltensauffälligkeiten, wie plötzliche Ängstlichkeit, sollte man die Schilddrüse abklären lassen. Zu träge Hunde, auch solche mit Herzproblemen, Haut- und Haarveränderungen, bei Hündinnen Zyklusstörungen, können durch Behandlung einer Schilddrüsenfehlfunktion (unter oder über) geheilt werden. Ehe man lange Behandlungen eingeht, sollte man dies abchecken lassen.

Dermatomyositis (DM)

Die Dermatomyositis ist eine seltene entzündliche Autoimmunkrankheit mit Beteiligung der Haut und Muskulatur mit Blutgefäßen. Typischerweise treten beim ca. zehn Wochen bis sechs Monate alten Junghund die ersten Hautveränderungen (Haarausfall, Pusteln, Krusten, Pigmentverlust an Kopf und Extremitäten – kein Juckreiz) unterschiedlichen Ausmaßes auf, die teilweise unter Narbenbildung auch wieder verschwinden können. (Es gibt jedoch auch eine „erwachsene" Variante der DM.) Nach den Hautläsionen können entzündliche Veränderungen der Muskulatur (mit Muskelatrophie besonders im Gesicht, Kau- und Schluckbeschwerden) vorkommen. Eine sichere Diagnose gibt es nur durch eine Haut- bzw. Muskelbiopsie in spezialisierten Labors. So manch andere Hauterkrankung (Allergien, Lupus usw.) wird mit DM verwechselt! Alle Verdachtsfälle sollten gewissenhaft untersucht und registriert werden.

Collies und Shelties im Alter

Auch unsere recht langlebigen Collies oder Shelties kommen irgendwann „in die Jahre". Doch Alter ist keine Krankheit, sondern ein natürlicher Vorgang. Das Alter ist eine ganz besondere, vertrauensvolle Zeitspanne im Zusammenleben mit dem vierbeinigen Familienmitglied, die man durchaus genießen kann. Man kennt sich inzwischen ganz genau. Ältere Hunde haben über die Jahre ihren Charakter entwickelt. Vielleicht sind sie etwas eigensinnig erfahrener geworden. Sie wissen durchaus, wie sie uns um den Finger wickeln können. Sie sind nicht selten der ruhende Pol in einer Hundemeute und machen den anderen vor, wie wir es gerne hätten.

Durchschnittlich werden Collies und Shelties um die zwölf Jahre alt. 15 oder 16 Jahre sind aber keine Seltenheit. Je nach Veranlagung zeigen sich erst spät typische Alterserscheinungen wie graue Haare

Sheltiegruppe zwischen 12 Monaten und 15 Jahren.

Alte Hunde werden nicht nur weißer, sondern vor allem weiser.
Jule war bis zum 10. Lebensjahr erfolgreich im Turniersport aktiv, und wennes nach ihr ginge, wäre kein Ende abzusehen!

Rudd Weatherwax, Trainer vieler Lassie-Generationen verrät das Geheimnis, warum alle Lassies bis auf einen, der an Krebs starb, mindestens 17 Jahre alt wurden, Lassie IV sogar 19. „Durch die tägliche Beschäftigung mit dem Hund erkennt man schon geringe gesundheitliche Veränderungen, und die Hunde lieben ihre Arbeit. Auch die alten gehen immer mit ins Studio und dürfen etwas tun, ihr Leben hat Sinn und Inhalt. Haben Hunde etwas gelernt, dreht sich darum ihr Leben, nimmt man es ihnen weg, nimmt man ihr Selbstwertgefühl. Bei unseren Hunden ist das nie der Fall, und ich glaube, dass sie deshalb so lange leben."

im Gesicht und/oder trübe Augen. Da Collies und Shelties nicht selten sehr langsam heranreifen (körperlich und mental), sehen sie bis zum 7., 8. Lebensjahr noch recht jugendlich aus und lassen sich leicht zu freudigem Spiel motivieren. So mancher Veteran kann seinen jüngeren Mitbewerbern davonlaufen oder im Ausstellungsring die Schau stehlen.

Hohe Lebenserwartung ist ein wichtiges Zuchtziel, das von den Züchtern nicht aus den Augen verloren werden darf. Langlebigkeit ist durchaus genetisch bedingt, aber der verantwortungsbewusste Hundebesitzer kann einiges tun, um seinem Hund ein möglichst langes, gesundes Leben zu ermöglichen.

Auch ein Senior braucht seine tägliche Bewegung, um schlank, fit und fröhlich zu bleiben. Der ausgiebige Tagesspaziergang kann in mehrere kleinere, abwechslungsreiche Runden aufgeteilt und die Gehgeschwindigkeit muss evtl. angepasst werden. „Wer rastet, der rostet", trifft auch auf den alten Hund zu.

Pflege der grauen Schnauzen

Ältere Hunde trinken oft zu wenig. Ein gefüllter Wassernapf in jedem Raum, in dem sich der Hund aufhalten darf, kann zum Trinken anregen. Es ist angebracht, das Futter auf zwei oder drei kleine Mahlzeiten aufzuteilen; so wird es besser verdaut und verwertet. Eigentlich braucht der alte Hund weniger Futter, das aber von bester Qualität sein sollte. Regelmäßige Fellpflege und Hautkontrolle, Zahn- und Ohrenreinigung, Begutachtung der Pfoten und Krallen, Analdrüsen und der Genitalregion sind selbstverständlich.

Ein- bis zweimal im Jahr ist ein allgemeiner Gesundheitscheck (mit Blut- und Urinuntersuchung sowie Herzdiagnostik) angesagt, damit mögliche „typischen" Alterserkrankungen (z. B. Schilddrüsenunterfunktion, Überfunktion der Nebennierenrinde, Diabetes, Prostata- oder Gebärmutterentzündung, Nieren- und Leberschädigungen, Geschwülste) frühzeitig erkannt und behandelt werden können.

Bei vielen Hunden lässt im Alter das Hörvermögen nach. Man kann Hilfestellung durch Handzeichen geben. Der Geruchssinn, mit dem der Hund seine Welt „erlebt", funktioniert im Alter meist noch gut. Erstaunlich, dass selbst der schwerhörigste Veteran eigentlich nie verpasst, wenn es etwas zu fressen gibt oder die Gassi- bzw. Spielrunden losgehen.

Besitzt man mehrere Tiere, darf man trotz aller Bedächtigkeit, evtl. sogar Unauffälligkeit des Senioren, nie vergessen, ihm die notwendigen Streicheleinheiten, Zuneigung und Beschäftigung zu geben. Kinder müssen lernen, dass der ehemalige, ungestüme Spielkamerad nun nicht mehr so kann und gerne seine Ruhe hat. Auch ein Rudel junger, aktiver Hunde kann einem alten Hund arg zusetzen, ihn wegdrängen, ihm seinen Lieblingsplatz streitig machen. Darauf muss man ein Auge haben und notfalls eingreifen.

Übrigens gibt es bei der Hündin grundsätzlich keine Wechseljahre, d. h. sie wird weiterhin läufig und könnte ungewollten Nachwuchs bringen, wenn man nicht aufpasst.

Bereits bei der Anschaffung eines Hundes sollte man bedenken, wo man seinen Schlafplatz einrichtet. Treppen steigen kann er im Alter vielleicht nicht mehr so gut. Beim Sheltie ist das Tragen kein Problem, aber ein Collie kann schwer sein. Mit einem Brustgeschirr kann man dem Hund beim Treppensteigen helfen.

Abschiednehmen

Leider sterben nur die wenigsten Hunde friedlich im Schlaf. Man muss vielmehr irgendwann die Entscheidung zum Einschläfern treffen. Natürlich tut man sich damit sehr schwer. Woher soll man wissen, wann der richtige Zeitpunkt gekommen ist? Im Allgemeinen machten wir die Erfahrung, dass unser Hund uns mit seinem nicht zu definierenden, aber unmissverständlichen Blick, deutlich sagt, wann es Zeit zum Abschiednehmen ist. Wenn unser Hund an einer unheilbaren, schmerzhaften Krankheit leidet, er sich nicht mehr fortbewegen oder fressen kann, wir ihn zu nichts mehr ermuntern können, ihm alles egal ist, dann dürfen wir nicht vor diesem letzten Freundschaftsdienst zurückschrecken. Auch sollten wir bis zum letzten Augenblick bei unserem Hund bleiben; das sind wir ihm schuldig! Der Tierarzt (einige kommen sogar in die Wohnung) spritzt eine Überdosis Beruhigungsmittel, wodurch der Hund schnell und schmerzlos einschläft. Das Abschiednehmen ist bestimmt nicht leicht. Seiner Tränen und Trauer braucht man sich nicht zu schämen!

Stolz hütet die 15jährige „Xana“ ihren Knochen. Sie kann noch gut hören und sehen und an Abschied nehmen möchte vorerst noch keiner denken.

Zucht

Rassestandard

Der Standard des Collies (Langhaar)

FCI-Nr. 156/1.1; 18. Juli 1988
Ursprungsland: Großbritannien
Übersetzung: Birgit Fricke

Allgemeines Erscheinungsbild Der Collie stellt einen Hund von großer Schönheit mit gelassener Würde dar. Dabei ist kein Einzelteil unproportioniert zum Gesamtbild.

Charakteristika Der Körperbau ist geprägt von Kraft und Aktivität, er ist frei von Plumpheit und ohne jede Spur von Grobheit. Der Ausdruck ist von größter Wichtigkeit. Betrachtet man die hierfür relevanten Merkmale, so wird er geprägt durch die vollkommene Ausgewogenheit und richtige Zusammensetzung von Schädel und Vorgesicht, durch Größe, Form, Farbe und Sitz der Augen und durch korrekt angesetzt und richtig getragene Ohren.

Wesen Freundlich veranlagt, ohne jegliche Spur von Nervosität oder Aggressivität.

Kopf und Schädel Die Besonderheit des Kopfes ist von großer Wichtigkeit; er muss im Verhältnis zur Größe des Hundes betrachtet werden. Von vorn oder von der Seite gesehen, gleicht der Kopf einem gut abgestumpften, sauber geschnittenen Keil mit glatten Außenlinien. Der Schädel ist flach und ver-

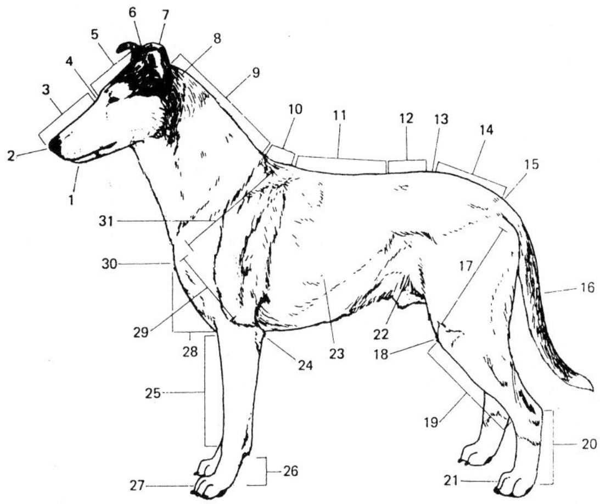

Vorhand | Hinterhand

Der Körperbau:

1 Unterkiefer
2 Nasenschwamm
3 Vorgesicht
4 Stop
5 Oberschädel
6 Hinterhauptbein
7 Ohr
8 Nackenwölbung
9 Nacken
10 Widerrist
11 Rücken
12 Lende
13 Hüftbeinhöcker
14 Kruppe
15 Rutenansatz
16 Rute
17 Oberschenkel
18 Knie
19 Unterschenkel
20 „Hocken“
21 Hinterpfote
22 Flanke
23 Brustkorb
24 Ellbogen
25 Unterarm
26 Fesseln
27 Vorderpfote
28 Vorbrust
29 Oberarm
30 Brustbeinspitze
31 Schulter

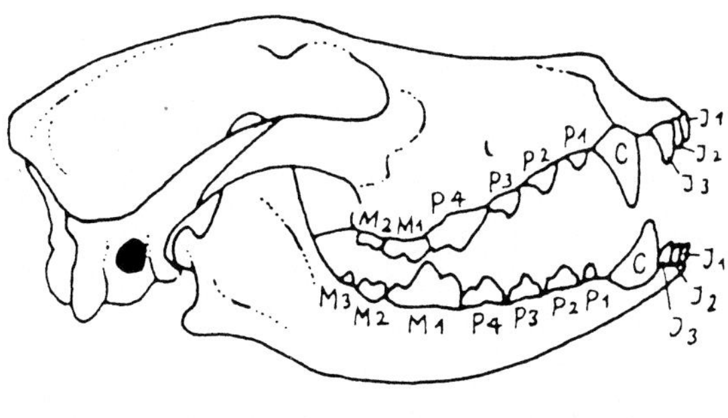

Die Zähne werden in jedem Kieferast von vorne nach hinten gezählt; im Oberkiefer sind es drei Schneidezähne (Incisivi), ein Fangzahn (Caninus), vier vordere Backenzähne (Prämolaren) und zwei hintere Backenzähne (Molaren, Reißzähne). Im Unterkiefer sind drei Molaren und somit insgesamt 42 Zähne im bleibenden Gebiss.

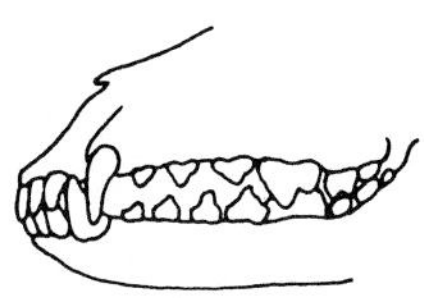

Scherengebiss

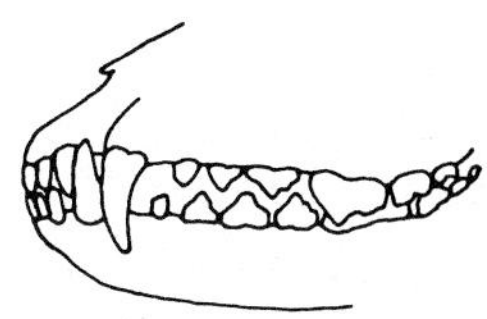

Zangen oder Aufbiss

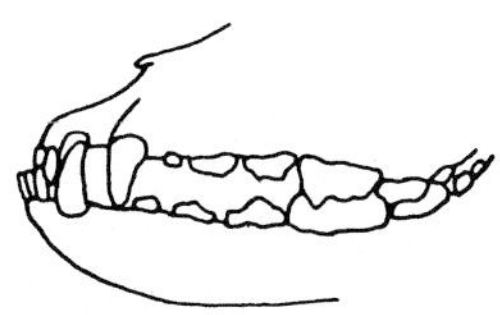

Vorbiss

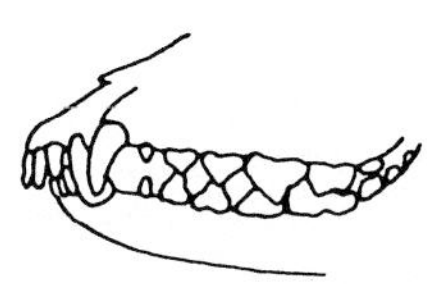

Unter- oder Überbiss

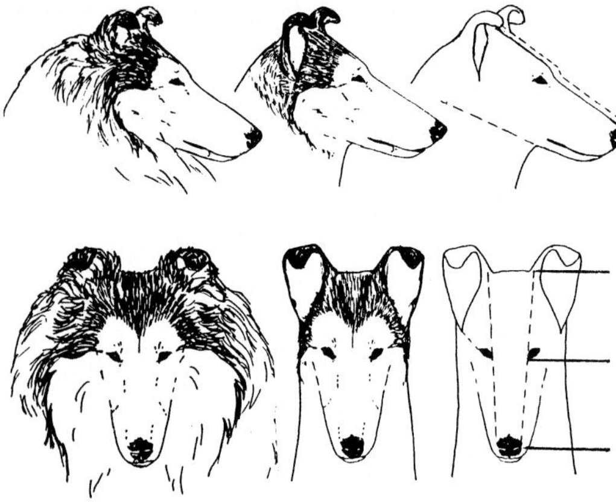

Von der Seite und von vorne gesehen korrekter Kopf

Kopffehler im Profil:

- **A** Kopf insgesamt zu grob. Abfallender, zu tiefer Oberschädel (Kopftiefe: Abstand zwischen der Oberlinie der Augenbrauen und der Unterlinie des Unterkiefers).
- **B** Eingedelltes Profil mit zu viel Stop, Unterkiefer zu schwach, Ohren zu stark gekippt. Es fehlt insgesamt die erwünschte Keilform.
- **C** Oberschädel etwas rund, Stop übertrieben, die Nasenspitze fällt ab, Unterkiefer zu kräftig mit Hängelefzen. Der Gesichtsausdruck wirkt aufgrund der hochgezogenen Augenbrauen besorgt. Insgesamt fehlt die erwünschte Keilform.

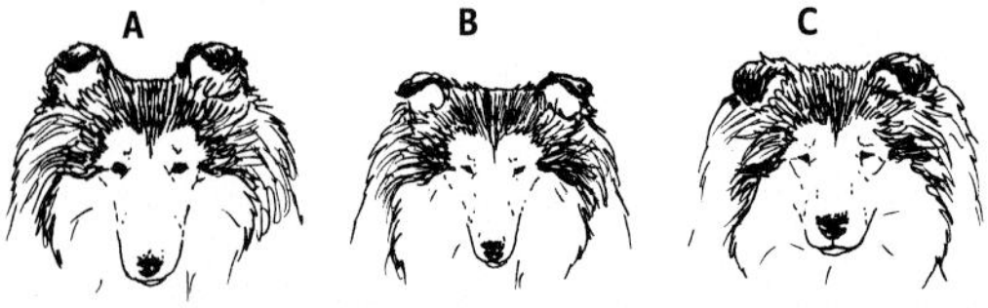

Kopffehler von vorne gesehen:

- **A** Kopflänge korrekt, der Oberschädel ist zu breit, Ohrenansatz und -haltung gut, Ohren etwas groß, Augen zu rund und nicht schräg eingesetzt.
- **B** Insgesamt zu kurzer Kopf mit schwachem Vorgesicht und breitem Oberschädel, Ohren seitlich angesetzt, die Spitzen zeigen nach außen. Die zu kleinen Augen vermitteln einen „Schweinsäuglein"-Ausdruck.
- **C** Kurzer, grober, plumper Kopf mit großen, schweren, zu seitlich angesetzten Ohren (Schädel ist zu breit). Die zu kleinen Augen sind nicht mandelförmig, sondern dreieckig, der Gesichtsausdruck wirkt besorgt. Vorgesicht erscheint quadratisch mit überhängenden Lippen. Dem Kopf fehlt die erwünschte Eleganz.

jüngt sich an den Seiten allmählich in einer glatten Linie von den Ohren bis zur Spitze der schwarzen Nase, ohne dass die Wangenknochen hervorstehen und ohne dass der Fang dünn und spitz wirkt. Im Profil betrachtet, verlaufen die oberen Linien des Schädels und des Vorgesichts parallel und gerade und sind gleich lang. Sie werden durch einen leichten, jedoch wahrnehmbaren Stop oder Absatz geteilt. Der Mittelpunkt zwischen den inneren Augenwinkeln (der gleichzeitig das Zentrum eines korrekt platzierten Stops ist) stellt den Mittelpunkt einer ausgewogenen Kopflänge dar. Das Ende des glatten, gut abgerundeten Fanges ist stumpf, niemals quadratisch. Unterkiefer kräftig und gut geformt. Die Tiefe des Schädels, von den Augenbrauen zur Unterkante des Unterkiefers hin, darf niemals übermäßig sein (insgesamt nicht tief). Nase grundsätzlich schwarz.

Augen Ein sehr wichtiger Punkt, denn sie geben dem Hund den lieblichen Ausdruck. Mittelgroß (auf keinen Fall sehr klein), etwas schräg eingesetzt, mandelförmig und von dunkelbrauner Farbe, ausgenommen bei den Blue merles, bei denen die Augen häufig (eines oder beide ganz oder eines oder beide teilweise) blau oder blau gefleckt sind. Der Ausdruck ist voller Intelligenz, mit einem lebhaften und wachsamen Blick beim Lauschen.

Ohren Klein, weder zu nahe beieinander auf dem Schädel, noch zu weit voneinander abgesetzt. In der Ruhe zurückgelegt, jedoch, sobald seine Aufmerksamkeit erregt wird, nach vorne gebracht und halb aufrecht getragen; d. h. annähernd zwei Drittel des Ohres stehen aufrecht und das obere Drittel kippt auf natürliche Art nach vorn bis unter die waagrechte Linie der Kippfalte.

Fang/Gebiss Die Zähne sind von guter Größe. Kiefer kräftig, mit einem perfekten, regelmäßigen und vollständigen Scherengebiss, d. h. dass die obere Schneidezahnreihe ohne Zwischenraum über die untere greift und die Zähne senkrecht im Kiefer stehen.

Hals Muskulös, kraftvoll, von angemessener Länge, gut gebogen.

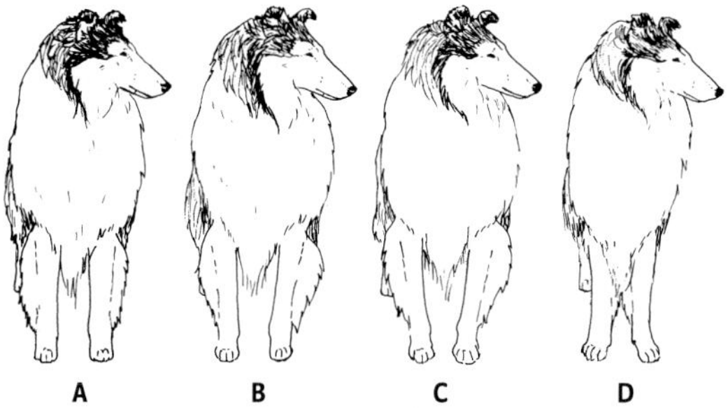

Vorhand Schultern schräg und gut gewinkelt. Vorderläufe gerade und muskulös, wobei die Ellenbogen weder nach innen noch nach außen drehen; mit nicht zu starken Knochen.

Körper Im Vergleich zur Schulterhöhe etwas länger; Rücken fest, mit leichter Wölbung über der Lendenpartie. Rippen gut gewölbt. Tiefe Brust, dabei hinter der Schulter ziemlich breit.

Hinterhand Oberschenkel muskulös, trocken und sehnig unterhalb der gut gewinkelten Kniegelenke. Sprunggelenke tief stehend und kraftvoll.

Hinterhand
A korrekte Stellung
B Kuhhessige Stellung, die Sprunggelenke drehen nach innen und die Pfoten nach außen.
C Bei zu schmalen Hüftknochen stehen die Hinterläufe zu eng zusammen, die Fußknochen sind zu lang.

Pfoten Oval, mit gut gepolsterten Sohlen. Zehen an den Vorderpfoten gut, an den Hinterpfoten etwas weniger aufgeknöchelt und dicht zusammenstehend.

Rute Lang, ihr Knochenende reicht mindestens zu den Sprunggelenken. In Ruhe wird sie tief, mit leicht aufgebogener Spitze getragen. Bei Erregung

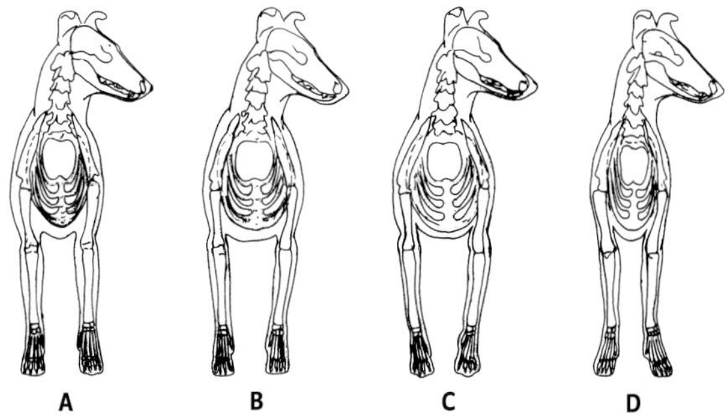

Vorhand
A korrekter Aufbau der Vorhand
B Aufgrund des rundlichen Brustkorbs drehen die Ellbogen leicht nach außen.
C Bei zu rundem Brustkorb drehen die Ellbogen nach außen und die Pfoten nach innen
D Beim zu schmalen Brustkorb stehen die Läufe zu dicht zusammen

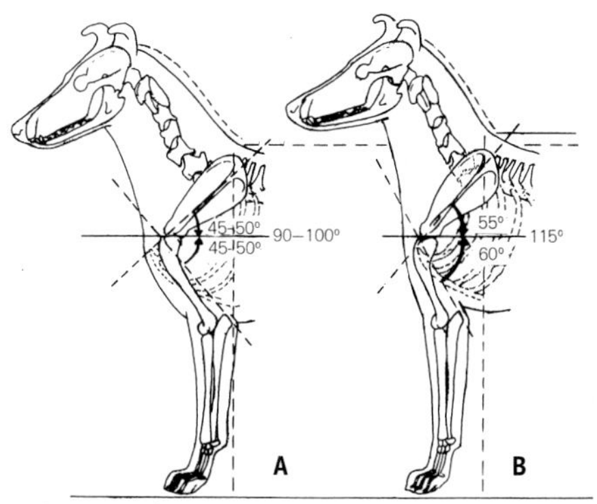

Vorhand
A Ideale Winkelung, die Brustspitze ist gut fühlbar. Dies trägt zu einer optimalen Muskelentwicklung und langem, gewölbten Nacken bei.
B Zu offener Winkel und kurzer Oberarm bedeuten einen kürzeren Hals und ein gehemmtes Gangwerk.

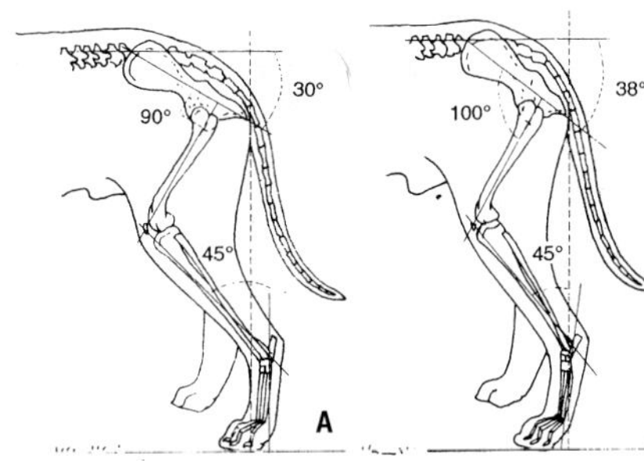

Hinterhand
A Korrekte Hinterhandwinkelung
B Mit diesen Winkeln steht der Hund leicht unter dem Körper, Muskulatur kann sich weniger gut entwickeln, die Hinterhand ist schwächer und das Gangwerk nicht ausgreifend.

STANDARD DES KURZHAAR-COLLIES

Der Kurzhaar-Collie hat einen eigenen Standard mit der FCI-Nr. 296 vom 24.06.1987, der in der Formulierung abgesehen vom Haarkleid nur geringfügig abweicht. Sie werden auf Ausstellungen getrennt bewertet und dürfen deshalb nicht ohne Sondergenehmigung miteinander verpaart werden.

kann sie höher, jedoch niemals über dem Rücken getragen werden.

Gangart/Bewegung Die Bewegung ist ein unverkennbares, charakteristisches Merkmal dieser Rasse. Ein gut gebauter Hund dreht niemals die Ellenbogen aus, dennoch kommen sich die Vorderpfoten in der Bewegung verhältnismäßig nahe. Strickendes, kreuzendes oder rollendes Gangwerk ist höchst unerwünscht. Von hinten betrachtet, stehen die Hinterläufe von den Sprunggelenken zum Boden parallel, jedoch nicht zu eng zusammen. Von der Seite gesehen, ist die Bewegung fließend. Hinterläufe kraftvoll, mit starkem Schub. Ein entsprechend raumgreifender Schritt ist erwünscht, dieser sollte leicht und mühelos sein.

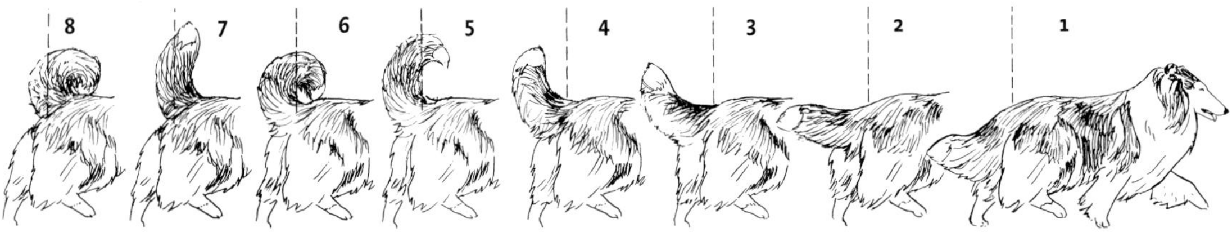

Der Standard sagt „nicht über dem Rücken", jedoch nicht „nicht über der Rückenlinie" getragen. Das ist ein großer Unterschied. Sie kann also über die Rückenlinie (horizontale Fortsetzung der Wirbelsäule) hinaus erhoben werden, darf aber nicht über den Rücken kommen. Die Hunde 1 bis 4 tragen demnach die Rute je nach Lauftempo und Stimmung korrekt. Die Ruten sind gut angesetzt und von korrekter Länge.
Hund 5 trägt seine Rute über dem Rücken, aber sie ist gut angesetzt, jedoch zu hoch getragen. Hund 6 hat ebenfalls eine gut angesetzte Rute, rollt sie aber über dem Rücken. Die Hunde 7 und 8 haben zu hoch angesetzte Ruten, obwohl Hund 7 eine geradere Rute hat. Hund 8 hat hat eine Ringelrute.

Haarkleid Passt sich den Umrisslinien des Körpers an, sehr dicht. Deckhaar glatt, es fühlt sich hart an; Unterwolle weich, pelzig und sehr dicht, nahezu die Haut verbergend. Mähne und Halskrause üppig vorhanden. Maske und Gesicht glatt und kurz. Ohren an den Spitzen glatt und kurz, zum Ansatz hin zunehmend mehr Haar. Vorderläufe gut befedert, Hinterläufe oberhalb der Sprunggelenke üppig behaart; unterhalb jedoch kurz und glatthaarig. Rute sehr üppig behaart.

Farbe Drei anerkannte Farben: zobelfarben weiß, tricolour und blue-merle.
Zobelfarben: jede Schattierung von hellem Gold bis zum satten Mahagoni oder schattiert zobelfarben. Hell stroh- oder cremefarben ist höchst unerwünscht.
Tricolour: vorwiegend schwarz mit satten, lohfarbenen Abzeichen an Kopf und Läufen. Ein Rotschimmer im Deckhaar ist höchst unerwünscht.
Blue-merle: vorwiegend klares, silbriges Blau mit schwarzen Flecken oder schwarz marmorierter Zeichnung.

Satte, lohfarbene Abzeichen sind erwünscht, ihr Fehlen sollte jedoch nicht bestraft werden. Große schwarze Flecken, Schieferfarbe oder ein Rostschimmer im Deckhaar als auch in der Unterwolle sind höchst unerwünscht. Alle vorgenannten Farben können die für den Collie typischen weißen Abzeichen mehr oder weniger aufweisen.
Folgende Zeichnung ist vorteilhaft: ganz oder teilweise weiße Halskrause, weiße Brust, Läufe und Pfoten, weiße Rutenspitze. Auf dem Vorgesicht und/oder am Schädel darf eine Blesse vorhanden sein.

Größe Widerristhöhe: Rüden 56 bis 61 cm, Hündinnen 51 bis 56 cm.

Fehler Jede Abweichung von den vorgenannten Punkten sollte als Fehler angesehen werden, dessen Bewertung im genauen Verhältnis zum Grad der Abweichung stehen sollte.

Anmerkung Rüden sollten zwei offensichtlich normal entwickelte Hoden aufweisen, die sich vollständig im Skrotum befinden.

Der Standard des Shetland Sheepdogs

FCI-Nr. 88/1.1, 30. Mai 1989
Ursprungsland: Großbritannien
Übersetzung: Dress. Franz und Karin Riemann unter Mitwirkung des Schweizer Shetland Sheepdog Club und U. H. Fischer.

Allgemeines Erscheinungsbild Kleiner, langhaariger Arbeitshund von großer Schönheit, frei von Plumpheit und Grobheit. Umrisslinie symmetrisch, so dass kein Teil unproportioniert erscheint. Das üppige Haarkleid, die üppige Mähne und Halskrause und ein schön geformter Kopf mit einem lieblichen Ausdruck verbinden sich zum idealen Erscheinungsbild.

Charakteristika Wachsam, sanft und intelligent, kräftig und lebhaft.

Wesen Liebevoll und verständig gegenüber seinem Herrn, reserviert gegenüber Fremden, niemals nervös.

Kopf und Schädel Kopf edel, von oben oder von der Seite gesehen wie ein langer, stumpfer Keil, der sich von den Ohren zur Nase hin verjüngt. Die Breite des Schädels steht im richtigen Verhältnis zur Länge von Schädel und Fang. Das Ganze muss in Anbetracht der Größe des Hundes bewertet werden. Schädel flach, mäßig breit zwischen den Ohren, ohne dass das Hinterhauptbein hervorragt. Wangen flach, glatt in den gut gerundeten Fang übergehend. Schädel und Fang gleich lang, Teilungspunkt ist der innere Augenwinkel. Oberlinie des Schädels verläuft parallel zur Oberlinie des Fangs, mit leichtem, aber deutlich erkennbarem Stop. Nase, Lefzen und Lidränder schwarz. Der charakteristische Ausdruck ergibt sich durch die vollkommene Harmonie in der Verbindung von Schädel und Vorgesicht, durch Form, Farbe und Platzierung der Augen und durch die richtig angesetzten und korrekt getragenen Ohren.

Augen Mittelgroß, schräg eingesetzt, mandelförmig. Dunkelbraun, außer bei den Merles, wo ein oder beide Augen blau oder blau gesprenkelt sein dürfen.

Ohren Klein und am Ansatz mäßig breit, auf dem Schädel ziemlich eng zusammenstehend. Im Ruhestand werden sie zurückgelegt getragen; im aufmerksamen Zustand werden sie nach vorne gebracht und halb aufrecht, mit nach vorne gekippten Spitzen getragen.

Fang/Gebiss Kiefer ebenmäßig, glatt geschnitten, kräftig, mit gut entwickeltem Unterkiefer. Lippen fest geschlossen. Zähne gesund, mit einem perfekten, regelmäßigen und vollständigen Scherengebiss, wobei die obere Schneidezahnreihe ohne Zwischenraum über die untere greift und die Zähne senkrecht im Kiefer stehen. Ein vollständiger Satz von 42 richtig platzierten Zähnen ist höchst wünschenswert.

Hals Muskulös, gut gebogen, von ausreichender Länge, um eine stolze Kopfhaltung zu ermöglichen.

Vorhand Schultern sehr gut zurückliegend. Am Widerrist nur durch den Wirbel getrennt, liegen

die Schulterblätter dann schräg nach außen, um der gewünschten Wölbung der Rippen Platz zu bieten. Schultergelenke gut gewinkelt. Oberarm und Schulterblatt ungefähr gleich lang. Abstand vom Boden zu den Ellenbogen gleich dem Abstand der Ellenbogen zum Widerrist.
Vorderläufe von vorn gesehen gerade, muskulös und ebenmäßig geformt, mit kräftigen Knochen. Vordermittelfuß kräftig und geschmeidig.

Körper Geringfügig länger vom Schultergelenk zu den Sitzbeinhöckern als die Widerristhöhe. Brust tief, bis zu den Ellenbogen herabreichend. Rippen gut gewölbt, in der unteren Hälfte schmal zusammenlaufend, um den Vorderläufen und den Schultern eine freie Bewegung zu ermöglichen. Rücken gerade, mit einer anmutigen Rundung über der Lendenpartie, Kruppe allmählich nach hinten abfallend.

Hinterhand Schenkel breit und muskulös, Schenkelknochen im rechten Winkel im Becken eingesetzt. Kniegelenk mit deutlicher Winkelung, Sprunggelenk gut geformt und gewinkelt, tief stehend, mit kräftigen Knochen.
Hintermittelfuß von hinten gesehen gerade.

Pfoten Oval, mit gut gepolsterten Sohlen, Zehen gewölbt und geschlossen.

Rute Tief angesetzt. Die zur Spitze hin dünner werdenden Wirbelknochen reichen bis zu den Sprunggelenken; reichlich mit Haar bedeckt und mit einem leichten Aufwärtsschwung. Sie darf in der Bewegung leicht erhoben werden, aber niemals über die Rückenlinie hinaus. Auf keinen Fall geknickt.

Gangart/Bewegung Geschmeidig, fließend und anmutig, mit Schub aus der Hinterhand, dabei größtmögliche Distanz bei geringster Anstrengung zurücklegend. Passgang, kreuzende oder wiegende Gangart oder steife, stelzende Auf- und Abwärtsbewegung sind höchst unerwünscht.

Haarkleid Doppelt, das äußere Deckhaar besteht aus langem, hartem und geradem Haar. Unterwolle weich, kurz und dicht. Mähne und Halskrause sehr üppig. Vorderläufe gut befedert. Hinterläufe oberhalb der Sprunggelenke stark, unterhalb ziemlich kurz/ glatt behaart. Das Gesicht kurz-/glatthaarig. Kurzhaarige Exemplare sind höchst unerwünscht.

Farbe
Zobelfarben: Reinfarben oder in Schattierungen von hellem Gold bis zum satten Mahagoni, wobei die Schattierung kräftig getönt sein soll. Wolfsfarbe und Grau sind unerwünscht.
Tricolour: Tiefschwarz am Körper, vorzugsweise mit satten, lohfarbenen Abzeichen.
Blue merle: Klares, silbriges Blau, mit schwarzer Sprenkelung und Marmorierung. Satte, lohfarbene Abzeichen werden bevorzugt, ihr Fehlen wird nicht bestraft. Große schwarze Flächen, schiefergrauer oder rostfarbener Anflug, sowohl im Deckhaar wie auch in der Unterwolle, sind höchst unerwünscht. Der Gesamteindruck muss von Blau geprägt sein.
Schwarz-weiß und Schwarz mit Loh sind ebenfalls anerkannte Farben.
Weiße Abzeichen dürfen (außer bei Schwarz mit Loh) als Blesse, am Halskragen, an der Brust, an den Läufen und an der Spitze der Rute vorhanden sein. Das Vorhandensein all dieser oder einiger dieser weißen Abzeichen soll bevorzugt werden (außer bei Schwarz mit Loh); das Fehlen dieser Abzeichen soll nicht bestraft werden.
Weiße Flecken am Körper sind höchst unerwünscht.

Größe Ideale Widerristhöhe: Rüden 37 cm, Hündinnen 35,5 cm. Eine Abweichung um mehr als 2,5 cm über oder unter diesen Maßen ist höchst unerwünscht.

Fehler Jede Abweichung von den vorgenannten Punkten sollte als Fehler angesehen werden, dessen Bewertung im genauen Verhältnis zum Grad der Abweichung stehen sollte.

Anmerkung Rüden sollten zwei offensichtlich normal entwickelte Hoden aufweisen, die sich vollständig im Skrotum befinden.

Standardunterschiede zwischen Collie und Sheltie

Im Unterschied zu anderen Rassen, bei denen die „Zwerge" identische Miniaturausgaben der größeren Vorbilder sind (z. B. Pudel und Dackel), verkörpern Collie und Sheltie zwei völlig unterschiedliche Rassen. Beide haben ihre eigene Historie, wobei im Falle des Shelties Collieeinkreuzungen nicht zu leugnen sind. Bedingt dadurch ergeben sich sowohl Besonderheiten als auch Gemeinsamkeiten. Für Laien, aber auch für die Kenner der jeweiligen Rasse ist es nicht einfach, die Unterschiede zu erkennen und in Worte zu fassen. Auf den ersten flüchtigen Blick wirken die Standardinhalte sinngemäß fast gleich – doch eben nur fast.

Wesen Beide Rassen dürfen auf gar keinen Fall nervös oder aggressiv sein, doch der Sheltie sollte sich Fremden gegenüber reserviert zeigen. Collierichter, die auch den kleineren Verwandten richten, oder Allgemeinrichter haben im Ring manchmal Probleme, dies zu akzeptieren.

Kopf Obwohl im Sheltiestandard der Kopf von oben oder von der Seite gesehen wie ein langer, stumpfer Keil beschrieben wird und der Collie einen „gut abgestumpften, sauber geschnittenen Keil" haben soll, ist es doch der Colliekopf, den Sheltiekenner als länger und schmaler empfinden (siehe auch Ausführungen „Ohren"). Ein zu langer, feiner Kopf beim Sheltie erscheint ihnen zu colliehaft. „Mit leichtem, aber deutlich erkennbarem Stop" (Sheltie) zu einem „leichten, jedoch wahrnehmbaren Stop" (Collie) erklärt sich, warum der Sheltie ein klein wenig mehr Stop als sein großer Verwandter haben sollte.

Augen Die Collieaugen sind „etwas schräg", die des Sheltie „schräg eingesetzt", so dass der Grad des Einsatzwinkels erst beim Vergleich deutlicher wird.

Ohren Den deutlichsten Kopfunterschied findet man im Abschnitt Ohren: Während die des Shelties „klein und am Ansatz mäßig breit, auf dem Schädel ziemlich eng zusammenstehend" sein sollen, müssen sie beim Collie „klein", aber „weder zu nahe beieinander auf dem Schädel, noch zu weit voneinander abgesetzt" sein. Die etwas dichter (nicht etwa sich fast berührend) platzierten, am Ansatz breiteren Ohren lassen den Sheltiekopf kürzer erscheinen.

Vorhand Details über die Elastizität des Vordermittelfußes fehlen im Colliestandard. Eventuell wirken Shelties beim Betrachten des Gangwerks von der Seite daher etwas flexibler und länger in den Fesseln.

Körper Einen weiteren, wesentlichen Unterschied findet man im Abschnitt Körper: Ein Sheltie muss eine „anmutige Rundung über der Lendenpartie" mit einer „allmählich nach hinten abfallenden Kruppe" haben. Für den Collie ist dies ein schwerer Fehler. Er muss über eine „leichte Wölbung über der Lendenpartie" verfügen, was ihm im Gegensatz zum fließenden, eleganten Äußeren des Shelties einen breiteren, kräftigeren Eindruck verleiht.

Farbe „Schwarz-weiß" (Black and White) und „Schwarz mit Loh" (Black and Tan) sieht der Colliestandard nicht vor. „Hell stroh- oder cremefarbene" Collies und „Wolfsable und Grau" beim Sheltie sind unerwünscht.

Größe Obwohl zwischen den beiden am dichtesten beieinander liegenden Größenangaben in den Standardtexten (51 cm für Colliehündinnen und 39,5 cm für Sheltierüden) nur 11,5 cm liegen, ist die Größe selbstverständlich der auffälligste Unterschied zwischen den beiden Rassen, der aber niemals dazu führen darf, dass Collies zu sheltiehaft werden und umgekehrt Shelties wie kleine Collies aussehen!

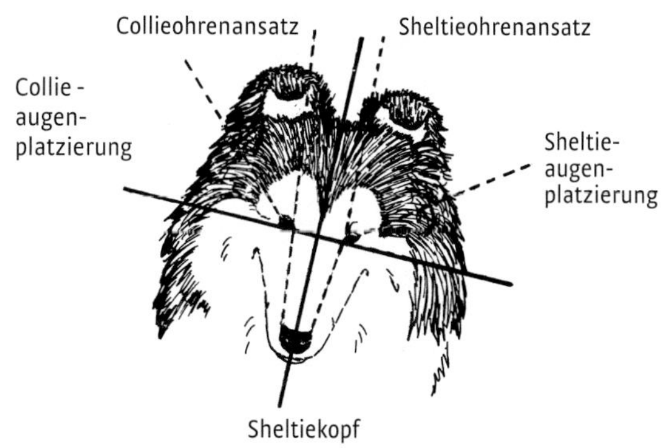

Korrekte Platzierung der Augen und idealer Ohrenansatz (rechts); linke Linien wären für einen Collie ideal

Blaue Augen sind Geschmacksache, züchterisch jedoch nicht beeinflussbar.

Vorsicht

Paart man zwei blue merle Tiere, so verdoppelt sich dieser Verdünnungsfaktor bei einigen Welpen, so dass fast oder vollkommen weiße Tiere geboren werden. In der Entwicklung des Embryos beeinträchtigt der doppelte Verdünnungsfaktor die Ausbildung von Gehör und Augen. Diese Welpen sind meist blind oder taub oder gar beides. Deshalb ist die Paarung zweier blue merle Tiere nicht erlaubt, da sie gesetzlich unter Qualzucht fällt. Solche doppelmerle Weißlinge kommen bei der Verbindung tricolour mit blue merle nicht vor.

Vererbung

Farbenspiele

Die häufigste Fellfarbe des alten Hütehundes war schwarz oder schwarzgrau (blue merle) marmoriert, mit weißen Abzeichen und/oder lohfarbenem Brand. Erst mit der Ausstellungslaufbahn des Collies schenkte man attraktiven Fellfarben mehr Beachtung, und zobelfarben (sable) wurde zum Moderenner.

Später spielte die Farbzucht laut Standard keine Rolle mehr, so dass häufig verwaschene Sable oder rostrote Tricolour mit fahlem Brand auftraten. Daraufhin definierte man die Farben im Standard wieder genauer.

Blue merle

Ein besonders eigenwilliger Farbschlag ist das Blue merle, das bei vielen Rassen vorkommt und auch Harlekin genannt wird. Wissenschaftler streiten sich darum, ob der Merlefaktor im gemischterbigen Zustand Nachteile für den Hund bringt. Halter von blue merle Collies und Shelties schwören darauf, dass ihre Hunde genauso gesund sind wie alle anderen auch. Manche sagen sogar, sie seien im Wesen robuster. Jedenfalls sind uns keine gesundheitlichen Mängel bei blue merle Hunden bekannt, die auf die Färbung zurückzuführen wären. Eine Studie der Universität Gießen Ende der 90er Jahre bei Collies und Shelties bestätigt dies.

Zu Beginn der Colliezucht wurden die ursprünglichen Fellfarben des alten Hütehundes ausgemerzt, denn wer wollte schon einen „gewöhnlichen" Bauernhund haben? Black and Tan (schwarzmarkenfarbig) und Schwarz-weiß starben auf diese Weise beim Collie aus, doch in letzter Minute erinnerten sich Züchter des blue merle Farbschlages und widmeten sich seiner Erhaltung.

Blue merle beruht auf einem so genannten Verdünnungsfaktor im Erbgut, der verursacht, dass stellenweise die schwarzen Pigmente (Farbkörnchen) im Haar des Tricolours „verdünnt" werden und das Haar grau erscheint. Der Blue merle ist im Grunde ein Tricolour. Die Farbverdünnung der Pigmente in rostbraunem Haar (erwünscht ist tiefes Schwarz) kann nie zu einem leuchtend silbrig blauen Haar führen, sondern nur ein schmutziges Grau ergeben, das bei blue merle Collies und Shelties höchst unerwünscht ist.

Blue merle Welpen sollten kleine, scharf abgegrenzte schwarze Flecken aufweisen und die Grundfarbe von hellem Silbergrau sein. Schmutzig grau kann aufhellen, muss es aber nicht. Manche Blue Merle dunkeln im Alter nach. Die Fleckung verändert sich nicht.

Sable merle

Der Merlefaktor wirkt natürlich auch auf Sable (zobelfarben). Zobelfarbene Hunde mit einem Merle zu paaren ist nach den

Zuchtbestimmungen der für Collie und Sheltie Zuchtbuch führenden Vereine im VDH nicht erlaubt. Mit Sachkenntnis durchgeführt, wäre eigentlich nichts gegen diese Verpaarung einzuwenden. Jedoch kann sich der Merlefaktor unerkannt verbreiten, da man ihn zwar noch bei neugeborenen sable merle Welpen als eine Art Marmorierung im Fell sehen kann, aber nicht unbedingt beim erwachsenen Hund.

Da sich die Merlung auch auf die Pigmentierung der Augen erstreckt, haben Merle oft ein oder zwei blaue oder marmorierte Augen. Beim Blue merle ist das in Ordnung, der Standard für einen Sable verlangt aber braune Augen, und der Sable merle wird im britischen Standard nicht erwähnt. Daher sind blaue Augen beim Sable ein Standardfehler. (Selten kommen ein oder zwei hellblaue Augen auch bei Nicht-merles vor, die unabhängig vom Merlefaktor vererbt werden).

Tricolour

Bei tricolour Welpen kann man die Farbintensität des Schwarz und des Brandes schon gut erkennen. Da ein tricolour Collie oder Sheltie (auch Schwarz-weißer) nur die Erbanlagen für Schwarz tragen kann, spielt es keine Rolle, ob seine Eltern blue merle oder zobelfarben sind. Wesentlich ist, dass sein schwarzes Fell niemals bräunlich (der so genannte Rostfaktor wird vererbt) schimmert. Die Unterwolle darf grau sein.

Zobelweiß

Bei gelb-weißen Welpen ist nur schwer vorauszusagen, wie sie einmal erwachsen aussehen werden, denn mit jedem Haarwechsel verändert sich die Färbung und wird intensiver.

Oft sind schmutzig-graubraune Welpen später die schönsten Darksable (mahagonifarben mit schwarzen Haarspitzen). Auch versprechen Welpen mit einer ausgeprägten Maske und langen, hervorstehenden schwarzen Grannenhaaren dunkel-schattiertes Deckhaar zu bekommen, selbst wenn im Junghundalter das Fell vorübergehend cremefarben wird. Helle Welpen ohne schwarze Haare bekommen, je nach Intensität, ein hellblondes oder intensiv goldrotes Fell.

Weiß

Weiße Collies sind offiziell nur in den USA und Kanada anerkannt. In England wurden sie schon sehr früh aus dem Standard verbannt, weil man die Einkreuzung fremder Rassen befürchtete. Die Zucht reinweißer Collies ist mühsam, da ein großer Anteil der Hunde gescheckt ist und nur wenige

1 **Int. Ch. Cest Ci Bon von Crottorf – ein international erfolgreicher blue merle Rüde.**

2 **Sable merle Rüde Ch. Thornacre Stolen Thunder im Ausstellungsring in den USA.**

3 **Tricolour farbener Kurzhaar-Collie Int. Ch. Korad Oneway's Errol Flynn.**

4 **In Europa selten anzutreffen: das attraktive darksable. Hier der Champion und Weltsieger Steadlyn Stagecraft.**

Weiße Colliehündin mit blue merle farbenem Kopf in den USA (Clarion Poison Ivy). **1**

Homozygoter Merle aus zwei blue merle Eltern. Äußerlich zeigte er keine Mängel, war aber blind. **2**

Schwarz-weißer Ch. Sheltie Rüde Mossmill Magpie from Valjon. **3**

Sheltie Hündin Pyrène Bleue du Grand Pre D'Ortignac – blue merle ohne Tan. **4**

die erwünschte reinweiße Fellfarbe haben. Einige „clevere" Züchter kreuzten früher Samojeden ein, um schneller einen höheren Prozentsatz an reinweißen Tieren zu bekommen. In den USA erlaubte man den weißen Collie im Standard, verlangte aber einen farbigen Kopf und erlaubte kleine farbige Flecken am Rutenansatz, damit die Einkreuzung von Albinos, Fremdrassen oder Weißlingen keinen Nutzen mehr brachte. Weiß faktorierte Collies tragen die Erbanlagen für Weiß. Man erkennt sie oft an extrem ausgeprägten weißen Abzeichen, wie weißem Bauch und weißen Streifen an den Schenkeln. Beim europäischen Collie findet man den Weißfaktor manchmal noch bei Blue merle.

Beim Sheltie ist der Weißfaktor hingegen häufig vertreten, daher kommen bei Paarungen von zwei weiß-faktorierten Hunden Weißschecken gelegentlich vor. Diese „Bunten" sind ausgesprochen attraktiv und finden schnell Liebhaber, jedoch sind weiße Shelties in keinem Standard der Welt erlaubt. Weiße und gescheckte Collies und Shelties (sehr wohl aber weiß-faktorierte) werden in Deutschland bei den VDH Zuchtvereinen nicht zur Zucht zugelassen, da man sich nach dem englischen Standard richtet.

Im Standard sind die erwünschten Farben genau beschrieben. Nach der Standardfassung von 1988 übersetzt man sable mit zobelfarben, während man es bis dahin als gelb-weiß bezeichnete. Das englische Wort „sable" wird jedoch auch im deutschen Sprachgebrauch benutzt.

Bicolour

Viele der frühen Shelties waren schwarz-braun („Black and Tan", schwarz mit lohfarbenen Abzeichen) oder schwarz-weiß („Black and White", schwarz mit weißen Abzeichen); leider ist Black and Tan inzwischen ausgestorben.

Die Black and Whites, die genau wie die Blue merle ohne Tan (ohne lohfarbene Abzeichen) unter den Oberbegriff Bicolour fallen, haben in den letzten Jahren zahlenmäßig stark zugenommen. Bicolour wird rezessiv zu allen anderen Sheltiefarben vererbt.

Farbvererbungstafeln

Die Farbvererbungstafel gibt Aufschluss über die Vererbungsweise (vereinfacht dargestellt). Sie berücksichtigt nicht die Vererbung der weißen Abzeichen wie Halskrause, Blesse etc. oder die Intensität des Tan, da diese unabhängig von der Fellfarbe vererbt werden. Die prozentuale Aufteilung bezieht sich jedoch auf eine große Anzahl von Welpen, etwa 100, und kann nicht in einem einzelnen Wurf vorausgesetzt werden.

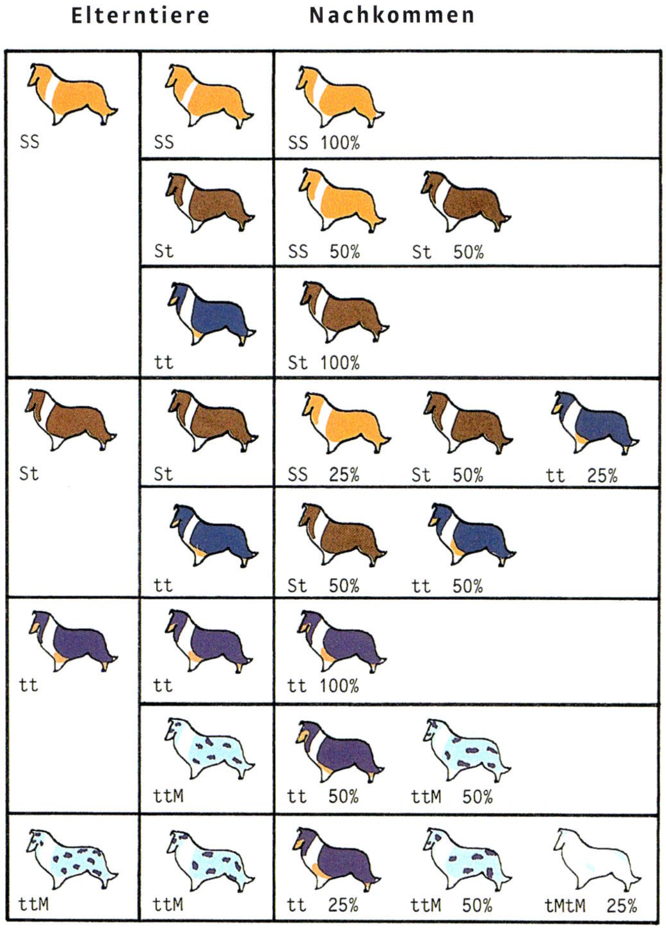

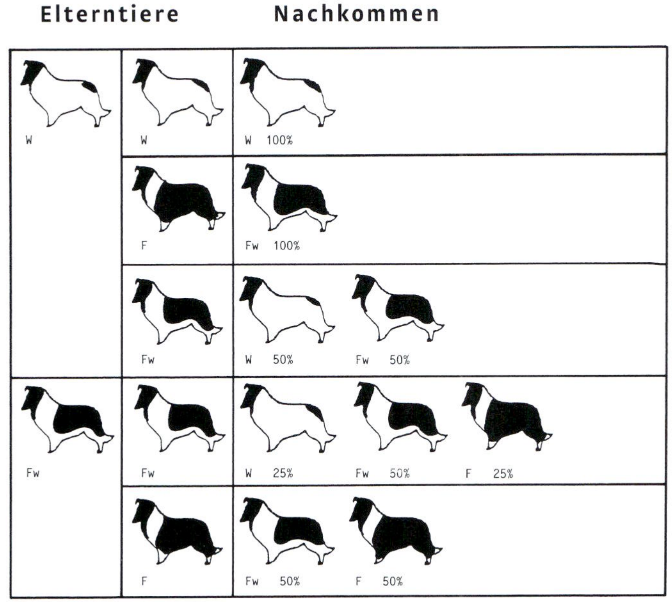

S = Sable (dominant)
t = Tricolour (rezessiv)
M = Merlefaktor (Verdünnung; unvollständig dominant)
SS = reinerbig Sable (Erscheinungsbild zobel weiß)
St = mischerbig Sable (Erscheinungsbild zobel weiß mit einer Erbanlage für Tricolour)
tt = reinerbig Tricolour (Erscheinungsbild Tricolour, zwei Erbanlagen für Tricolour)
ttM = Blue merle
tMtM = reinerbig merle (Erscheinungsbild Weißtiger)
StM = mischerbig Sable merle (Erscheinungsbild zobelfarben)
SSM = reinerbig Sable merle (Erscheinungsbild zobelfarben)
StMM = mischerbig Sable, reinerbig merle (Erscheinungsbild Weißtiger)
SSMM = reinerbig Sable, reinerbig merle (Erscheinungsbild Weißtiger)
w = Weiß (rezessiv)
Fw = farbig weiß faktoriert (Erbanlagen für Weiß vorhanden, mehr oder weniger sichtbar beim normal gezeichneten Hund)
F = Farbig (dominant)

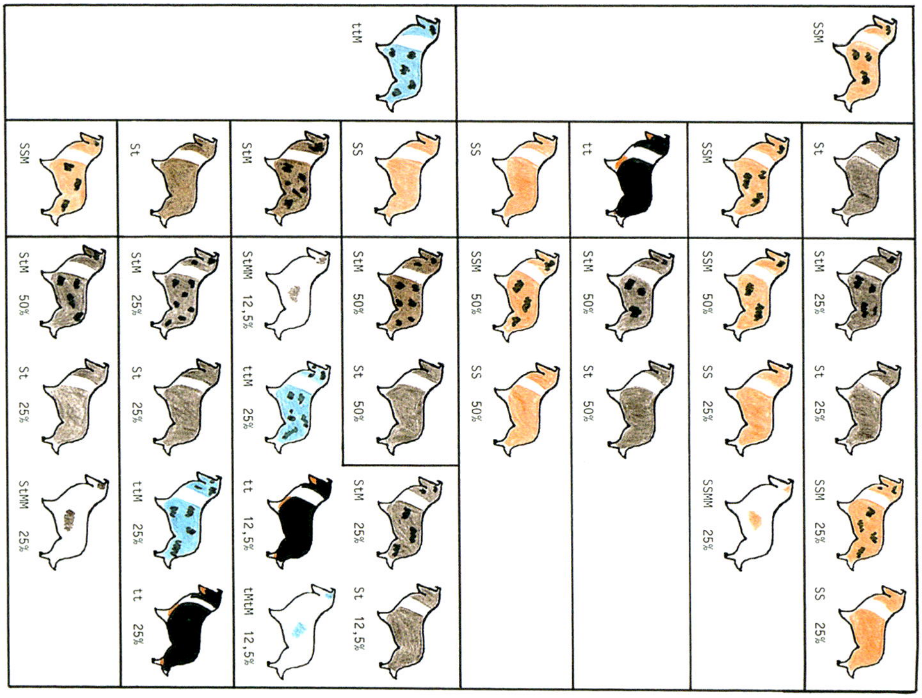
Elterntiere
Nachkommen
SSM
St
StM 25% St 25% SSM 25% SS 25%
SSM
SSM 50% SS 25% SSMM 25%
tt
StM 50% St 50%
SS
SSM 50% SS 50%
ttM
SS
StM 50% St 50%
StM
StM 25% St 12,5%
StMM 12,5% ttM 25% tt 12,5% tMtM 12,5%
St
StM 25% St 25% ttM 25% tt 25%
SSM
StM 50% St 25% StMM 25%

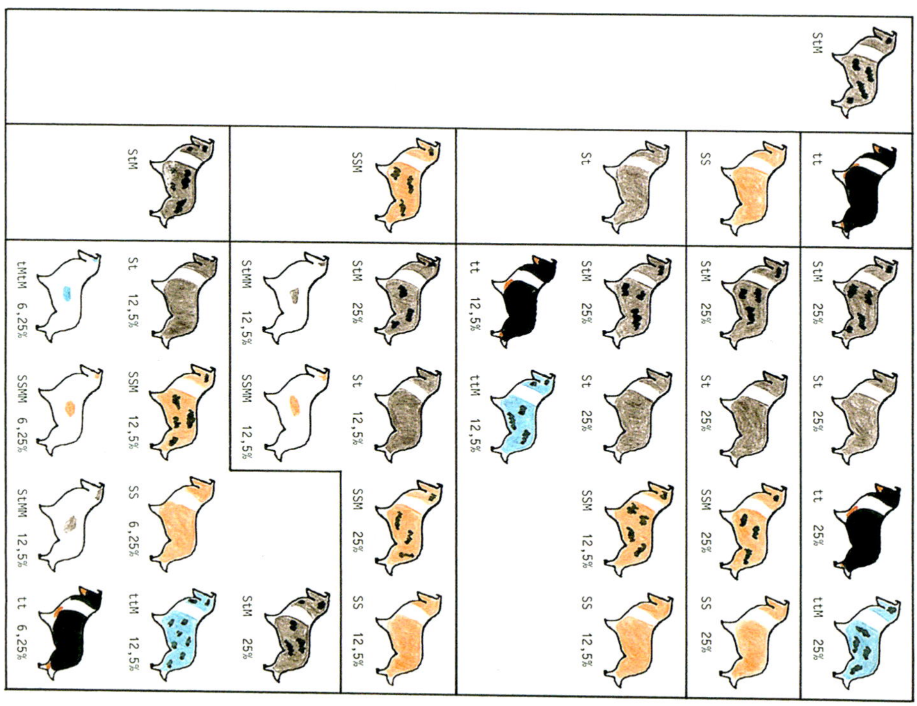
Elterntiere
Nachkommen
StM
tt
StM 25% St 25% tt 25% ttM 25%
SS
StM 25% St 25% SSM 25% SS 25%
St
StM 25% St 25% SSM 12,5% SS 12,5%
tt 12,5% ttM 12,5%
SSM
StM 25% St 12,5% SSM 25% SS 12,5%
StMM 12,5% SSMM 12,5% StM 25%
StM
St 12,5% SSM 12,5% SS 6,25% ttM 12,5%
tMtM 6,25% SSMM 6,25% StMM 12,5% tt 6,25%

Richtige Ohrenstellung

Das erwünschte Kippohr ist eine natürliche Ohrform, die bei vielen Hütehundrassen vorkommt.

Beim acht Wochen alten Welpen fallen die Ohren meist noch ins Gesicht. (Ein achtwöchiger Welpe, der bereits sehr leichte Ohren zeigt, lässt vermuten, dass er ausgewachsen zu Stehohren neigt.) Während des Zahnwechsels zwischen dem 4. und 6. Monat stehen die Ohren auf und kommen manchmal zum Stehen und Sie müssen selbst Hand anlegen. Lassen Sie Enelbin-Paste® antrocknen (kann länger dauern); danach formt man sie in etwa erbsengroße Kügelchen und presst sie in die obere Ohrenspitze. Darauf „kleben" Sie ein kleines Stückchen Zeitungspapier oder tragen etwas Puder auf, damit die Paste nichts verschmutzt. Sie lässt sich spurlos auswaschen. Bei Bedarf wiederholen. Hören Sie mit der Beschwerung erst auf, wenn nach Auslösen der Paste das Ohr von selbst kippt.

Bei leichter Neigung zum Stehen genügt es, Öl oder Glyzerin auf die äußere Ohrspitze zu tupfen und etwas Babypuder darauf zu geben. Enelbin und Öl halten das Ohr geschmeidig und geben ihm etwas Gewicht. Beschwerung allein, z. B. durch Kaugummi in den Ohrenspitzen, trainiert die Muskulatur und beim Entfernen reißt man Haare aus, was ebenso zum Stehen beiträgt.

Kurzhaar-Collies neigen häufig zu Stehohren, da das Gewicht der Haare fehlt, die Ohren oft sehr fein, dünn und lang sind. Fast nicht zu korrigieren sind kurze, dicke dreieckige Ohren wie bei einem Spitz.

Manchmal sind Stehohren ein Stimmungsbarometer (Läufigkeit, Trächtigkeit, säugende Hündinnen) und/oder Zeichen für Dominanz. Besonders Rüden können ihre Ohren nach Stimmung stehen lassen. Bei älteren Hunden kommen die Ohren gerne zum Stehen, vielleicht durch Kalkablagerungen.

Schwere Ohren

Gelegentlich kommen zu tief getragene, so genannte schwere Ohren vor. Wenn Ihr Hund mit sechs Monaten die Ohren noch nicht einmal bis zur Hälfte anhebt, sollten Sie sich vom Züchter beraten lassen. Es kann schon genügen, das feine üppige Haar auf dem und im Ohr zu lichten sowie die Innenflächen mit Franzbranntwein nach oben zu streichen. Die Behandlung schwerer Ohren muss individuell abgestimmt werden, daher ist es schwierig, hier Ratschläge zu erteilen. Meist muss mit Klebeband gestützt und fixiert werden. Verlassen Sie sich auf die Erfahrung eines Fachmannes z. B. aus dem Zuchtverein.

Es kostet Geduld, bis der Hund seine korrekte Ohrenhaltung bekommt. Aber ein korrektes Kippohr trägt viel zum typischen, schönen Gesichtsausdruck bei.

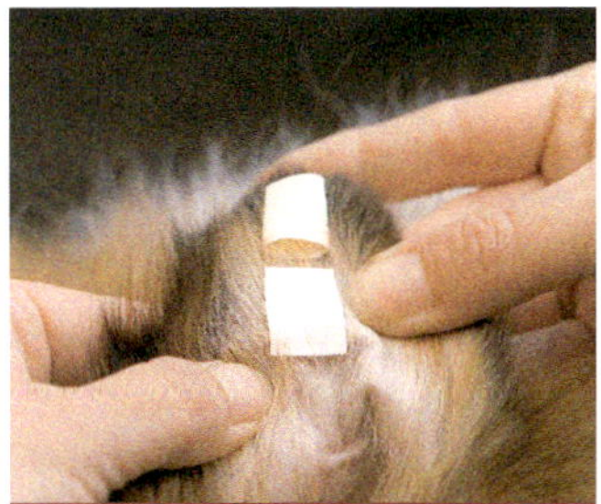

AMERIKANISCHE METHODE

Innere Ohrmuschel mit in medizinischem Alkohol getauchten Wattebausch reinigen und von Fett befreien (auch die Finger!). Mitten ins Ohr klebt man ein Stückchen eines hautfreundlichen, antiallergischen weißen Klebebandes (aus der Apotheke) ca. 1,5 cm breit. Dann wickelt man aus diesem Material eine kleine Rolle um den Finger, Klebefläche nach außen und heftet sie auf das eingeklebte Stück im Ohr. Danach drückt man die überfallende Ohrspitze dem natürlichen Fallknick entsprechend gegen das Röllchen. So fixiert man die Ohrspitze an der Ohrmuschel, durch das Röllchen ist Flexibilität gegeben.

1 Die langen Haare werden rund um die Pfote abgeschnitten.

2 Auch das Haar zwischen den Ballen wird gekürzt.

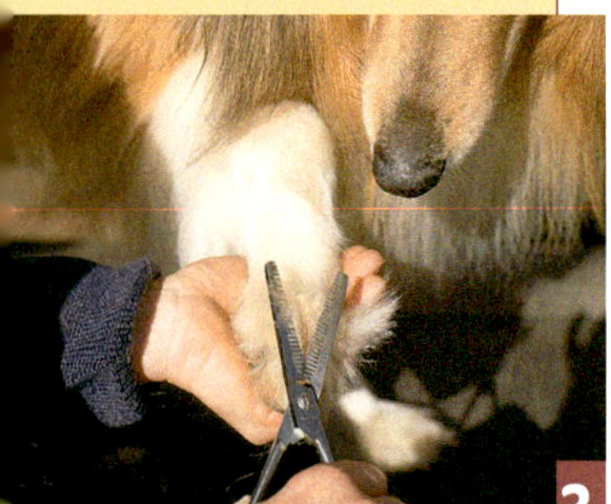

3 Das Fell nach hinten kämmen und glatt abschneiden.

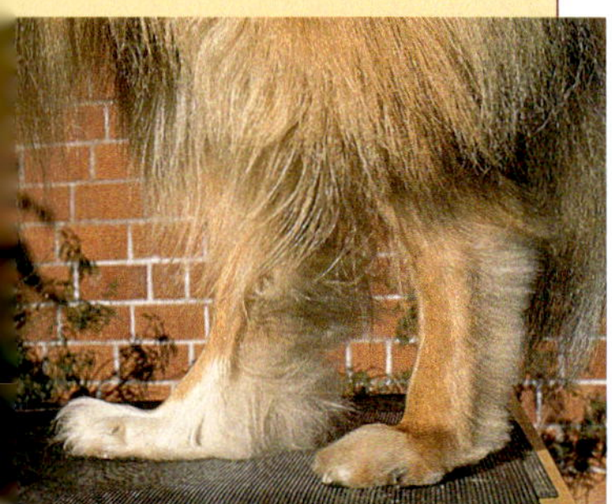

4 Vergleich: beschnittene und naturbelassene Hinterpfote.

Zuchtschauen

Bittet Sie der Züchter, mit Ihrem Hund eine Hundeausstellung, korrekt Zuchtschau genannt, zu besuchen, sollten Sie dies nicht abschlagen. Dort bekommen Sie ein fachliches Urteil über die äußeren Qualitäten Ihres Hundes und haben die Gelegenheit, andere Hunde zu sehen und mit deren Besitzern Erfahrungen auszutauschen. Der Züchter sieht darin einen Wettstreit, bei dem er seine Zuchtergebnisse mit denen anderer Züchter vergleichen kann und der ihm zeigt, ob er mit seinen Bemühungen Erfolg hat. Für die Rassehundezucht sind Zuchtschauen von großer Bedeutung.

Ausstellungstermine und Meldeunterlagen erhalten Sie beim Dachverband oder Zuchtverein. Voraussetzung für die Teilnahme eines Hundes ist die von der FCI anerkannte Ahnentafel oder eine Registrierung beim Rasseclub, dass er älter als sechs Monate ist, im Falle eines Rüden beide Hoden in den Hodensack abgestiegen und fühlbar vorhanden sind, der Hund gesund und frei von Ungeziefer ist. Läufige Hündinnen dürfen die Schau nicht betreten. Beachten Sie die Gesundheitsbestimmungen (Tollwutimpfungen etc.).

Lesen Sie sorgfältig die Meldepapiere hinsichtlich der Bedingungen zur Meldung in die jeweiligen Klassen durch, damit Sie Ihren Hund in der für ihn richtigen Klasse melden.

Der Ausstellungshund

Selbstverständlich sollte man einen Collie oder Sheltie nur in bester gesundheitlicher Verfassung und mit etwas Ringtraining ausstellen. Der Richter hat nur wenige Minuten Zeit, sich ein Urteil über Ihren Hund zu bilden. Dessen Vorzüge sollten deshalb auf den ersten Blick zu sehen sein und dem Richter ins Auge fallen. Wir geben Ihnen hier ein paar Tipps, wie Sie auch als Anfänger einen gut vorbereiteten Hund vorführen können.

Tipps zur Ausstellung

- Es hat nur Sinn, einen Collie oder Sheltie zu zeigen, wenn er sich in voller Haarpracht befindet und nicht gerade im Fellwechsel steht oder die Unterwolle abgeworfen hat. Es wäre unfair, ihn in solch unschönem Zustand in die Konkurrenz zu schicken, denn er würde gegen Hunde in guter Kondition wenig Chancen auf eine Platzierung haben.
- Der ganze Hund wird eine Woche vor der Ausstellung und dann noch mehrmals bis zur Schau gründlich am ganzen Körper gebürstet. Viel bürsten gibt dem Haar Glanz und Fülle. Mit der richtigen Bürste reißt man bei gesundem Fell keine Unterwolle aus. Wirklich gut aussehende und professionell vorgeführte Hunde sind immer sorgfältig und gründlich gepflegt.

- Einige kleine Schönheitskorrekturen werden mit der Schere durchgeführt. Die Pfoten müssen klein, oval und gut geschlossen sein. Langes, fransiges Haar sieht ungepflegt aus (und bringt zu Hause mehr Schmutz herein). Schneiden Sie am stehenden Hund rund um die Pfote und zwischen den Zehen die langen Fransen mit einer Schere, die abgerundete Spitzen hat, ab und das lange Haar vorsichtig heraus. Dies ist auch im täglichen Leben praktisch, denn es können sich keine Fremdkörper in den Haaren verfangen und im Winter keine Eisklumpen bilden. Doch niemals zu kurz, denn die Krallen sollten nicht deutlich hervorstehend sichtbar sein!
- Zwischen Sprunggelenk und Pfote befindet sich an den Hinterläufen meist eine Befransung, die laut Standard kurz ist. Kämmen Sie das flaumige Haar an der Rückseite der Pfoten nach oben zum Sprunggelenk und schneiden Sie es mit einem einzigen Schnitt von oben nach unten ab. Jedoch nicht zu dicht am Knochen, lassen Sie etwa 1 bis 2 cm Haar stehen. Quer schneiden ergibt hässliche Stufen. Man sollte nicht sehen, dass geschnitten wurde. Versuchen Sie sich im Trimmen am besten lange bevor Sie eine Schau planen. Falls Sie sich verschneiden, sind die Spuren nicht mehr auf den ersten Blick sichtbar. Wächst das lange, weiche Haar um die Ohren zu üppig und fransig, kürzt man es mit einer Effilierschere.
- Wenn Sie Ihren Hund wie beschrieben regelmäßig gepflegt haben, bürsten Sie ihn am Vortag gründlich, reinigen Zähne und Ohren, kürzen die Krallen bei Bedarf. Sie können die weißen Fellpartien anfeuchten und mit einem milden Hundeshampoo waschen. Wenn das gut ausgespülte und abgetrocknete Haar gerade noch feucht ist, geben Sie Mais- oder Kartoffelmehl in eine flache Schale und tauchen eine Bürste mit Naturborsten hinein. Damit verteilen Sie das Mehl in die weißen Fellpartien. Wenn das Haar vollkommen trocken ist, bürsten Sie das Mehl sorgfältig aus. Diese Prozedur verleiht dem weißen Fell Fülle und bringt es zum Strahlen. Das farbige Fell sprüht man mit weichem klarem Wasser evtl. mit einem kleinen Schuss medizinischen Alkohol ein (Blumensprüher) und rubbelt es mit einem Handtuch trocken. So entfernt man auch Schmutz.

Tipp

Wir empfehlen für eine erste Teilnahme mit Hund immer eine in der Nähe stattfindende Spezialzuchtschau. Sie ist weniger anstrengend als die großen internationalen Ausstellungen mit Tausenden von Hunden und eher geeignet, erste Erfahrungen zu sammeln und Kontakte zu knüpfen.

Mit einer Effilierschere werden unordentliche Fransen gekürzt, um das Ohr besser wirken zu lassen.

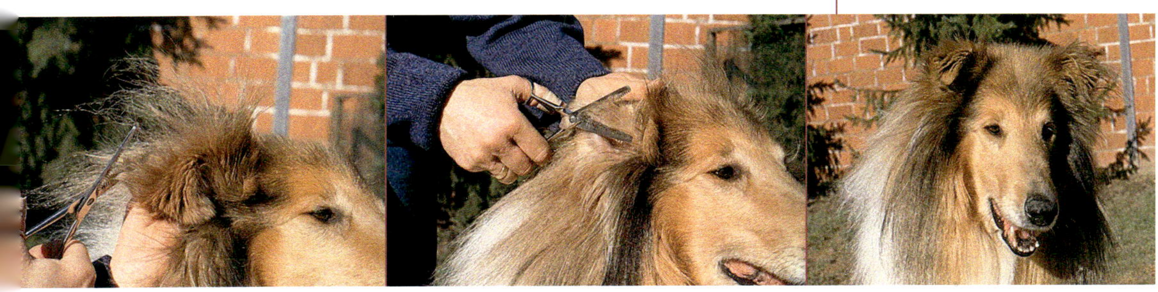

Zwei erfolgreiche Collies werden perfekt präsentiert.
Links: New ET von Schloß Ramstedt und rechts der spätere Int. Ch. Ashley vom Traumland.

Wichtig

Denken Sie bitte daran, dass jeder, auch der „älteste Hase" im Ring beim Vorführen nervös ist. Das überträgt sich auf den Hund. Ein gut trainierter Hund, der weiß, was er tun soll, gibt beiden Sicherheit und mildert die Nervosität. Bei den hohen Meldegeldern und Reisekosten lohnt es sich wirklich, etwas Aufwand in das Training zu stecken!
Sie dürfen mit Ihrem Hund im Ring reden, ihn loben und belohnen.

Ringtraining

Damit der Richter Gebäude und Gangwerk eines Hundes beurteilen kann, muss der Hund an lockerer Leine freudig mitlaufen und sich Ihrer Ganggeschwindigkeit anpassen. Collie und Sheltie sollen leichtfüßig und fließend laufen und werden am besten in einem leichten Trab vorgeführt. Aber auch das Stehen will gelernt sein. Collie und Sheltie sollen würdevoll und gelassen, dabei aufmerksam im Ring stehen. Aufmerksam deshalb, weil ihre Ohren in Lauschhaltung aufgerichtet sein müssen. Nur so kann der Richter den Gesichtsausdruck beurteilen. Dieser ist eine besondere Eigenart von Collie und Sheltie und macht einen großen Teil ihres Zaubers aus.

Wenn Ihr Hund im Ring steht wie ein begossener Pudel und die Ohren anlegt oder wie wild herumtobt, müssen Sie verstehen, dass es der Richter leichter hat, einen Hund zu bewerten, der gesittet steht, verträumt zu seinem Herrn aufschaut und seine Schönheit voll entfaltet. Das kommt jedoch nicht von ungefähr, sondern muss geübt werden. Wenn Sie Ihren Hund später ausstellen wollen, dann beginnen Sie von klein auf mit dem Ringtraining.

Zeigen der Zähne

Ein korrektes Gebiss ist sehr wichtig, deshalb wird es jeder Richter überprüfen. Üben Sie dies vorher. Bitten Sie Freunde um Mithilfe, damit Ihr Hund auch Fremde an sein Gebiss heranlässt.

Heben Sie bei geschlossenem Fang die Lippen an, damit die Schneidezähne sichtbar werden; danach die Lefzen an den Seiten. So kann der Richter den Gebissschluss sehen und feststellen, ob eventuell Zähne fehlen. Öffnen Sie nun den Fang. Dabei legen Sie die linke Hand über den Fang, umschließen mit der rechten den Unterkiefer und drücken mit Daumen und Zeigefinger zwischen die Kiefer, bis er das Maul öffnet. Das kann ein Geduldsspiel sein, aber wenn Ihr Hund gewöhnt ist, dass Sie regelmäßig sein Gebiss reinigen, dürfte es kein Problem sein.

Das richtige Stehen

Ehe Sie füttern, sagen Sie ruhig und beschwörend – niemals fordernd und streng – „Steh!“ und halten dem Hund einen Leckerbissen in der geschlossenen Hand vor die Nase. Nicht hochhalten, dann setzt er sich. Es hilft, ihm mit einem Finger leicht unter den Bauch zu fassen, bis er versteht, was „Steh“ bedeutet. Man kann sich dabei ruhig neben den Welpen knien oder beim Sheltie auf dem Tisch üben, da er auch auf dem Tisch beurteilt wird. Sicherlich wird er aufmerksam darauf achten, was Sie in der Hand halten, und mit langem Hals und aufgerichteten Ohren (auch wenn es beim Welpen noch Schlappöhrchen sind, so zieht er sie doch auf dem Kopf hoch) danach suchen. Wenn er ganz aufmerksam ist, bewegen Sie ruhig die Hand vor seiner Nase hin und her, dann bekommt er einen kleinen Happen. „So ist's brav!“

Doch achten Sie darauf, dass er auf allen vier Pfoten stehen bleibt und nicht anfängt zu hüpfen. Er bekommt den Leckerbissen nur dann, wenn er steht und die Ohren interessiert aufstellt. Üben Sie bei Spaziergängen an der Leine – Stehenbleiben – Hand mit Leckerchen vor die Nase – ist er ganz aufmerksam, geben Sie ihm die Belohnung nach ein paar Sekunden. Hat Ihr Hund sicher auf den Leckerbissen reagiert und sich auch in fremder Umgebung nicht ablenken lassen, haben Sie den wichtigsten Schritt zum Erfolg getan.

Ein Welpe, der noch krumm auf den Beinen steht, sollte Ihr Idealbild nicht stören. Später, wenn er die Lektion beherrscht, können Sie den Stand der Pfoten durch leichtes Antippen der Zehen mit Ihrer Fußspitze oder einen kleinen Schritt nach vorne korrigieren. Stellen Sie sich nun vor den Hund, so dass er in Ihr Gesicht schauen kann, und treten ein oder zwei Schritte zurück. Der Hund soll frei und entspannt stehen bleiben. So sehen Sie Standfehler und stören nicht den Blick des Richters. Reichen Sie Leckerbissen immer dann, wenn der Hund richtig steht. Mit zunehmendem Training lassen Sie den Hund immer länger auf seinen Leckerbissen warten, denn im Ring kann man nicht ununterbrochen füttern. Ist Ihr Hund nicht besonders fresslustig, lassen Sie ihn am Abend vor der Schau hungern. Er wird dann im Ring umso begieriger auf den Leckerbissen sein. Aber: Auch Hunde fühlen sich mit nüchternem Magen unwohl – Stress! Ein zu gieriger Hund drängelt und steht nicht korrekt. Also nur so weit hungern lassen, bis er ein angenehmes Interesse zeigt.

Herrliche Leckerbissen sind selbst gemachte Leberhäppchen, die nur auf der Schau gegeben werden sollten. Man kocht Rinderleber mit einer Knoblauchzehe, schneidet sie in ganz kleine Häppchen, die man gerade noch so dem Hund geben kann, und lässt sie bei geringer Hitze im Backofen trocknen. Sie sind dann lange haltbar und schmieren nicht. Tragen Sie Kleidung mit einer Tasche, in die Sie den Vorrat stecken können. Oft genügt es, die Hand in diese Tasche zu stecken, um die volle Aufmerksamkeit des Hundes zu erhalten.

Durch sanftes Antippen seiner Pfote korrigiert der erfahrenen Ausstellungssieger und berühmte Vererber Ch. Sunsweet Smooth Operation seine Pfotenstellung.

Wichtig

Achten Sie ganz besonders darauf, dass Ihr Hund nicht an der Leine zerrt oder Sie den Kopf des Hundes mit der Leine hochreißen und ihn förmlich „aufhängen“. Leider sieht man diese Unart viel zu oft im Ring; dabei leidet der Hund durch den Druck am Hals, wenn er an der dünnen Showleine hochgezogen wird, die Gesichtsadern treten hervor und der liebliche Gesichtsausdruck verschwindet.

Ch. Ingledene Late Nite Love, geb. 2000, erfolgreichster Langhaar Collie 2003 und 2004. Mit 15 CCs (Championatsanwartschaften) erfolgreichste Langhaar Colliehündin aller Zeiten in Großbritannien.

Mit 31 CCs erfolgreichster Langhaar-Collie aller Zeiten in Großbritannien, davon 3 x Rassebester auf der größten Hundeschau der Welt (Crufts): Ch. Phreelancer Phrosty Moon over Corydon, geb. 1996.

Am Tag der Zuchtschau

Packen Sie schon am Vorabend der Schau alles ein: Meldebestätigung, Ahnentafel, Impfpass, evtl. weitere Gesundheitsdokumente, Bürste, Sprühflasche, Wasserflasche, Futternapf, Hundefutter, Leckerbissen, Ausstellungsleine, Hundedecke, Klappstühle, Hundebox. Für schlechtes Wetter nehmen Sie reichlich Handtücher oder Hundetrockentücher mit, denn es kann passieren, dass Sie vor dem Richten noch Bauch und Pfoten waschen müssen. Jegliche Zusatzmittel für die Fellpflege sind im Ausstellungsgelände nicht erlaubt. Der Hund sollte deshalb möglichst sauber bleiben! Eventuelle Beschwerungsreste in den Ohren vor dem Richten spurlos entfernen!

Sie sollten ca. zwei Stunden vor dem Richten auf dem Gelände sein, um in Ruhe einen Platz nahe am Ring oder eine freie Box zu suchen. Und noch etwas: Nehmen Sie einen Begleiter mit, damit der Hund nie unbeaufsichtigt bleibt.

Halten Sie Ihren Hund von anderen Hunden fern, lassen Sie ihn nicht am Ring herumliegen. Halten Sie ihn bei guter Laune für den großen Auftritt. Geben Sie ihm die Möglichkeit, sich vorher noch einmal zu lösen.

Versuchen Sie trotz aller Aufregung ruhig und gelassen zu sein, um den Hund nicht nervös zu machen. Wenn er das Gefühl hat, dass Ausstellungen etwas Unangenehmes sind, weil Frauchen oder Herrchen schnell ungehalten wird, wird er nie ein guter Ausstellungshund werden. Besonders Junghunden verdirbt man schnell den Spaß!

Beurteilung des Hundes

Es genügt für den Anfang vollkommen, dass Ihr Hund im Ring aufmerksam steht, wenn ihn der Richter betrachtet. Begutachtet er andere Hunde, kann sich Ihr Hund entspannen, um dann wieder ganz „Ohr“ zu sein, wenn es um die Endausscheidung geht. Jetzt muss Ihr Hund in voller Schönheit dastehen und sich bestens präsentieren. Hier macht sich ein gutes Training bezahlt, denn zu wissen, dass sich der Hund gut präsentiert, gibt Ihnen die notwendige Gelassenheit, die sich auch auf Ihren Hund überträgt.

Lassen Sie sich überraschen von dem, was der Richter über Ihren Hund zu sagen weiß, und nehmen Sie das Urteil dankend an. Wenn Ihr Hund nicht auf Anhieb einen der ersten Plätze einnimmt, kann das vielerlei Gründe haben. Niemals darf ein Misserfolg auf einer Ausstellung das Verhältnis zwischen Mensch und Hund trüben. Hat Ihnen das Ganze Spaß gemacht, sollten Sie es ruhig noch einmal auf einer anderen Schau unter einem anderen Richter versuchen. Vielleicht wird ja das Ausstellen für Sie zum neuen Freizeitsport.

Formwertnoten nach VDH-Reglement

- Vorzüglich (V) darf nur einem Hund zuerkannt werden, der dem Idealstandard der Rasse sehr nahe kommt, in ausgezeichneter Verfassung vorgeführt wird, ein harmonisches, ausgeglichenes Wesen ausstrahlt, „Klasse“ und eine hervorragende Haltung hat. Seine überlegenen Eigenschaften seiner Rasse gegenüber werden kleine Unvollkommenheiten vergessen machen, aber er wird die typischen Merkmale seines Geschlechtes besitzen.
- Sehr gut (SG) wird nur einem Hund zuerkannt, der die typischen Merkmale seiner Rasse besitzt, von ausgeglichenen Proportionen und in guter Verfassung ist. Man wird ihm einige verzeihliche Fehler nachsehen, jedoch keine morphologischen. Dieses Prädikat kann nur einem Klassehund verliehen werden.
- Gut ist einem Hund zu erteilen, welcher die Hauptmerkmale seiner Rasse besitzt, aber Fehler aufweist, unter der Bedingung, dass diese nicht verborgen werden.
- Genügend erhält ein Hund, der seinem Rassetyp genügend entspricht, ohne dessen allgemein bekannte Eigenschaften zu besitzen bzw. dessen körperliche Verfassung zu wünschen übrig lässt.
- Unter bestimmten Voraussetzungen kann ein Hund disqualifiziert werden oder ohne Bewertung aus dem Ring gehen.

Wichtig

Zeigt sich Ihr Hund im Ring nervös, will vor den Augen der vielen zwei- und vierbeinigen Zuschauer nicht laufen, entschuldigen Sie sich am besten beim Ringhelfer und bitten den Ring verlassen zu dürfen. Keinesfalls dürfen Sie nervös oder gar ärgerlich werden und am Hund herumzerren. Dies sollte man dem Hund und dem Ansehen der Rasse nicht zumuten. Leider kommt es immer wieder vor, dass Richter solche Hunde auch noch platzieren. Das entspricht weder dem Standard noch den vorgegebenen Formulierungen der Formwertnoten.

Von der Wurfplanung bis zur Welpenabgabe

Als stolzer Hündinnenbesitzer wird vielleicht irgendwann der Wunsch in Ihnen wach, Welpen aufzuziehen. Dieser Schritt kann allerdings nicht vorbehaltlos empfohlen werden, zumal – entgegen landläufiger Meinung – eine Hündin nicht geworfen haben muss; Hündinnen, die nie Welpen gehabt haben, sind genauso viel oder wenig krankheitsanfällig oder scheinträchtig wie oft gedeckte Zuchthündinnen. Oft hört man, dass wesensschwache Hündinnen durch einen Wurf wesensfester werden. Das beruht auf der Tatsache, dass die Hündin an Bedeutung für den Erhalt des Rudels gewinnt, sie rückt im Status auf. Deshalb kommt es bei mehreren Hündinnen manchmal zu Rangeleien, wenn eine rangniedere, jüngere Hündin vor einer älteren, ranghöheren gedeckt wird.

Eine echte Wesensschwäche wird dadurch nicht behoben, die Mutter gibt sie höchstens an ihre Kinder weiter. Ein angeborener Schutzinstinkt kann die Hündin während der Betreuung ihrer Welpen vorübergehend wesensfester erscheinen lassen, doch einen dauerhaften Einfluss hat die Aufzucht von Welpen nicht.

Die Hundefeindlichkeit steigt allgemein, weil immer mehr Menschen Hunde anschaffen, die besser die Finger von der Hundehaltung ließen. Ihr Interesse sollte es nicht sein, dass irgendwelche Menschen einen Hund spazieren führen.

Vater und Tochter: Corydon Demi Shadow und Fair Scarlet v. d. Allerheide.

Hundezucht ernsthaft betrieben, ist teuer und aufwändig, alleine schon, bis der Hund endlich zur Zucht zugelassen ist. Sie ist nur gerechtfertigt, wenn man zur Vervollkommnung der Rasse beitragen möchte. Unter diesem Aspekt kann die Hundezucht zu einem wundervollen Hobby werden. Es macht unendlich viel Freude, die Welpen aufwachsen zu sehen, und kostet viele Tränen, wenn etwas schief geht und Tiere sterben.

Schönheit und Gesundheit, die sich widerspiegeln. Zwei tricolour Sheltie Champion Hündinnen.

Vorüberlegungen

Bevor Sie sich zu dem verantwortungsvollen Schritt der Zucht entschließen, sollten einige Punkte geklärt sein, die u. a. auch vom Zuchtwart überprüft werden, ehe Sie eine Genehmigung zur Eröffnung eines Zuchtzwingers in einem der VDH-Vereine erhalten:

- Leben Sie in einer Wohnung mit Zugang zum Garten?
- Haben Sie einen hellen, trockenen und leicht zu reinigenden Raum im oder nahe des unmittelbaren Wohnbereiches für die Aufzucht der Welpen, der möglichst einen Ausgang ins Freie hat?
- Ist Ihr Garten sicher eingezäunt? Welpen, die im Garten toben, lassen kaum etwas übrig von Blumenrabatten und Rasen (Vorsicht mit giftigen Pflanzen!).
- Haben Sie die Zeit, sich ausgiebig mit den Welpen zu beschäftigen, da Füttern und Reinigen nicht genug sind, um ein gutes Verhältnis zum Menschen und zur Umwelt aufzubauen? Welpen machen viel Lärm – denken Sie an Ihre Nachbarn.
- Besitzen Sie mehr als zwei zuchtfähige Hündinnen (egal welcher Rasse und ob zur Zucht zugelassen oder nicht), müssen Sie Ihre Zuchtstätte beim zuständigen Veterinäramt genehmigen lassen.

Welpenaufzucht ist sehr teuer. Ehe die Einnahmen durch den Welpenverkauf auf dem Tisch liegen, müssen Sie Futter- und Tierarztrechnungen, die Kosten für die Formalitäten des Zuchtvereines (Ausstellung, evtl. Körung, HD-Untersuchung und -auswertung, Augenuntersuchung, Zuchtwartbesuche, Ahnentafeln etc.), Fahrt zum Deckrüden und Deckgebühr begleichen. Wurmkuren und Impfungen sind auch nicht billig.

Als Anfänger ohne Kundenstamm haben Sie möglicherweise Schwierigkeiten, die Welpen zu verkaufen und müssen viel Geld für Zeitungsanzeigen oder eine Internetpräsenz ausgeben. Sie müssen damit rechnen, dass ein oder zwei Welpen übrig bleiben. Sie fressen förmlich den scheinbaren Gewinn auf. Rasch sind die putzigen Wollknäuel dem niedlichen Alter entwachsen und schwieriger zu verkaufen. Sie müssen nicht nur erzogen und mit der Umwelt vertraut gemacht werden, denken Sie auch an den Lärm, Schmutz und Pflegeaufwand, ganz zu schweigen von den Futterkosten, die mehrere Hunde verursachen. Die Aufzucht von Sheltiewelpen ist insofern einfacher, als man mit weniger Raum und wesentlich geringeren Futterkosten auskommt als beim Collie. Dafür werfen Sheltiehün-

Wichtig

Die Feinheiten des Standards lernt man erst mit der Zeit und durch Erfahrung.
Ein Trost: Auch der erfolgreichste Züchter musste mal anfangen – und Lehrgeld zahlen!

dinnen in der Regel weniger Welpen. Jedoch sind Sheltiewelpen eine besonders quirlige Schar, für die man Zeit und Nerven braucht.

Überlegen Sie gut, ob Sie wirklich zu Ihrem Vergnügen Lebewesen in die Welt setzen wollen, für deren weiteres Schicksal Sie mitverantwortlich (durchaus auch vor dem Gesetz) sind. Und letztlich kann ein Wurf das Leben Ihrer Hündin kosten.

Wenn Sie sich nach reiflicher Überlegung dazu entschlossen haben, zu züchten, und wenn Ihre Hündin eine anerkannte Ahnentafel besitzt und Sie möchten, dass auch die Welpen Ahnentafeln bekommen, wenden Sie sich frühzeitig an den Zuchtverein Ihrer Wahl, der Sie über die erforderlichen Formalitäten informiert.

Der passende Rüde

Die Auswahl des Deckrüden ist immer ein schwieriges Problem für den Züchter, denn er sucht natürlich den idealen Partner. Man muss die Vorzüge und Nachteile der Hündin kennen, um einen ausgleichenden Rüden zu wählen, der nicht ausgerechnet die Fehler der Hündin besitzt. Man sollte möglichst Nachzucht vom Rüden gesehen haben, aber der Anfängerzüchter hat zwangsläufig Schwierigkeiten, die Qualitäten zu erkennen und abzuwägen. Nicht jeder Rüdenbesitzer oder Züchter berät selbstlos und objektiv.

Am besten orientiert man sich am Züchter der Hündin, wenn sie aus einer erfolgreichen Zucht stammt. Ansonsten hilft nur: möglichst viele Hunde auf Ausstellungen sehen, viel Literatur studieren und letztlich seinem Instinkt folgen. Nehmen Sie nur einen Rüden, der für Sie den Collie oder Sheltie verkörpert, wie Sie ihn zu züchten wünschen. Er muss durch seine Persönlichkeit auffallen und ein sicheres, freundliches Wesen haben.

Inzucht und Linienzucht

Lassen Sie sich als Anfänger nicht auf Inzucht und die so genannte Linienzucht, eine Form der Inzucht, ein. Zu Beginn der Rassehundezucht wurden durch Inzucht die erwünschten Rassemerkmale gefestigt, aber bis vor wenigen Jahrzehnten Unerwünschtes radikal ausgemerzt. Heute wird jeder Welpe aufgezogen und kann in die Zucht gehen. Viele Rassen sind inzwischen durch die lange Phase der In- und Linienzucht im Genpool derart verarmt, dass Degenerationserscheinungen wie kleine Würfe, schwächere und kleinere Welpen, kleiner werdende Hunde, häufigeres Auftreten von Erbkrankheiten, mangelnde Belastbarkeit (Nervenschwäche) bei Stress, Krankheitsanfälligkeit usw. immer stärker zu beobachten sind.

Beim Collie und auch beim Sheltie dominieren bestimmte Blutlinien, so dass man nach ein paar Generationen häufig die gleichen Ahnen in einer Ahnentafel wiederfindet, auch wenn die ersten Generationen nicht verwandt erscheinen mögen. Der Ahnenverlust bringt den Verlust vieler notwendiger Gene mit sich. Deshalb wenigstens

1

2

1 Ein einflussreicher Zuchtrüde: Int. Ch. Jonny vom Dünnwalder Busch.

2 Erfolgreichster Zuchtrüde 2004 in Großbritannien: der Brasilienimport Int. Ch. Weltsieger Lakefield Love is in the Air.

Wichtig

Schönheit ist wirklich nur relativ und rascher Erfolg auf Ausstellungen und Mitlaufen mit dem Trend ist nie Motivation eines Züchters, dem das Wohlergehen der Rasse am Herzen liegt. Gedeihen kann eine Rasse nur, wenn sie den Hundebesitzern Freude bereitet.

fünf Generationen Abstammungen von Rüde und Hündin vergleichen. Begeben Sie sich nicht auf das Glatteis der Inzucht – das ist etwas für erfahrene Züchter, die die Hunde, auf die Inzucht betrieben wird, persönlich kennen. Leider hören wir immer wieder Leute von bestimmten berühmten Vererbern schwärmen, auf die ihre Hunde zurückgehen, die sie selbst aber nie gesehen haben. Viele dieser Hunde kennen wir persönlich. Es waren durchaus welche mit Wesensfehlern darunter; auch drastische Ruten- oder Gebäudefehler usw. kamen vor. Mit den passenden Hündinnen haben diese Rüden sicher hervorragende Nachzucht gebracht und wurden über diese zu Meilensteinen der Zucht, doch Inzucht betreiben sollte man auf solche Hunde nicht! Insbesondere wenn gravierende Wesensschwächen vorliegen. Denken Sie daran, dass die meisten Welpen an Menschen gehen, die ihren Hund lieben und keine Ambitionen für den Ausstellungssport oder die Zucht haben. Die größte Verantwortung ist es demnach für einen Züchter – umso mehr für einen Anfänger – für diese schwierige Aufgabe als Familienbegleithund taugliche, gesunde und nervenfeste Hunde zu züchten. Erfolgreiches Teilnehmen am Schauwettbewerb ist erst der zweite Schritt! Ein langes glückliches gemeinsames Leben des Welpen mit seiner neuen Familie muss dem Züchter vor allem am Herzen liegen. Das ist die beste Werbung für eine Rasse und bestimmt ihre Beliebtheit und Welpennachfrage.

Vereinbarung des Decktermins

Da Hündinnen oft dazu neigen, zur gleichen Zeit heiß zu werden, sollten Sie sich beim Rüden Ihrer Wahl frühzeitig anmelden und sofort Bescheid geben, wenn die Hündin läufig geworden ist, um den Decktermin zu vereinbaren. Sollten Sie es sich kurzfristig anders überlegen, melden Sie sich in jedem Fall rechtzeitig ab.

Für die Rüdenbesitzer ist so ein Hündinnenbesuch oft mit großen Umständen verbunden, da sie meist Familie und Beruf haben und Hündinnen nicht immer am Wochenende deckbereit sind. Ganz zu schweigen davon, dass der Rüde für Sie reserviert ist und anderen Hündinnenbesitzern möglicherweise abgesagt wurde.

1 Vielversprechende Sheltiewelpen. Das vorzügliche Ergebnis einer sorgfältig geplanten Verbindung.

2 Zwei Sheltie Championhündinnen, die ihre Qualitäten auch an ihre Nachzucht weitergaben.

Läufigkeit und Paarung

Der Rüde wirbt um die Gunst der Hündin

Normalerweise wird eine Hündin zweimal im Jahr läufig und kann frühestens im Alter von 12 Monaten (Sheltie) bzw. 15 Monaten (Collie) zur Zucht herangezogen werden. Überlegen Sie, welche Hitze Sie benutzen wollen: Die Schönwetterzeit im Frühsommer ist ideal für Freilandaufzucht, doch müssten Sie den Käufern wahrscheinlich zugestehen, die Welpen nach deren Sommerurlaub abholen zu dürfen. Ein Winterwurf macht sehr viel mehr Arbeit und Schmutz, da die Welpen sich nur begrenzt im Freien aufhalten können, es wachsen jedoch abgehärtete, gesunde Welpen heran, wenn sie genug Freilauf bekommen.

Für den ersten Deckakt Ihrer Hündin sollten Sie sich einen erfahrenen Deckrüden mit einem nicht minder erfahrenen Besitzer suchen, denn Erstlingshündinnen und Erstlingsrüden können schwierig sein. Schauen Sie sich rechtzeitig nach einem geeigneten Partner um.

Sie lässt sich willig von ihm beschnüffeln

Überprüfen Sie die Impfungen Ihrer Hündin. Müssen sie aufgefrischt werden, sollte dies wenigstens 14 Tage vor dem erwarteten Läufigkeitstermin geschehen. Lassen Sie jetzt den Kot auf Würmer untersuchen, um nötigenfalls eine Wurmkur machen zu können.

Achten Sie darauf, den ersten Tag der Hitze nicht zu verpassen. Eine im angenommenen Zeitraum tägliche Kontrolle der Scheide mit einem Papiertaschentuch zeigt Ihnen das Einsetzen der Läufigkeit an. Häufiges Lecken der Schamgegend und hellroter Ausfluss sind die Signale.

Lassen Sie die Hündin vom Tierarzt auf Herz und Nieren prüfen und anhand einer Scheidensekretprobe feststellen, ob sie sich mit Bakterien infiziert hat, die sich noch vor dem Decktermin bekämpfen lassen. Derartige Infektionen können den Wurf gefährden und kommen, ohne dass man es der Hündin anmerken könnte, sehr häufig vor.

Der Rüde reitet auf und dringt ein

Der richtige Decktermin

Benachrichtigen Sie den Rüdenbesitzer und vereinbaren Sie mit ihm den voraussichtlichen Decktermin: Im Normalfall ist der 13. bis 14. Tag der Läufigkeit der richtige Zeitpunkt. Er kann jedoch in seltenen Fällen früher, in vielen Fällen auch später liegen.

Ein so genannter Progesterontest beim Tierarzt kann bei der Eisprungbestimmung hilfreich sein.

Reibt man die Hündin an der Rutenwurzel, hebt sie ihr Hinterteil an und legt die Rute zur Seite. Die Scheide (Vulva) ist geschwollen, hat den Höhepunkt der Schwellung allerdings gerade überschritten und ist weich, die Blutung hat aufgehört und ist in einen fleischwasserfarbigen Ausfluss übergegangen (allerdings gibt es Hündinnen, die bis zum Ende der Hitze blutigen Ausfluss haben): Die Hündin müsste jetzt

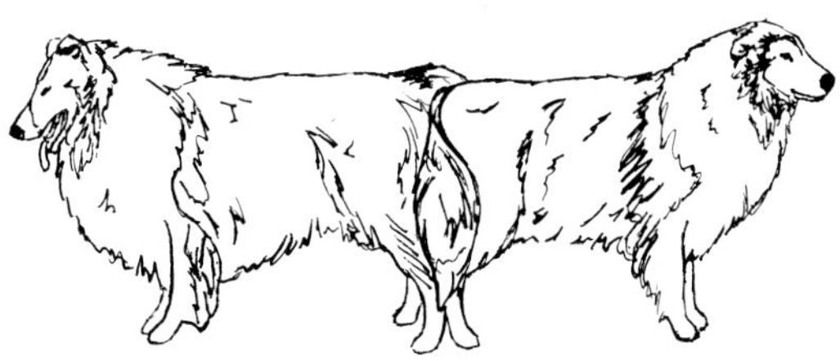

Das hundetypische Hängen

Ch. Little-Panacia of Queensland, geb. 1999, bewies sich als gute Zuchthündin mit typvoller, gesunder Nachzucht.

den Rüden akzeptieren. Lassen Sie den Hunden Zeit sich – evtl. zuerst durch einen Zaun getrennt – kennen zu lernen und zu spielen. Das ist natürliches Verhalten. Lehnt eine Hündin einen bestimmten Rüden vollkommen ab, sollte man ihren Instinkten vertrauen! Abgesehen davon, dass eine Vergewaltigung nicht vertretbar ist, kann eine Zwangsdeckung zu einem so starken Adrenalinausstoß führen, dass das Sperma abgetötet wird. Bei einer sehr engen Beziehung von Hund und Besitzer kommt es bei unterordnungswilligen Hunden vor, dass sich in Gegenwart dieser Bezugsperson Hündinnen nicht decken lassen und Rüden nicht decken wollen. Das Gleiche kann passieren, wenn ein Züchter vor den Augen anderer Hunde decken lässt. Ein ranghoher, sehr dominanter Zwingergenosse kann allein durch Blicke dem jüngeren oder untergeordneten Rüden die Aktion verbieten! Wenn es nicht klappen will, sollte man auch diese Dinge in Betracht ziehen.

Hat sie den Deckakt willig mitgemacht und wurde der Rüde kurz davor erst zur Zucht benutzt, reicht ein Deckakt aus. Ansonsten wäre es angebracht, nach 48 Stunden nachdecken zu lassen.

Nach erfolgtem Deckakt bezahlen Sie die vorher vereinbarte Deckgebühr. Jegliche weiteren Vereinbarungen legen Sie schriftlich fest. Als Quittung bekommen Sie den Deckschein ausgehändigt; ohne dieses Dokument bekommen die Welpen keine Ahnentafel.

Halten Sie die Hündin vor und nach dem Deckakt in sicherer Obhut, damit sie sich nicht von anderen Rüden decken lässt und sich womöglich bunte Mischlingshunde im Wurf finden. Zwar kann die Elternschaft anhand von DNA-Analysen einwandfrei festgestellt und Welpen den Vätern zugeordnet werden, aber es ist ein teures „Vergnügen“, das mit unnötigem Ärger im Verein verbunden ist. Selbstverständlich wird eine Hündin vor dem Deckakt nicht mit geruchsbindenden Mitteln behandelt, denn der Auserwählte darf nicht abgeschreckt werden.

Trächtigkeit

Die Tragzeit einer Hündin dauert im Schnitt 63 Tage. Geburten zwischen dem 56. und 65. Tag sind noch normal. Häufig ist es der 61. und 63. Tag. In den ersten drei bis vier Wochen der Trächtigkeit sind kaum sichtbare Veränderungen an der Hündin festzustellen. Erfahrene Züchter und Tierärzte können zwischen der 3. und 4. Woche fühlen, ob die Hündin Welpen bekommt.

Behalten Sie die tägliche Routine bei wie bisher, besonders die Bewegung, denn die Hündin braucht für die Geburt starke Muskeln.

Ab der 4. Woche können sich die hinteren Zitzen röten und dicker werden, es kann sich ein zäher, eiklarer Ausfluss aus der Scheide zeigen. Erhöhen Sie ab der 5. Woche den Fleischanteil im Futter.

Ab der 6. Woche wird die Hündin zusehends rundlicher und behäbiger.

Tipp

Vermeiden Sie ab der 6. Woche zu lange Spaziergänge (Bewegung braucht sie aber) und verteilen Sie das Futter auf mehrere kleine Mahlzeiten am Tag. Geben Sie so viel, wie die Hündin fressen möchte.

Aufstellen der Wurfkiste

Etwa zwei Wochen vor dem Geburtstermin bauen Sie die Wurfkiste und gewöhnen die Hündin an ihr neues Quartier. Sie sollten sie dort aufstellen, wo Sie sich aufhalten und sie in den ersten drei Wochen ständig im Auge haben, aber nicht zu viel Hektik herrscht. Wenn mehrere Hunde mit im Haus leben, darf sie zunächst für die anderen nicht zugänglich sein. Es kann zu Eifersüchteleien kommen, die die Mutterhündin stark unter Druck setzen, da das Rudelverhalten sehr komplex ist. Oft verstehen sich die Hunde nur vermeintlich gut, und wenn es um die wesentlichen Dinge im Leben geht, spielen sich auch bei den ansonsten sehr unkomplizierten Collies und Shelties manchmal Tragödien ab. Ein bisschen Umsicht ist notwendig, um die Mutterhündin und die Welpen vor derartigem Stress zu bewahren.

Die Kiste muss der Hündin Sicherheit und Geborgenheit bieten und deshalb in einer Ecke und niemals frei im Raum stehen (manche Hündinnen würden sich am liebsten noch wie ihre Vorfahren im Garten eine Höhle graben!). Deshalb die Wände so hoch stehen lassen, dass sich eine Decke darüber hängen lässt, damit der Höhlencharakter bewahrt wird.

Die zweiteilige Wurfkiste besteht aus 16 mm beidseitig beschichteten, mit Beschlägen stabil verbundenen, Spanplatten. Die innere Kiste ist 85 cm lang, 120 cm breit und 36cm hoch, innen wurde 17 cm vom Boden eine Leiste zum Schutz der Welpen angebracht. Sie steht in einer 125 breiten, 170 langen und 58 cm hohen größeren Kiste, deren Ausstiegsöffnung mit Brettern verschlossen werden kann. Sie dient den älteren Welpen als Schlafstatt. Am Kistenboden verhindern Möbelgleiter Bodenkontakt.

WÄRMEBEDARF

Der Raum sollte eine normale Zimmertemperatur von 20 bis 22 °C haben, damit sich die Hündin wohl fühlt und die Welpen einander im so genannten „Haufenliegen" wärmen. Das ist wichtig für den Sozialkontakt und die gesamte Entwicklung.
Infrarotlampen benutzt man nur, wenn der Raum im Winter unbeheizt ist. Die Lampe soll so hoch hängen, dass man die Wärme bei auf dem Kistenboden liegender Hand angenehm spürt. Hechelt die Hündin und die Welpen liegen verstreut, ist es zu warm. Das ist auch deshalb schädlich, weil die Luft zu trocken wird und die Welpen sogar dehydrieren (austrocknen) können.
Kühle Feuchte und Zugluft sind auf jeden Fall zu vermeiden.

Die Kiste soll innen auswaschbar sein. Als Unterlage empfehlen wir Vetbed® oder ein gleichwertiges Produkt. Das ist ideal, da es nicht verknautscht und die Welpen nicht in Falten rutschen können, auf die sich die Hündin ahnungslos legt. Die Feuchtigkeit läuft durch das Vlies, kommt aber nicht zurück, und die Welpen liegen stets trocken und warm, was für das Gedeihen der Kleinen überaus wichtig ist. Sollten Sie die Ausgabe scheuen, sorgen Sie stattdessen für eine große Anzahl Betttücher.

Schon Wochen vor der Geburt sollten Sie Zeitungen sammeln (der Bedarf ist groß), die unter das Vetbed bzw. unter die Betttücher und auf den verbleibenden Kistenboden gelegt werden können.

Tipp

Kann sich die Hündin mit ihrem Umfeld nicht abfinden, kann es sogar dazu kommen, dass sie die Welpen ablehnt. In solch einem Fall die Welpen nur unter Aufsicht der Hündin beim Saugen belassen und nach einer anderen Lösung suchen!

Die Geburt

Ab dem 53. Tag beobachten Sie die Hündin und messen täglich morgens und abends Temperatur. Die Normaltemperatur beträgt (mit einem Thermometer im After gemessen) 38 bis 38,8 °C. Sinkt die Temperatur um ca. 1 °C unter 37 °C und steigt wieder rapide an, ist in den nächsten 22 bis 24 Stunden mit der Geburt zu rechnen.

Aus praktischen und hygienischen Gründen sollten Sie das lange Haar, das nach einem Wurf ohnehin ausfällt, an den Keulen herum abschneiden, ebenso die langen „Federn" an den Bauchseiten. Es kam schon vor, dass sich Welpen im langen Haar der Mutter erhängten. Reinigen Sie die Zitzen mit etwas warmem Wasser.

Die Hündin wird unruhig, scharrt in ihrer Kiste, muss öfter die Blase entleeren und hechelt stark. Sie bekommt einen „in sich gekehrten" Gesichtsausdruck, scheint ihren Bauch zu beobachten und rührt meist kein Futter mehr an. Bleiben Sie jetzt in ihrer Nähe und dulden Sie keine Zuschauer. Die Hündin braucht Ruhe, will aber meist ihre Bezugsperson um sich haben. In jedem Fall ist die Anwesenheit des Besitzers erforderlich, um die Hündin zu beruhigen oder aufzumuntern und im Notfall eingreifen zu können.

Die Scheide schwillt an wie zur Hitze, der Bauch senkt sich deutlich ab. Die Eröffnungswehen zeigen sich in leichten wellenartigen Bewegungen über den Leib. Die Hündin kann im Stehen, Sitzen oder Liegen werfen. Sie stemmt sich gegen die Kistenwand, macht den Buckel krumm und streckt die Rute in einem unnatürlichen Bogen ab.

Geburt des ersten Welpen

Die Hündin presst nun deutlich. Mit einem Stöhnen presst sie den Welpen noch in seiner Fruchtblase heraus, an der Nabelschnur die Nachgeburt mit sich ziehend. Die Hündin beißt die Fruchtblase auf, die sie mit der Nachgeburt hastig verschlingt. Nachgeburten enthalten wertvolle Stoffe, lassen Sie ihr deshalb einige; bei einem großen Wurf können zu viele gefressene Nachgeburten zu Durchfall führen. Nun kaut die Hündin die Nabelschnur ab, dabei wirft sie den quiekenden Welpen hin und her. Erschrecken Sie nicht: Das muss so sein; sie fördert dadurch Atmung und Durchblutung. Jetzt leckt sie den Welpen trocken, der sich womöglich schon auf den Weg zur Zitze macht und sich festsaugt.

Bis zum nächsten Welpen kann es 20 Minuten bis zwei Stunden dauern. Achten Sie darauf, dass nach jedem Welpen, besonders dem letzten, die Nachgeburt kommt. Bleibt sie zurück, kann sie zum Tode der Mutter führen, daher muss der Tierarzt eine zurückgebliebene Nachgeburt so schnell wie möglich zu Tage fördern.

Manche Hündinnen geraten bei ihrem ersten Welpen in Panik und wollen aus der Kiste springen. Beruhigen Sie sie, beim nächsten Welpen geht meist alles ganz normal. Weiß die Hündin mit dem

Wichtig

Auch wenn sich trotz Presswehen nach zwei Stunden nichts tut, obwohl die Hündin offensichtlich noch Welpen hat, rufen Sie den Tierarzt. Vereinbaren Sie vorher mit ihm, ob er zur fraglichen Zeit zur Verfügung steht, um nicht im Notfall eine Vertretung suchen zu müssen!

KOMPLIKATIONEN

Im allgemeinen sind Collie- und Sheltiehündinnen unkomplizierte Mütter, doch es muss nicht immer alles glatt gehen. Wenn 24 Stunden nach dem Temperaturabfall und -anstieg und nach offensichtlichen Vorwehen keine Eröffnungswehen erfolgt sind, rufen Sie den Tierarzt. Auch wenn sich nach dem 63. Tag nichts tut, suchen Sie seinen Rat. Es kann sein, dass ein Kaiserschnitt nötig wird. Bitten Sie für den ersten Wurf Ihrer Hündin am besten den Zuchtwart oder einen erfahrenen Züchter, Ihnen beizustehen.

Erstgeborenen nichts anzufangen und lässt ihn in der Fruchtblase liegen, reißen Sie diese rasch an der Nasenspitze des Welpen auf, damit er nicht im Fruchtwasser ertrinkt. Rubbeln Sie den Welpen mit einem Handtuch trocken, bis der erste kleine Schrei ertönt, dies ist meist das Signal für die Hündin, die jetzt den Welpen fordert und alles weitere erledigt.

Tut sie es nicht, binden Sie die Nabelschnur mit einem abgekochten Zwirn oder Zahnseide etwa bis 1 cm vor der Bauchdecke fest ab und schneiden sie diese ca. 1 bis 2 cm dahinter durch. Legen Sie den Welpen an die Zitzen.

Erstreckt sich die Geburt über viele Stunden, reichen Sie der Hündin zwischendurch selbst gekochte Fleischbrühe und frisches Wasser.

Ansonsten hantieren Sie bitte nicht in der Kiste herum, die Hündin weiß alleine am besten, welche Haltung für sie am bequemsten ist. Wenn die Geburt abgeschlossen und Ruhe eingekehrt ist, nehmen Sie die Welpen einzeln in die Hand und begutachten sie. Es ist wichtig, dass die Welpen jetzt schon den Menschengeruch in sich aufnehmen.

Die junge Familie

Vorausgesetzt, es ist alles normal verlaufen, wird die Hündin ruhiger und beginnt sich zu reinigen. Entfernen Sie das Vlies und die verschmutzten Zeitungen und betten Sie die Familie auf ein frisches Vlies um.

Unmittelbar nach der Geburt reichen Sie der Hündin selbst gekochte Fleischbrühe oder warme Welpenmilch. Auch wenn sie nur ungern die Welpen verlässt, muss sie hinaus, um sich zu lösen. Waschen Sie anschließend das Hinterteil der Hündin; Ausfluss und dünner Stuhl sind in den nächsten Tagen normal.

Sind es viele Welpen und Sie haben das Gefühl, dass nicht alle satt werden, füttern Sie die kräftigsten immer wieder zu (Hundemuttermilchersatz), damit die Zitzen frei bleiben für die kleineren Geschwister. Leckt die Hündin die zugefütterten Welpen nicht, müssen Sie die Bauchmassage zur Anregung der Darmtätigkeit übernehmen: Nach jeder Mahlzeit wird das Bäuchlein mit einem Tropfen Öl

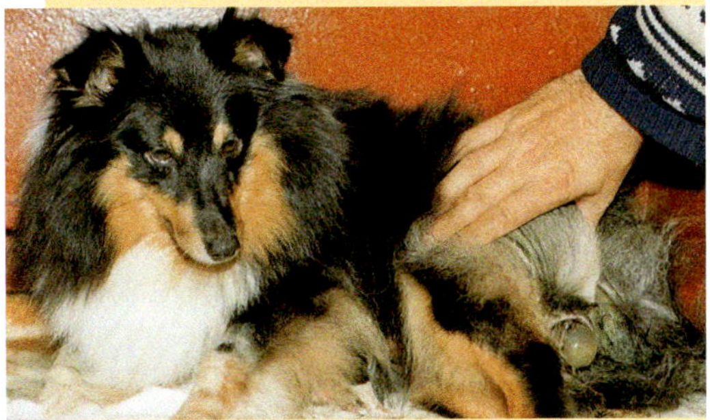

1 Die Sheltiehündin presst den in der Fruchthülle steckenden Welpen aus.

2 Sechs gesunde Welpen – eine stattliche Zahl für so eine kleine Sheltiehündin.

3 Glücklich versorgt die Colliemutter ihre neugeborenen Welpen.

4 Die gut eine Woche alten Welpen nehmen schon Kontakt miteinander auf.

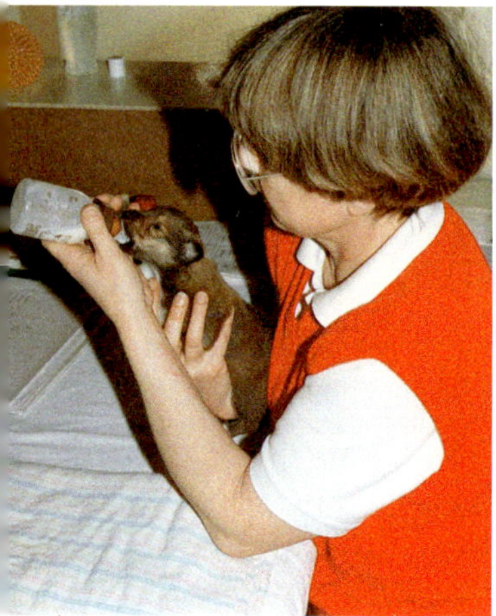

Flaschenaufzucht kostet sehr viel Mühe.

oder einem feuchten Wattebausch massiert. Wiegen Sie die Welpen täglich zur selben Zeit auf einer Küchenwaage (2- oder 5-g-Einteilung ist nützlich). Welpen können nach der Geburt etwas abnehmen, sie verdoppeln aber im Allgemeinen in den ersten zehn Tagen ihr Geburtsgewicht.

Selbst wenn eine Hündin viele Welpen nähren kann, müssen Sie darauf achten, ob sie es schafft, alle zu putzen und ihnen die notwendige Bauchmassage zu verschaffen. „Vergessene" Welpen können sterben! Wobei es sein kann, dass sie weniger lebenstaugliche Welpen instinktiv vernachlässigt. Manchmal sortiert sie Welpen aus und ist nicht bereit, sie im Wurf zu pflegen. Diese Welpen sind nicht in Ordnung und sollten nicht mit aller Macht aufgepäppelt werden.

Achten Sie darauf, dass die Zitzen nicht hart werden und ein Milchstau entsteht.

Hilfreich ist es, sich sofort nach der Geburt Geschlecht, Farbe und Zeichnung der Welpen zu notieren, damit man sie beim Wiegen, Wurmkur etc. unterscheiden kann.

In den ersten Tagen nach der Geburt reichen Sie der Hündin das Futter in mehreren kleineren Portionen am Tag, ziemlich dünnflüssig. Verlässt sie die Wurfkiste nur ungern, geben Sie ihr das Futter dort. Die Futtermenge beträgt jetzt das Dreifache der normalen Ration. Füttern Sie, soviel sie annimmt, denn sie muss in großen Mengen eiweißreiche und vitamin- und mineralhaltige Milch produzieren. Bei Kalziummangel kann es zur Eklampsie (Krampferscheinungen) kommen, die, wenn nicht unverzüglich behandelt, tödlich für die Hündin ausgeht.

Wichtig

Die Hündin braucht jetzt Ruhe; Besucher sollten noch ein paar Tage warten und Kinder sich ruhig verhalten, da manche Hündinnen kurz nach der Geburt aggressiv reagieren. Melden Sie dem Deckrüdenbesitzer und, entsprechend den Bestimmungen, Ihrem Zuchtverein den Wurf.

Welpensterben

Nichts ist für einen Züchter tragischer als der Verlust von vielversprechenden Welpen aus einem gut geplanten Wurf. Leider gibt es auch heute neben angeborenen Defekten (z. B. Wolfsrachen, Spaltrachen, Herzmissbildungen, kein Anus), Schwer- und Fehlgeburten und Aufzuchtproblemen (keine Milch, gestörtes Brutpflegeverhalten) auch Infektionskrankheiten, die die Sterblichkeit in einer Zuchtstätte oder von einer Hündin teilweise bis auf 100 % ansteigen lassen können. Über 80 % aller Todesfälle treten in den ersten drei Lebenswochen der Welpen auf.

Unter dem Begriff „infektiöses Welpensterben" (Fading Puppy Syndrome) versteht man alle Welpenverluste durch ansteckende Erkrankungen in den ersten Lebenstagen. Welpen, die augenscheinlich gesund und kräftig geboren werden und die anfänglich vielleicht sogar noch saugen, fangen kläglich an zu wimmern, teilweise ist die Atmung erschwert, der Bauch aufgedunsen, sie wollen nicht mehr trinken und werden immer schwächer. Tritt die Erkrankung erst um die 1. oder nach der 2. Lebenswoche auf, kommt noch Durchfall hinzu. Je älter die erkrankten Welpen sind, um so größer sind die

Chancen, dass wenigstens die kräftigsten Tierchen des Wurfes überleben. Die Ursachen für diese infektiöse Erkrankung sind Viren (z. B. Herpes, Parvo), Bakterien (z. B. E. coli, Staphylokokken, Streptokokken) und Parasiten (z. B. Ascariden, Toxoplasmose). Hinzu kommen noch unspezifische Infektionen, d. h. Krankheiten, die keinem speziellen Erreger zugeordnet werden können.

Bedingt durch die vielfältigen Ursachen für die Entstehung des infektiösen Welpensterbens, muss auch die Bekämpfung aus einer ganzen Reihe unterschiedlicher, einander unterstützender Maßnahmen bestehen. Wenn die Aufzucht- und Haltungsbedingungen optimal sind, die Hündin gegen die üblichen Infektionskrankheiten (SLHP) geimpft und vorsorglich behandelt wurde (z. B. Wurmkuren), kann der Tierarzt die Abwehrmechanismen der Welpen durch „Paramunitätsinducer" (Gammaglobulinpräparate) anregen. Wenn die Welpen nicht trinken, erhalten sie eine Elektrolytlösung mit Glukosezusatz und eventuell Antibiotika.

Leider sind die Überlebenschancen früh erkrankter Welpen sehr gering. Es ist auf jeden Fall empfehlenswert, verstorbene Welpen sofort obduzieren zu lassen, um die Krankheitserreger möglicherweise eingrenzen und die restlichen Welpen des Wurfes retten zu können. Sind in vorherigen Würfen schon Welpen eingegangen, empfiehlt sich eine vorsorgliche Behandlung der Mutter und der Welpen durch Gammaglobuline.

Welpenaufzucht

Welpen sollten vom ersten Atemzug an Hautkontakt mit Menschen bekommen.

Nach 10 bis 14 Tagen öffnen die Welpen die Augen, ab der 3. Woche beginnen auch die anderen Sinnesorgane funktionsfähig zu werden. Wenn die Hündin die Exkremente der Welpen nicht mehr entfernt, ist die Zeit gekommen, die kleine Meute in den Welpenraum oder in den Zwinger umzuquartieren. Legen Sie die Laufflächen für die Welpen mit Zeitungen oder Wellpappe aus, die Welpen dürfen nicht auf glatten Böden rutschen, das kann zu Fehlentwicklungen im Knochenbau (HD) beitragen. Sie brauchen jetzt mehr Bewegungsraum, dehnen ihre Erkundungsgänge immer weiter aus und spielen allerliebst miteinander.

Eine große Hilfe kann ein Sandkasten (als Füllung evtl. auch Hobelspäne oder Einstreu, das es inzwischen speziell für Hunde gibt) sein, den die Welpen rasch als Toilette erkennen und benutzen. Legen Sie unter eine dünne Sand bzw. Späneschicht verschmutzte Zeitungen aus der Wurfkiste, um den Geruch vorzugeben. Ihm folgend, gewöhnen sich die Kleinen schnell daran, ihr Geschäftchen in den flachen Sandkasten zu machen, was die Sauberhaltung des Welpenraumes enorm erleichtert. Mit 10 bis 14 Tagen erfolgt die erste Wurmkur, die in bestimmten Abständen wiederholt werden muss.

In den ersten zwei Wochen trinken und schlafen die Welpen.

Tägliche Gewichtskontrollen zeigen, ob der Welpe genug Nahrung bekommt.

Die erste Breimahlzeit.

Das ist die beste Prägung auf den Menschen!

Begegnung mit anderen Tieren ist ein wichtiger Teil der Prägung dieser Sheltiewelpen.

Prägungsphase

Die wichtigste Entwicklungsphase im Leben des Welpen ist die Zeit zwischen der 4. und 7. Woche; sie wird deshalb Prägungsphase genannt. Jetzt braucht der Welpe engen Körperkontakt mit Menschen und Ansprache; Füttern und Saubermachen genügen nicht. Bitten Sie Freunde und Bekannte, auch Kinder (unter Aufsicht), mit den Welpen zu spielen und zu schmusen. Bei trockenem Wetter dürfen die Welpen ins Freie. Zum Schlafen hereinholen, im Sommer für Schatten sorgen! Trockene Kälte schadet tobenden und spielenden Welpen nicht. Solange sie sich bewegen, müssen sie zeitweise auch im Winter raus.

Ganz wichtig ist für die Entwicklung der Welpen, dass sie nicht isoliert aufwachsen, sondern so früh wie möglich verschiedene Umwelteinflüsse in ihrer Umgebung aus eigenem Antrieb erkunden können. Dazu gehören verschiedene Fußböden, Geräusche und Gerätschaften aller Art. Das kleine Gehirn muss Gelegenheit haben, sich auszubilden. Versäumt man das, bleibt ein Welpe unter Umständen ein Leben lang wenig lernfähig und verkraftet die Umwelt außerhalb seiner gewohnten Umgebung nicht. Reizüberflutung schadet allerdings.

Absetzen und Zufüttern der Welpen

Je nach Anzahl der Welpen und der Milchleistung der Mutter sollten die Welpen im Alter von vier bis sechs Wochen nur noch gelegentlich saugen. Die Mutter ist nur zu gern bereit, die Kinder mit den spitzen Zähnen und messerscharfen Krallen Ihrer weiteren Obhut zu überlassen. (Ab der 1. Woche schneiden Sie vorsichtig die Krallen der Welpen, um die Mutter zu schonen.)

Die Welpen bekommen nun schon kleine Mahlzeiten (bis zu fünf täglich); z. B. klein gehacktes Rindfleisch, Gemüse/Getreidekost in Breiform, angereichert mit Kalzium- und Vitaminpräparaten, abwechselnd mit Welpenaufzuchtsmilch. Tauchen Sie einen Finger in die Flüssigkeit und führen ihn ans Welpenmäulchen. Der Welpe lernt schnell zu schlecken. BARFER beginnen schon mit klein gehackten Hühnerflügeln. Manche Hündinnen erbrechen vor den Welpen – die ursprüngliche Weise, Welpen von Muttermilch auf feste Kost umzugewöhnen. Erlauben Sie dies und füttern Sie der Hündin entsprechend mehr.

Die Welpen sollten zügig in zehn Minuten so viel gefressen haben, wie sie brauchen. Keinesfalls dürfen sie überfüttert werden.

Bevorzugen Sie, die Welpen von klein auf an Fertigfutter zu gewöhnen, können Sie jetzt schon Fertigvollnahrung in Flockenform oder Welpenkost abwechselnd mit gehacktem Fleisch geben. In diesem Fall aber keine Kalzium- und Vitaminpräparate mehr hinzufügen, denn das Fertigfutter liefert diese in ausreichender Menge. Zusätzliche Gaben können der Entwicklung eher schaden.

Die Mutterhündin erzieht ihren Sohn.

Je vielfältiger das Umfeld, umso besser kann sich das Gehirn entwickeln, desto leichter findet sich der Hund später im Leben zurecht.

Ab der 6. Woche brauchen die Welpen die Mutter nicht mehr zum Säugen. Die Milchbildung lässt von selbst nach. Ist die Hündin dünn und ausgemergelt, füttern Sie entsprechend mehr und energiereicher. Die Hündin sollte immer freien Zugang zu den Welpen haben, um mit ihnen zu spielen und sie zu erziehen, sie muss sich aber auch zurückziehen können; richten Sie ihr evtl. eine erhöhte Liegestatt ein, die die Welpen nicht erreichen können. Nach ca. acht Wochen sollte die Mutter in ihr gewohntes Leben zurückgekehrt sein.

Hündinnen haaren nach einem Wurf total ab und die Langhaarigen sehen noch einige Zeit zerrupft und unansehnlich aus. Es kann Monate dauern, bis die Hündin wieder in Ausstellungskondition ist.

Abgabe der Welpen

Melden Sie den Wurf der Welpenvermittlungsstelle des Clubs, damit man Ihnen Interessenten vermitteln kann. Die Werbung beginnt sofort nach der Geburt, damit Sie einen möglichst großen Interessentenkreis ansprechen und Auswahl haben.

Prüfen Sie die Kaufinteressenten, ob sie sich für einen Collie oder Sheltie eignen, informieren Sie über Pflege, Fütterung, Auslauf und Unterhaltskosten. Schließlich soll Ihr liebevoll aufgezogener Welpe einmal ein glückliches Hundeleben führen und nicht von Hand zu Hand wandern, um letztlich vor der Tür eines Tierheimes zu landen. Man schaut in die Menschen nicht hinein und kann sich immer täuschen, aber man sollte einen Welpen nie leichtfertig mitgeben, wenn nur das Geld auf dem Tisch liegt. Denn dafür haben Sie sich die Arbeit hoffentlich nicht gemacht, die riesige Verantwortung auf sich genommen, Leben in die Welt zu setzen. Sie haben Freude an Ihrem Hund; Freude, die Sie mit anderen Menschen teilen möchten. Freude am Wachsen und Gedeihen der kleinen Hundefamilie, die auch nach Ihrer fürsorglichen Aufzucht ein glückliches Hundeleben führen soll.

IMPFUNGEN UND FORMALITÄTEN

Ab der 5. Woche vereinbaren Sie mit dem Tierarzt einen Termin für die Impfungen, denn Sie dürfen nur geimpfte Welpen verkaufen (SHLP). Die erforderlichen Nachimpfungen lässt der neue Besitzer zu seinen Lasten vornehmen. Außerdem müssen die Welpen entwurmt sein. Inzwischen hat der Zuchtwart die Welpen zur Eintragung ins Zuchtbuch gemeldet.

Zum Weiterlesen

Becvar, Dr. Wolfgang: **Naturheilkunde für Hunde.** Kosmos, Stuttgart 2003.

Brehmer, Marion: **Bach-Blüten für die Hundeseele.** Kosmos, Stuttgart 2004.

Feddersen-Petersen, Dr. Dorit: **Hundepsychologie.** Kosmos, Stuttgart 2004.

Führmann, Petra und Nicole Hoefs: **Das Kosmos-Erziehungsprogramm für Hunde.** Kosmos, Stuttgart 1999.

Führmann, Petra und Nicole Hoefs: **Erziehungsspiele für Hunde.** Stuttgart 2002.

Krämer, Eva-Maria: **Der neue Kosmos-Hundeführer.** Kosmos, Stuttgart 2002.

Krämer, Eva-Maria: **Hunderassen.** Kosmos, Stuttgart 2004.

Krämer, Eva-Maria und Ulrike Siegel. **Hundezucht für Einsteiger.** Cadmos 2000.

Kusch, Carola: **Die Hündin.** Stuttgart 2004.

Nijboer, Jan: **Hunde erziehen mit Natural Dogmanship®.** Kosmos, Stuttgart 2002.

Nijboer, Jan: **Hunde verstehen mit Jan Nijboer.** Kosmos, Stuttgart 2004.

Wolf, Dr.: **Tiersprechstunde für Hunde.** Kosmos, Stuttgart 2003.

Theby, Viviane: **Die Kosmos-Welpenschule.** Kosmos, Stuttgart 2004.

Theby, Viviane und Michaela Hares: **Agility.** Kosmos, Stuttgart 2003.

Weber, Nicole: **Dog Dancing.** Kosmos, Stuttgart 2004.

Nützliche Adressen

Über die nachfolgenden Adressen können Sie Züchteradressen in den jeweiligen Ländern anfordern. Es handelt sich ausschließlich um Züchter, die den Zuchtbestimmungen der FCI (Fédération Cynologique Internationale) unterliegen.

Verband für das Deutsche Hundewesen (VDH)
Westfalendamm 174
D - 44041 Dortmund
Tel.: 02 31 - 56 50 00
Info@vdh.de
www.vdh.de

Österreichischer Kynologenverband (ÖKV)
Johann-Teufel-Gasse 8
A - 1230 Wien
Tel.: 01 - 8 88 70 92
office@oekv.at
www.oekv.at

Schweizerische Kynologische Gesellschaft (SKG)
Länggassstr. 8
CH - 3001 Bern
Tel.: 0 31 - 3 06 62 62
skg@hundeweb.org
www.hundeweb.org

Rassezeitschriften

Collie Revue
Postfach 22 17
D - 53814 Neunkirchen-Seelscheid
Tel.: 02247 - 74095
infohund.kraemer@t-online.de
www.colliesonline.de

Sheltie News
Neustadter Str. 5
D - 56593 Krunkel-Epgert
Tel.: 02687 - 502
Feldhoff-SheltieNews@t-online.de

Register

Abholung, Welpe 51
Abschied 121
Absetzen, Welpen 152
Aggression 94
Agility 101
Ahnentafel 44
Alleine bleiben 88
Alterserscheinungen 119
Anschaffungspreis 48
Augenkrankheiten 112
Augenpflege 71
Aujeszkysche Krankheit 63
Ausbildung 75
Auslassen 82
Ausstellungen 136
Autofahren 57

Babesiose 111
Baden 73
Ban-Dog 20
BARF 62
Barsoieinfluss 9, 34
Bauchspeicheldrüse 118
Begleithundeprüfung 98
Beinheben 43
Bellen 88
Beschäftigung 33
Betteln 88
Beurteilung des Hundes 140
Bicolour 132
Blue merle 130
Borreliose 110
Bringen 90
Bürsten 70

Charakter des Collies 32
Charakter des Shelties 37
CHE-Linie 30
Collie Eye Anomaly 113
Collie Nose 118
Collies in den USA 18
Collies in Deutschland 11
Cur-Dog 20
Cushing-Synrome 117

Darmerkrankungen 106
Decken 144
Demodex-Milbe 110
Dermatomyositis 118
DNA-Analyse 146
Drüsenerkrankungen 118
Durchfall 106

Eklampsie 150
Ekzeme 112
Entstehung Kurzhaar-Collie 20
Entstehung Langhaar-Collie 8
Epilepsie 117
Erbrechen 106
Ernährung 62
Erziehung 33, 75
Essplatz 53

Fading Puppy Syndrom 150
Fährtenhundprüfung 98
Farbenspiele 130
Farbvererbungstafeln 132
Fertigfutter 66
Fiebermessen 104
Fisch 63
Fleisch 63
Flöhe 109
Flyball 101
Formwertnoten 141
Frisbee 101
Frischfutter 62
FSME 111
Fuß 86
Futterbeigaben 64
Futterverweigerung 68

Gathering 6
Gebiss 72
Geburt 148
Gehorsamsübungen 80
Gelenkserkrankungen 115
Gemüse 64
Gesundheit 102
Getreide 64
Gewährleistungspflicht 50

Halsband und Leine 55
Hautunreinheiten 111
Herankommen 82
Herzwurm 111
Hitzschlag 57
Hochspringen 87
Hoden 116
Hörzeichen 81
Hüftgelenksdysplasie 115
Hundeausstellungen 46
Hundebegegnung 93
Hundeführerschein 98
Hündin 42
Hütearbeit 101
Hüteeigenschaften 7
Hygiene 69

Impfung 104
Instinkte 7
Inzucht 143

Kalzium 65
Kastration 43
Katarakt 114
Kaufvertrag 50
Kinder 42, 56
Kondition 67
Korrekturen 77, 79
Krallenschneiden 72, 152
Kryptorchismus 116

Läufigkeit 42, 145
Lawinenhund 100
Leinengewöhnung 84
Leishmaniose 111
Linienzucht 143
Lob 77

Magendrehung 107
Magenerkrankungen 106
Mehrhundehaltung 60
Meuteverhalten 34
Milben 109
Milchersatz 149
Milchstau 150
MDR1 103

Obedience 100
Obst 64
Ohrenpflege 71
Ohrenstellung 135

Paarung 145
Parasiten, Äußere 109
Parasiten, Innere 108
Patella-Luxation 115
Peerie Dogs 22
Pflege 69
Pflege im Alter 120
Pfotenpflege 72
Prägungsphase 152
Progressive Retinal Atrophy 113

Radfahren 96
Rangordnung 21
Rassestandard, Collie 123
Rassestandard, Sheltie 127
Reinrassigkeit 45
Reisen 58
Rettungshund 99
Revierverhalten 93
Ringtraining 138
Rüde 42
Rüdenauswahl 143

Sable merle 130
Sanitätshund 12
Scheinträchtigkeit 43, 108
Schilddrüse 118
Schlafplatz 51
Schleppleine 83
Schnappen 78
Schutzimpfungen 104
Schutzinstinkt 35
Setzen 86
Shelties in den USA 30
Shelties ind Deutschland 27
Sichtzeichen 81
Spaziergänge 92, 96
Spielkameraden 93
Spielzeug 55
Sport 98
Standardfehler 17
Standardunterschiede 129
Stehen 87, 139
Steuer 59
Strafe 77
Stress 112
Stubenreinheit 53
Suchen 89

Team-Test 98
Tierarztbesuch 103
Toonie Dogs 22
Trächtigkeit 146
Tricolour 131
Turnierhundsport 100

Unterordnungsbereitschaft 6
Urlaub 58
Ursprung, Sheltie 22

Vaterschaft 146
Vererbung 8, 130
Vergiftungen 107
Versicherung 59
Verträglichkeit mit Tieren 35
Vertrauensbildung 75
Vielseitigkeitsprüfung 99

Wachhundprüfung 98
Weiß 131
Welpenabgabe 141, 153
Welpenaufzucht 151
Welpengruppen 81
Welpensterben 150
Welpenvermittlung 47, 153
Welpenwahl 49
Wesensmerkmale 11
Wildern 95
Wurfbesichtigungsschein 50
Wurfkiste 147
Wurfplanung 141
Würmer 108

Zähne zeigen 138
Zahnpflege 64
Zecken 110
Zobelweiß 131
Zucht 122
Zuchtbestimmungen 45
Züchter 46
Zuchtgeschichte, Collie 8
Zuchtgeschichte, Sheltie 21
Zuchtplanung 142
Zuchtschauen 136
Zufüttern der Welpen 152
Zwinger 36, 38, 44

1024

Bildnachweis

Farbfotos von B. Alexander (S. 59 u.), van Alst (S. 143 o.), U. Amft (S. 100 o.), de Angelis (S. 101 m.u.), H. Armstrong (S. 26 o.), C. Beyer (S. 61), M. Blake (S. 140 u.), J. Bosch (S. 39 u., 46 o., 65), A. Bruijn (S. 28 u.re.), A. Chatfield (S. 15 u.), Clermont (S. 19 u.li.), J. Eggert (S. 45), T. Fall (S. 25 li.), M. Feldhoff (S. 27 u., 28 u.li., 29, 30 ,31 u., 36 u., 37, 38, 39 o., 42, 43 u., 49, 51 o., 55 o., 64, 89 o., 92, 102, 105, 111 o., 114, 119, 121, 132 m.u., 142, 144, 146, 149 o., 149 m.o., 151, 152), U. Gantner (S. 100 m.), V. Geddes (S. 140 o.), M. Grenz (S. 34), C. Hack (S. 40, 59 u.), L. Halvorsen/Newman (S. 18 o.re.), J. Harth (S. 21, 99 li.), C. Haslemere (S. 25 re.), K. Henkel (S. 58 o., 82, 108), S. Höbel (S. 100 u.), H. Holzapfel (S. 19 m., 51 u., 106, 135), C. Jünemann (S. 99 re.), E.-M. Krämer (S. 1, 4, 5 u., 15 m.li., 15 m.re., 17 o., 17 u., 18 o.li., 18 m., 18 u., 19 o., 19 u.re., 26 u., 32, 33, 35, 36 o., 41, 43 o., 47, 52, 53, 56, 58 u., 63, 66, 69, 70, 71, 72, 73, 74, 75, 76, 78, 79, 80, 83, 84, 85, 86, 87, 88, 89 u., 90, 93, 96, 97, 101 o., 103, 104, 107, 110, 111 u., 112, 117, 130, 131, 132 o., 132 m.o., 136, 137, 138, 139, 143 u.), R. Macherey (S. 44, 57, 147, 149 m.u., 150), M. Marschinke (S. 62), G. Metzger (S. 28 o.), T. den Otter (S. 17 m.re.), L. Petersmann (S. 153), S. Pfeiffer (S. 91), U. Pung (S. 101 m.o.), H. & R. Rapprich (S. 31 o.), M. Rasche (S. 149 u.), U. Reinbach (S. 17 m.li.), Sammlung Feldhoff (S. 22 o., 23 o.), Sammlung Krämer (S. 5 o., 6, 7, 11, 12, 13, 14, 15 o.li., 16, 20 u., 22 u., 23 u., 24, 27 o., 27 m.), C. Schmidt (S. 46 u., 48, 116, 122), E. Schöck (S. 15 o.re.), R. Schulze (S. 120), F. Schumacher (S. 101 u.), H. Steinbrink (S. 55 u.), Urban (S. 54, 60), B. Wäterling (S. 81, 141), L. Zähner (S. 132 u.). Zeichnungen von R. Benz (S. 115), J. Bingham-Grimm (S. 145), M. Ejerstad-Conti (S. 123 o., 124, 125, 126), M. Feldhoff (S. 129), Eva Hohrath (S. 123 u.), E.-M. Krämer (S. 133, 134).

Impressum

Umschlag von eStudio Calamar unter Verwendung von sechs Farbfotos von Jacqueline Bosch (Sheltie Rückseite), Martina Feldhoff (Sheltie auf U1) und Eva-Maria Krämer (Collie auf U1, Einklinkerfotos, Collie Rückseite).

Mit 230 Abbildungen und 21 Zeichnungen.

Bibliographische Information der Deutschen Bibliothek
Die Deutsche Bibliothek verzeichnet diese Publikation in der Deutschen Nationalbibliografie; detaillierte bibliografische Daten sind im Internet über http://dnb.ddb.de abrufbar.

Gedruckt auf chlorfrei gebleichtem Papier

ISBN 3-440-0-09469-3
Redaktion: Hilke Heinemann
Gestaltungskonzept: eStudio Calamar
Produktion: Kirsten Raue / Markus Schärtlein
Printed in Slovakia / Imprimé en Slovaquie

Postfach 10 60 11
D-70049 Stuttgart
TELEFON +49 (0)711-2191-0
FAX +49 (0)711-2191-422
WEB www.kosmos.de
E-MAIL info@kosmos.de